中国语境下的希伯来创世神话研究

A Study of Hebrew Creation Myths in the Chinese Context

林艳——著

创于1897
The Commercial Press

# 序

　　几乎一切古代文明都拥有创造叙事和起源的神话，因为人类深切地渴望探索万物起源和人性。"起初"的叙述形式在定义关系和社群身份方面有重要作用，它为共生的人类个体和万物提供了理解生命的恰当方式。知道一个人来自哪里，知道一个人以何种姿态存在，这种认知将在特殊的时空中构成生活的目的。因此，创世神话赋予时间以框架，指明了物种生命的起点。

　　林艳自从跟随我在香港中文大学做博士论文以来，就持之以恒地深耕于希伯来创世神话的百花园，尤其是古代西亚和美索不达米亚视域下的希伯来创世神话研究。她的博士论文不仅阐释了圣经创世故事广阔和深邃的知识，还在复杂的语境下对创世神话从理论上加以分析。她在比较西亚（集中在古代希伯来思想）和东亚（尤其关注古代中国）的创世神话方面拥有浓厚的兴趣，该书代表了她在学术研究方面殚精竭虑的成果，而本书的读者将领略她所描绘的古代创世神话的蓝图。

　　本书涵盖了希伯来圣经的祭司传统、先知传统以及智慧传统，集中而恰当地研究了圣经的开篇《创世记》1—3章，这将是打开希伯来思想智慧的钥匙，它形成了以色列百姓从古代到被掳，及至后被掳时期的生命经验。林艳在她的研究中合理而恰当地使用了跨文本研究方法，对《创世记》文本的理解达到了一个新的高度。跨文本阅读方法虽然是我于20世纪90年代首次提出和运用，但是林艳创造性地深入使用和发展了该方法。她让中国创世神话文本和希伯来创世神话文本在彼此的亮光下，通过跨越解读，达到丰富和更新。而且，她从宇宙论、宇宙起源论、人类的起源、神人关系四个维度进行跨文本阅读是比较科学的做法，从一定意义上来讲是她的创新。

　　我向那些有志于从事跨文明探索，尤其是那些专注于亚洲更加广阔的地理范围，包括亚洲西部（地中海）到南中国海东岸的读者热情推荐本书，这些文明之间存在大量我们意想不到的交流实践。同时，考古发掘和出土文献逐渐揭开了令人惊叹的神秘事物，使我们好奇人类表达生命意义和征服那些不利挑战的渴望，我们祖先所遭遇的这些不利的挑战，有时候是各种敌对的环境。我衷心地希望本书能够成为高校教师和学生研习创世神话的重要参考书之一，也希望读者能从本书中收获满满。

李炽昌

2022 年 10 月 13 日于香港

林艳译

# 自　序

　　自 19 世纪中后期以来，西方学者在研究《创世记》1—3 章时，往往采用历史批评、文学批评、比较研究、女性主义批评等现代释经方法，对其加以诠释。他们提出了各种各样的问题，对《创世记》1—3 章的来源、文本的传递、与古代美索不达米亚创世神话的相关性，以及经文体现的男性意识形态等方面，做了详细的讨论。笔者通过回顾学者的讨论，主张研究《创世记》1—3 章，这些方法应该互为补充。在此基础上，笔者提出跨文本诠释的研究方法。

　　身为中国学者，阅读《创世记》1—3 章时，不免带进自身的文化传统，主要是中国汉文古籍里的创世神话。让这两种创世神话相遇，通过转化和融合，会丰富彼此的内容，同时也会加强读者对两种创世神话的理解。因此，本书主要采用跨文本诠释方法，从宇宙论、宇宙起源论、人类的起源以及神人关系的角度，对两种创世神话作跨文本诠释。通过这种阅读方法，笔者认为：首先，中国汉文古籍创世神话里的宇宙论，表现出时空相合的特性；《创世记》1—3 章里的宇宙观，虽然按照六天和空、海、陆顺序安排创造，但是时空观念并不明显，更多的是严谨的秩序。其次，中国汉文古籍里没有《创世记》1—3 章里的"创造"观念，蛋生型、自生型、开辟型的宇宙起源方式都以混沌的观念为基础；在《创世记》1—3 章里，混沌作为创造的对立面出现；化身型宇宙起源方式是中国古代创世神话特有的；上帝通过话语和行为的创造，是《创世记》1—3 章表现出的创造观。再次，中国古代创世神话里人的创造，缺少神圣的维度；这个主题在《创世记》1—3 章里，表现出丰富的古代美索不达米亚的神话背景。最后，两种创世神话下的神人关系都表现出创造与被造，以及救赎的主题。

　　五四时期的中国学者，在民族生死存亡的时刻，投入大量心血研究中国古代创世神话。五四学人在特殊的历史处境下，通过创世神话的研究，处理民族危机和身份认同的问题，为笔者今天的创世神话研究提供了借鉴意义。笔者希望在民族复兴的伟业里，通过研究创世神话，为民族精神的再造注入活力，并希望本书能够激励中国学人在研究古代创世神话方面有更大的作为。另外，在多元文化处境下，运用跨文本诠释方法研究中国古代创世神话和《创世记》1—3章，有利于两种古老文明的对话与交流；有利于我们借助希伯来经典，对西方文化有更为深入的了解。通过不同创世神话的转化和融合，达到对不同文化的理解和转译，这正是跨文本诠释方法的价值所在。

# 目　录

# 导　言

## 一、写作的缘起

现代西方圣经研究从开始到现在，经历了一百多年的历史。<sup>①</sup> 在这不算太长的时间里，西方学者已经发展出形形色色的诠释方法。运用这些方法，他们对圣经的每一卷书、每一个章节，甚至每一句话都做出纷繁多样的解释。<sup>②</sup> 诠释的书籍浩如烟海，提出的问题不计其数。对严谨的学者来说，研究圣经的任何一卷书，绝不意味着直接依据经文阐述自己的见解，而是首先应对和处理这些诠释传统。对《创世记》1—3 章的研究不仅反映了这样的状况，而且由于它是圣经的头三章，所以更加激起诠释者的兴趣和关注。

事实上，运用现代释经学的诸方法对圣经进行诠释，相对于此前诠释圣经的方法，已经具备高度的科学性。而且，学者有意识地引进自然科学和社会科学里的研究方法，对巩固和发展科学传统而不是神秘传统，也有积极的作用。<sup>③</sup> 以《创世记》1—3 章的研究为例，随着 19 世纪考古学的兴起，在古代美索不达米亚地区出土和破译了大量反映创世

---

① 这个划界，以魏尔豪森（Julius Wellhausen）提出底本理论（1877—1883）为依据。笔者认为，他的底本理论，真正开辟了用历史批评法研究圣经的方法，这正是现代西方圣经研究开始的标志。具体讨论，请参阅本书第一章第一节。（注：本书提到的国外学者的中文译名和对应原名可参看正文后《附录二》。）

② 西方的现代释经方法有许多种，大致有历史批评法，以及从属于该方法的来源批评法、形式批评法、传统—历史批评法、编辑批评法，还有文学批评法、社会科学批评法、意识形态批评法、女性主义批评法等。可以参见 Gale A. Yee, ed., *Judges and Methods: New Approaches in Biblical Studies* (Minneapolis: Fortress Press, 1995); Odil Hannes Steck, *Old Testament Exegesis: A Guide to the Methodology*, trans. James D. Nogalski (Georgia: Scholars Press, 1998); Steven L. Mckenzie and Stephen R. Haynes, eds., *To Each Its Own Meaning: An Introduction to Biblical Criticism and Their Application* (London: Westminster John Knox Press, 1999).

③ 斐洛著，王晓朝、戴伟清译：《论〈创世记〉：寓意的诠释》，香港：汉语基督教文化研究所，1998。

和洪水内容的古代文献，这使西方学者意识到圣经和近东其他文明的渊源和彼此之间的影响。现在，任何一部诠释《创世记》1—3章的著作，如果还强调圣经的权威和独一无二性，而没有提及古代近东的创世和洪水内容，其作者会被认为尚未启蒙。随着西方女权主义运动的发展，女性主义释经也逐渐壮大。许多在这股潮流兴起之前就已经著书立说的学者，后来又纷纷补叙自己的研究和女性主义释经之间的关联。[①] 学者的这种积极态度，说明了社会科学和实践催生下的释经方法对研究圣经的重要性。

　　然而，随着西方科学技术和生产力的飞速发展，发达资本主义的西方对落后东方的胜利，以及殖民统治在全世界范围内的建立，西方人的优越感也急剧膨胀，表现在世界政治、经济和文化的方方面面。在宗教上，传教士跟随资本主义列强的坚船利炮在世界各地传播福音，他们灌输给当地人这样的信念：圣经具有无上的权威，圣经就是真理，而其他文化都是野蛮的、未开化的，是要被基督教征服的对象。西方学者发展出来的现代释经方法，虽然比起中世纪的寓意诠释科学得多，但是和基督教优越论同根同源的背景，却让它从一开始就潜藏着被否定、被质疑的危机。不仅如此，西方学者的治学态度也助长了这种危机。本来圣经就是一部关于受苦和救赎的宗教书籍，可是欧美学者一味沉溺于研究圣经的过去，他们能够对经文条分缕析、追根溯源，却缺乏神学上的想象，无力也不愿想象自己的学术研究工作如何能够和受压迫、被剥削的人群，以及和自己的苦难结合起来。[②] 亚洲神学崛起以后，利用本土文化资源的呼声日益高涨。许多亚洲神学家对欧美学者先前做研究的态度多有诟病。墨西哥圣经研究学者米兰达（José Porfirio Miranda）就曾经控诉一些欧美圣经学者没有"热血和眼

---

　　①　科林斯就曾在《五经的主题》一书里指出，自己忽略了女性主义研究在五经研究里的位置，希望今后能够补写出五经里的女性主题。见 David J. A. Clines, *The Theme of the Pentateuch*, 2nd ed. (Sheffield: Sheffield Academic Press, 1997), p135.

　　②　有一个故事讲述的是一位白人妇女给买来的黑人奴隶起名叫"摩西"，可是当黑奴问为什么给他起这个名字的时候，白人主人却能面不改色地告诉他，摩西是个英雄，他带领以色列人摆脱在埃及为奴的生活。这个具有讽刺意味的故事，充分暴露了当时的白人可以一面读着圣经，为以色列人的祖先所受之苦痛哭流涕，一面却在世界范围内制造着苦难和分裂。

泪，不知奴役、羞辱、监狱、饥饿、无以言说的苦难为何物"。① 这样，对现实的过分超脱，使西方学者的研究局限在纯粹学术的范围内，和亚洲圣经学者通过圣经反省本民族苦难的旨趣相去甚远。

作为一名研究希伯来圣经的中国学者，一直都希望通过努力研究希伯来圣经——西方文化的半壁江山，更加深刻地理解西方文化。② 但是在学习和积累的过程中，笔者发现欧美学者研究圣经所偏重的历史和古代近东语言学的进路是他们驾轻就熟的，这两者可以说是他们文化血脉里本有的东西，而我们中国学者的诠释和理解只有依据西方学者已经设计好的游戏规则才能进行。也就是说，我们必须像他们一样掌握数门古代语言，而且对他们的文化传统有足够的敏感，才能够发现问题，并且提出批评。姑且不论这种游戏规则制定得合理与否，也不论中国学者是否有良好的学习古代语言的条件，但就中国学者的身份而言，当我们把自身的文化传统带进阅读过程中，就会有不同于西方学者的解读，就会有两种文化相遇和转化的可能。正因为此，笔者更乐意多花一倍心思，让两种文化在彼此的照亮下，达到相遇和转化。

除了阅读中带进自身文化传统的问题，圣经研究著作里，看不见自己文化的影子，听不到自己民族对这个异于自身文化传统的事物发表只言片语，这种处境，对一个承认自己是中国人的学者来说，或多或少都有被排除在外的尴尬与落寞。因此，笔者所代表的中国学者渴望在圣经研究过程里发出自己的声音；这种声音既不是对西方圣经研究的附和或者亦步亦趋，也不是对它的全盘否定。③ 它将是一个中国学者对圣经，尤其是对《创世记》1—3章的诠释。这样的诠释，由于带进了中国的文化传统，注定和西方学者的诠释有所不同。

作为一名研究希伯来圣经的中国学者，笔者会很自然地将中国文化传统的背景带进阅读希伯来圣经的活动里。例如，在研读《创世记》1—3

---

①　José Porfirio Miranda, *Marx and the Bible*: *A Critique of the Philosophy of Oppression*, trans. John Eagleson (London: SCM Press, 1977), p. 31. 笔者认为，米兰达的看法或许源自他的遭遇，因此在普通人看来有些偏激。但是他所说的和现实脱节的治学态度，却体现在许多西方圣经学者身上。

②　关于"希伯来圣经"的解说，后文还有详细讨论。

③　毕竟西方学者发展出来的历史批评法是有生命力的方法，只不过使用的时候，被引入歧途。

章时，祭司创造故事说上帝从混沌里创造世界，而"分开"是上帝主要的创造方式，笔者由此就会联想到幼时看过的启蒙读物，上面说很久以前，世界像是一个硕大无比的鸡蛋，盘古从"鸡蛋"里生出，然后开天辟地。读到雅威从泥土里造人的叙事，笔者也会想起中国神话故事里，女娲抟黄土造人的趣事。这种首先由相似所带来的亲切感，是笔者从西方圣经学者的著作里感受不到的。其实，研究者不可能也没有必要隐藏自己的"视域"。① 中国的文化传统是笔者的视域，它不是笔者个人的观点，而是整个民族集体无意识的凝结。在理解的过程里，中国的文化传统能够帮助笔者真正把圣经里的言说转化成自己的东西。用迦达默尔的话说，就是"视域融合"。②

当与生俱来的中国文化传统和圣经在笔者头脑里产生联想、发生作用的时候，这之间就出现了某种张力。香港资深的神学家沈宣仁表达过作为华人和基督经验相容时所持有的心理状态：

> 因着我的文化传统，我不愿跟我的基督教信仰疏离；因着我的信仰，我不愿跟我的文化传统分割，我因而活在作为基督徒与作为中国人的张力下；这种张力甚大，使我不得不撕裂一己，才能将它们扯在一起。③

虽然笔者不是一名基督徒，没有沈宣仁所说的强烈的分离感，但是其中的张力还是非常明显的。既然笔者在研究希伯来圣经的时候，不得不处理自身文化传统和它的关系，那么对笔者来说，就已经不再是为什么要研究《创世记》1—3章和中国古代创世神话的问题，而是如何将二者放在一起进行阅读的问题。④

---

① 迦达默尔指出，理解的过程里，诠释者自己的思想总是已经参与进去，诠释者自己的视域具有决定作用。Hans-Georg Gadamer, *Truth and Method*, 2nd ed. (New York: Crossroad, 1992), p. 390.

② Ibid., p. 388.

③ Philip Shen, "Theological Pluralism: An Asian Response to David Tracy," *JAAR* 53 (1995): p. 743. 作者引用沈宣仁的这段话，参考了黎志添的翻译。见黎志添著《宗教研究与诠释学：宗教学建立的思考》，香港：香港中文大学出版社，2003，第160页。

④ 对"中国古代创世神话"的界定，后文还要详细讨论。

以上，笔者已经讨论了西方圣经研究在方法上的不足，并且说明了笔者在研究圣经时要处理双重身份的问题，这些因素都是促使我写作这部专著的动机。具体到《创世记》1—3章和中国古代创世神话的研究，促使我写这部专著的动机还在于，目前对这一课题的研究还非常薄弱，这为我在这方面的深入研究提供了契机。

欧美学者对这三章的研究主要集中在这样几个方面：第一，采用历史批评法研究祭司典和雅威典各自的创造叙事，分析它们成书的历史背景，追溯文本在记录以前的口传阶段，梳理文本在历史传递过程里的变化情况，探索文本和其所处的生活场景；第二，运用文学批评法分析《创世记》1—3章乃至《创世记》1—11章作为整体的文学结构、体裁和神学思想；第三，运用比较分析的方法，将《创世记》1—3章和古代近东的创世神话做比较，寻找它们之间相互依赖或者影响的证据，或者反向证明希伯来圣经的独一无二性；第四，采用女性主义释经方法，去除以男性视角写作《创世记》1—3章的性别意识形态，建立以女性为主体的崭新的诠释传统。尽管西方学者在运用这些方法诠释经文时，已经做得相当完善，但是结合中国古代创世神话阅读《创世记》1—3章的研究，西方学者却不曾尝试过。西方倒是有一批卓越的汉学家，专门研究中国的神话，包括创世神话。[①] 但是他们从西方的背景跨越到中国文化时，鲜有考虑自己的文化传统，较少采用圣经的资源来照亮中国的文化，这样也就失去了用中国文化重新评价西方文化传统的可能性。[②]

在中国，从五四以降，就有一批卓越的学者，大胆运用西方的神话学理论和方法研究中国古籍中的创世神话。顾颉刚和杨宽深受西方史学的熏染，致力于探索中国古史形成的过程，顾颉刚提出中国古史是"层累地造成的"的观点，结合古代创世神话，他认为神话是逐渐演变出来的。[③] 他的方法类似圣经研究里的历史批评法，具体来说是传统—历史批评法和编

---

① 西方著名的汉学家，老一辈的有卜德（Derk Bodde）、马伯乐（H. Maspero），较近的有白安妮（Annie Birrell），他们专门从事中国文化尤其是神话的研究。详细讨论可参见本书第二章第一节。

② 也有个别汉学家，例如马伯乐，较好地涉及了这个问题。见马伯乐著、冯沅君译《书经中的神话》，北京：国立北平研究院史学研究会出版社，1939。

③ 顾颉刚：《与钱玄同先生论古史书》，载顾颉刚编著《古史辨》第一卷，上海：上海古籍出版社，1982，第60页。

辑批评法的结合。杨宽在顾颉刚的基础上，又提出"神话分化说"，认为创造、治水等神话可以在中国历史上发展出好几个版本。[①] 他的方法又有些像圣经研究里的来源分析法，对各种不同的来源进行考辨、梳理。闻一多考察西南少数民族的洪水神话，运用语音和词源学的方法，指出少数民族中间流传的洪水后婚配的主角伏羲兄妹，就是汉族创世神话里的盘古和女娲。[②] 鲁迅更是呕心沥血，重新书写古代神话，在《补天》和《理水》两篇里，他戏谑和嘲弄了那些书写神话的知识精英，颠覆了道貌岸然的儒家正统思想，为女神和治水英雄披上人的外衣，拉近他们和百姓的距离，并且歌颂他们鞠躬尽瘁的牺牲精神。[③] 他的颠覆和重建工作，类似现代释经学里女性主义的方法，披露文本背后的意识形态，重新书写经籍，以建立自己的价值体系和话语世界。在当时的中国，他们的研究发前人所未发，达到启人心智的效果；而且他们的研究和西方神话学研究的差距不算太大，起点比较好。

　　沉寂了将近半个世纪以后，大陆的学者捡起五四学人的研究，希望继续深入下去。从目前的研究情况来看，虽然有一批学者从事着中国古代创世神话的研究，笔者还是希望能多出现一些像五四学者那样高水平的研究。而且，必须指出的是，早期的著作存在着一些认识上的误区，这样的误区间接影响到后来的学者。例如，在中国古代创世神话研究方面，笔者认为神话这一特殊的文化符号需要用专门的神话理论加以培育。毕竟神话不仅仅是原始宗教，它更是人们对当时生活的反思。它涉及一些神祇，不过最终的兴趣仍然落在人这里。笔者认为类似的误区会随着译介工作的深入，以及研究方法的日臻完善，而得到逐步改善。

　　在神话比较这一领域，虽然有一些文章和书籍面世，但是多集中在文艺批评的范畴，对文本成书的历史背景、文本传递过程发生的变化，以及文本最初面对的生活场景这些问题鲜有探讨。以《创世记》1—3章里的创造故事和中国古代创世神话的比较为例，个别学者意识到《创世记》1—

　　① 杨宽：《中国上古史导论》，载吕思勉、童书业编著《古史辨》第七卷，香港：太平书局，1963，第 65—76 页；童书业：《自序二》，载《古史辨》第七卷，第 3 页。

　　② 闻一多：《伏羲考》，载《闻一多全集》第一卷，北京：生活·读书·新知三联书店，1947，第 3—69 页。

　　③ 鲁迅：《补天》，载《故事新编》，北京：人民文学出版社，1979，第 1—12 页。

3 章有两种不同类型的创造故事，但是没有进一步探讨为什么会有这样的区别，连带地忽略了对不同传统和来源的分析，较少涉及形成那段经文的古代以色列历史。在这种情况下，和中国古代创世神话的比较，缺乏一个较为坚实的基础。① 由于古希腊哲学和文学研究在大陆的兴盛，学者对希腊神话的译介和研究投入的精力较多。只要说到中西神话比较，多会考虑希腊神话。对于比古希腊神话更早出现的希伯来创世神话，学者们没有给予足够的重视，相应地也错过了古代美索不达米亚和古代迦南神话这些丰富的宝藏。② 而且，绝大多数学者对希伯来创世神话和古代近东创世神话之间的平行和关联了解得还远远不够，认为《创世记》头三章是以色列人自己的发明创造的学者不在少数。即使有学者，像魏庆征，向大陆学者介绍了不少古代近东神话和《创世记》之间存在的关联，但是缺乏历史批评法的辅助，这样的译介工作也只停留在文学研究的表层，无法深入到不同神话表达的神学旨趣上的差异。③ 这样看来，目前大陆研究神话的文本批评工作，由于缺乏适当的方法论的训练，在中希神话的比较和跨越方面，更需要学者从事一些神话学研究的基础工作。

有鉴于此，笔者认为将《创世记》1—3 章放在中国古代创世神话的亮光下解读，无论是从丰富西方圣经研究的角度入手，还是从填补国内跨文本神话研究的学术空白着眼，都具有重要的学术意义。④

## 二、研究范围

本书研究的主体是希伯来圣经《创世记》1—3 章。强调"希伯来圣经"，而不是"旧约圣经"，这是因为这两种圣典根本就不是同一样东西。"旧约圣经"这个概念，是和"新约圣经"相对而言的。旧约圣经的研究势必牵涉到在两约之间穿梭诠释的活动，但是希伯来圣经的研究，不存在和

---

① 例如孙立梅：《论圣经中的创世神话及其他》，《内蒙古工业大学学报》11. 1 (2002): 84—87；李艺：《宙斯与盘古：中西创世神话之比较》，《广西民族学院学报》23. 6 (2001): 85—89。

② 当然，有一些学者在这方面走在前列。例如叶舒宪，早在 20 世纪 90 年代，他就发表了有关苏美尔神话的论文，如《苏美尔神话的原型意义》，《民间文学论坛》3 (1998): 15—21；《苏美尔诗歌及其原型意义初探》，《甘肃教育学院学报》1 (1999): 1—7。

③ 塞·诺·克雷默著，魏庆征译：《世界古代神话》，北京：华夏出版社，1989。

④ 有关跨文本诠释方法，后文还有详细讨论。

新约对照阅读的问题。而且，希伯来圣经某些篇章的顺序和基督教经典里旧约的顺序是有差异的。[①] 章节编排顺序上的差异实际上体现了背后神学旨趣的不同。即使在同一书卷内，希伯来圣经的节数和基督教圣经里相应的内容有时会错一节，这种情况在《诗篇》里尤其明显。[②] 所以，希伯来圣经的经卷尽管和基督教圣经的旧约在内容上大体一致，却是两种神学观念下的圣典，不可混为一谈。[③]

　　本专著涉及的另一个名词是"中国创世神话"，但是中国创世神话的范围太大，不仅包括以儒释道为代表的汉族创世神话，还有西南少数民族的创世神话群，这样的研究，工程浩大。于是笔者将注意力集中在汉族创世神话上面，而不涉及中国少数民族的创世神话。后来，笔者发现汉族的创世神话既包括汉文古籍里的创世神话，又有汉族群众口头流传的创世神话。[④] 因此，笔者在这部专著里将精力放在汉文古籍创世神话上面，口传文学不在此列；即使是汉文古籍也是有范围的，本书对佛教和道教典籍里的创世神话，暂不作详细讨论。[⑤] 再有就是本书是对中国古代典籍里创世神话的研究，而不涉及现代或者当代的典籍，这是笔者对古代创世神话的时间限定。[⑥]

　　就创世神话本身来说，笔者坚持认为它不仅讲述宇宙观、宇宙的起源、

---

　　① 例如，在基督教旧约圣经里，《历代志》紧随《列王记》之后，而在希伯来圣经里，《历代志》成为最后的书卷。

　　② 例如，基督教旧约圣经《诗篇》第19篇的开头有一个小标题"大卫的诗交于伶长"。而在希伯来圣经里，这个小标题成为本章的第一节，这样希伯来原文的《诗篇》第19篇就比基督教旧约圣经的多出一节。

　　③ 当作者介绍一些背景知识时，多指涉作为整体的圣经研究，因此会采用"圣经"的说法。当笔者要讨论《创世记》1—3章及其相关经文时，是在希伯来圣经的范围里言说的，因此会有"希伯来圣经"的说法。笔者在此加以区分，请读者在阅读的时候，稍加留意。

　　④ 前者像《三五历记》所记载的盘古开天地与《述异记》里的盘古化身万物，《淮南子》中的女娲补天和《风俗通义》里女娲抟黄土造人，还有《独异志》里的伏羲、女娲兄妹婚配等等。后者包括河南大学中文系师生几年来调查采录到的关于盘古山、伏羲庙、女娲城等创世神话，其中一部分作品已收在《河南民间故事集》中；还有胡崇俊、何伙在湖北神农架搜集到的明代唱本《黑暗传》，里面也有许多汉族口头创世神话素材；四川的陈钧和浙江的周耀明也都搜集到了一些汉族创世神话，并在民间文学上发表。——出自陶阳、牟钟秀：《中国创世神话》，上海：上海人民出版社，1989，第38—39、47—53页。

　　⑤ 当然，有些创世神话会涉及道家思想，例如《庄子》里的神话。

　　⑥ 对"古代"的时间限定，笔者的范围是从春秋战国一路到清朝灭亡。这之前和这之后的资料，都不在笔者的研究之列。

人类的起源，还应该包括洪水神话，因为洪水神话牵涉到创造和再造这样的秩序主题。[①] 但是，笔者的重点要放在《创世记》1—3章，所以就略过《创世记》6—9章洪水灭世的内容。[②] 相应地，也不会太多涉及中国古代创世神话里的洪水故事。如果在文章里需要涉及这方面的内容，笔者也只能点到为止，不会展开论述。

### 三、跨文本诠释方法

这部专著要采用跨文本诠释方法（Cross-Textual Hermeneutics）。跨文本诠释方法最初是由香港中文大学的李炽昌提出。[③] 当时提出这个方法，是为了应对亚洲学者在研究圣经时方法上的不足。作为亚洲圣经学者，要处理两个身份的问题，而现代西方圣经研究的那些套路显然不能对症下药。亚洲圣经学者如何将经文、本土文化，以及社会处境放在一起进行思考？如何充分运用自己民族的文化资源，让经文和诠释者的生命达到真正的融合？这是摆在他们面前的当务之急。台湾神学家宋泉盛许多年以来一直鼓励其他亚洲神学家，发挥他们的神学想象，运用亚洲资源，深入了解亚洲人的本性及上帝在世的作为。[④] 他说：

> 在亚洲研究神学有无限资源，所缺的是我们对神学的想象力。从亚洲人灵魂深渊所唤起的绝望呼喊是强有力的，但我们的神学思想却是软弱无力的。[⑤]

---

[①] 朗（Charles H. Long）将创世神话看成是宇宙的创生，并没有涉及人类的起源。但是，笔者从诸多研究创世神话的学者那里了解到，世界各地的创世神话不仅包括世界的创造，还有人类的起源、洪水故事。朗倒是也认为宇宙起源论也有对宇宙秩序的描述，洪水是对宇宙秩序的危害，因此，洪水神话也是创世神话的一部分。见 Charles H. Long, "Cosmogony," in *The Encyclopedia of Religion*, vol. 4, ed. Mircea Eliade (New York/London: Macmilian Publishing Company, 1987), p. 94；陶阳、钟秀：《中国创世神话》，上海：上海人民出版社，1989。

[②] 笔者认为《创世记》1—3章讲述的正是宇宙和人类的起源，因此将它看成是古代以色列人的创世神话。

[③] Archie C. C. Lee, "Doing Theology in the Chinese Context: The David-Bathsheba Story and the Parable of Nanthan", *EAJT* 3 (1985): pp. 243–257.

[④] 郭佩兰著，游德珊译：《从非圣经世界发掘圣经的意义》，载李炽昌编《亚洲处境与圣经诠释》，香港：基督教文艺出版社，1996，第49页。

[⑤] 同上注。

　　在《孟姜女的眼泪》一书中，他引用中国著名的孟姜女哭长城的故事，和圣经里耶稣死而复活的主题交织在一起。[1] 后来，他又在《故事神学》中指出，中国民间神话传说都是点亮圣经故事及其神学主题的很好的素材。[2] 总之，宋泉盛是这方面的先驱，他向后来的许多学者开启了运用亚洲文化和社会资源的新路向。不过他只是提出这样一种可能性，但究竟怎样操作，如何实现这种资源的有效利用，这些问题在宋氏那里没有得到具体的解决。

　　李炽昌在宋泉盛的基础上，提出了跨文本诠释方法，在理论上对这种利用本土文化和社会资源的路径加以阐释。他从身份认同的角度着手，指出亚洲学者实际上生活在两个世界里，除了基督教给予的世界，还有一个是来自本土的宗教文化的世界。他以自己华人知识分子的身份现身说法，认为基督教和中华文化是不能做非此即彼的简单选择的，二者之间的张力常常造成身份认同和安身立命的危机。李炽昌认为"中华文化及基督教神学皆有其光明与幽暗面"，华人基督徒学者不是要回避这些东西，而是让它们接受"诠释功夫的审判，好让中华文化及基督教神学中那些正面光辉的、释放性的、人性化的部分得以发挥，在彼此的挑战、关照、融合过程中建立一个整全的、合乎处境的意义世界，转化华人信徒的身份以及认同危机，为他们建立安身立命的基础"。[3]

　　正是出于这个目的，李炽昌创造性地提出了跨文本诠释方法。首先，他对"文本"的理解和一般意义上的有所不同。我们所理解的文本往往是以文字为依托并且记录下来的人类思想结晶，比如宗教经典、文学著作、传记历史等。也就是说，文本的形成依靠的是一些知识精英的智慧，而阅读文本的活动也需要具备一定的知识水平才能完成。可是李炽昌打破了这样的限制，他将文本的范围扩大到不同时期的文化遗产、历史传统、宗教

――――――――――

　　[1]　Choan-Seng Song, *The Tears of Lady Meng: A Parable of People's Political Theology* (Geneva: World Council of Churches, 1981).

　　[2]　宋泉盛著，庄雅棠译：《故事神学》，台南：人光出版社，1991。英文版本 Choan-Seng Song, *Tell Us Our Names: Story Theology from An Asian Perspective* (New York: Orbis Books, 1984).

　　[3]　李炽昌编:《亚洲处境与圣经诠释》，第 5 — 6 页。

信念、民间习俗、社会处境、政治经济状况，以及非常私己的生命经验。<sup>①</sup>也就是说，凡是能够被人体会、认知和自觉的东西都可以称作文本。李炽昌将"文本"一词的范围扩大，这样做也符合亚洲人在阅读圣经时候，处理自身文化传统和社会处境时候的基本精神。圣经这个舶来品，它宣说着某种真理；但是不能因为它是科学先进和技术发达的西方社会下的文化传统，就认为阅读圣经会比聆听中国民间的口头文学、观赏中国的传统戏剧，以及参与本民族政治经济改革事业来得优越。作为亚洲基督徒，无论她／他承认与否，身上总是有两个文本（texts），而且这两个文本都应该平等地被对待和解释。李炽昌倾向于将诠释者自身的亚洲资源称作文本 A，而将圣经经文称作文本 B，当然这个亚洲资源的文本 A 不应看成一个单一的文本，亚洲本来就是一个"多元的宗教经典"的世界。<sup>②</sup>

那么让两个文本相遇，具体的跨越是怎样实现的呢？这就牵涉到这个方法的核心了。在温慈（Richard Wentz）的影响下，李炽昌将这一方法集中表述如下：

> Cross 一字有相交、相遇、观点之意，犹如渡江皆从一岸过渡到彼岸，"跨文本诠释"除了将两个文本放在一起外，也有从一个文本的角度去照亮另一文本，从相遇（encounter）相交（interact）中发现新的意义，是阅读单一文本找不到的观点和意义。笔者称这过程为"跨越"，诠释不会停留在一次的跨越，可能是多次跨越，也不是单从同一文本出发。多次往返的作用，目的不在作比较研究，而是达到转化（transformation）及丰裕（enrichedness），是整个投入的生命提升，是自我发现的过程，结

---

① 对文本作这样的理解，李炽昌和桑德斯可谓英雄所见略同。见 George W. Coats and Burk O. Long, ed., *Canon and Authority: Essays in Old Testament Religion and Theology* (Philadelphia: Fortress Press, 1977), p. 21.

② 李炽昌编：《亚洲处境与圣经诠释》，第 5—6 页。

果是一个多姿彩的转化存在（enriched–transformed existence）。[1]

　　这样一个富有想象力的活动，要实施起来还真得需要点天才能力不可，李炽昌自己在这方面已经做了大量的工作。[2] 在这部专著里，笔者也将采用李炽昌首创的跨文本诠释方法，希望在中国古籍创世神话的亮光下重新解读《创世记》1—3章。不同的是，笔者将《创世记》1—3章以及相关的希伯来经文看作文本A，把汉文古籍创世神话看作文本B，把它们放在一起进行跨越解读。[3] 在中国古代创世神话的亮光下，从宇宙论、宇宙起源、人类的起源，以及神人关系入手，重新讨论《创世记》1—3章体现的希伯来创世神话的特点。当然，不光是从中国古代创世神话到希伯来创世神话这个方向，在研究的过程里，还要从希伯来创世神话反观中国古代创世神话，如此循环往复，历经数次，让它们在彼此的照亮下，表现更多更新的内容。这样的诠释将不同于单独研究中国古代创世神话或者希伯来圣经《创世记》的头三章。

--------

　　[1]　需要注意，跨文本诠释是一种方法，这个方法具体实施起来，就是在两个文本之间进行跨越解读（跨文本阅读）。因此，笔者在书中会视具体情况，采用"跨文本诠释""跨越解读"或者"跨文本阅读"的字眼。用词不同，但是表达了同一个意思。由于笔者运用跨文本诠释方法的目的在于重读《创世记》1—3章，因此采用了"在……的亮光下"这种文学意味浓厚的表达方式。李炽昌编：《亚洲处境与圣经诠释》，第 7 页。"transformed existence" 是李炽昌采纳温慈的用词，参见 Richard Wentz, *The Contemplation of Otherness: The Critical Vision of Religion* (Atlanta: Mercer University Press, 1984), p. 13.

　　[2]　例如，他引用中国传统谏官的角色，在香港的神学以及特殊的政治环境下，来阐释"拿单的比喻"，为说明基督教信仰与中国古典民本传统，对香港产生的现实意义。在《跨越边界：希伯来〈诗篇〉与中国〈诗经〉对人性的想象》一文中，他将两个文本里表现出来的不义和要求神主持公义的内容展现出来，说明在哀歌的体裁内，两种文化都表达了一种真实的人性，这样的特点是抽象的人性论辩所不具备的。他还将希伯来创世神话和中国创世神话进行跨文本阅读，指出希伯来和中国的神人关系存在的差异，由此指出这种差异引起的神学兴趣的不同。Archie C. C. Lee, "Doing Theology in the Chinese Context," pp. 243–257; "The Chinese Creation Myth of Nu Kua and the Biblical Narrative in Genesis 1–11," *BI* 2, 3 (1994): pp. 312–324; "Genesis 1 from the Perspective of A Chinese Creation Myth," in *Understanding Poets and Prophets: Essays in Honour of George Wishart Anderson*, ed. A. Graeme Auld (Sheffield: JSOT, 1993): pp. 186–198; 李炽昌：《跨越边界：希伯来〈诗篇〉与中国〈诗经〉对人性的想象》，载赖品超、李景雄编《儒耶对话新里程》，香港：香港中文大学崇基学院宗教与中国社会研究中心，2001，第 197—221 页。

　　[3]　由于笔者的研究重点是《创世记》1—3章，所以将它作为文本A来处理，这样做并没有《创世记》1—3章比汉文古籍创世神话重要的偏见。

我们现在所处的社会，价值观念呈多元化趋势，不同观念之间需要对话和沟通，就更需要这方面的知识和经验，跨文本诠释方法正是顺应时代的产物。不过，它还是个新鲜事物，仍然需要进一步发展并接受新的检验。

### 四、专著的篇章结构

这部专著共有四章。首先是导论部分，介绍文章写作的缘起、研究范围、采用的方法，并向读者交代整篇文章在结构上的安排。论文的第一章以方法论为线索，回顾西方学者一百多年来对《创世记》1—3章所作的诠释。首先回顾历史批评法研究《创世记》1—3章的情况，梳理学者对底本理论的批判性研究，指出《创世记》1—3章最初被运用的场景，点明文本经过不同历史阶段传递的事实。由于历史评判法执迷于对不可靠历史的重建，来源分析变得越来越复杂，学者对这种方法感到失望，希望用共时研究弥补历时研究的不足。文学批评法恰恰是要忽略经文背后的写作历史、来源以及传递的历史，将《创世记》1—3章，甚至《创世记》1—11章看成一个整体，分析它的文学体裁、结构，以及神学主题。文学批评法作为对历史批评法的补充，的确有积极的意义，它可以让研究者绕过那些烦琐的、根本就证明不了的历史部分。但是，如果摆脱历史批评法，单纯谈论文学批评法的优势，显然是不足取的。在笔者看来，最好的办法是将历时研究和共时研究结合起来，在指出祭司和雅威两个创造故事的同时，还能够看到它们在整个太古叙事下发挥的作用。接下来，笔者回顾了学者对《创世记》1—3章和古代美索不达米亚创世神话的比较研究。在比较研究的领域内，一派学者坚持认为《创世记》1—3章和古代美索不达米亚创世神话之间存在平行和影响的关系，另一派学者则认为《创世记》1—3章是以色列自己的创世叙事，反映以色列人的神学观念，和古代近东创世神话没有什么瓜葛。笔者以为，《创世记》1—3章的确和古代美索不达米亚创世神话存在平行和影响的关系，持反对意见的学者也只是在证明它们之间没有关系，而这恰恰体现它们之间存在的渊源。在第四节里，笔者向读者介绍女性主义学者对《创世记》1—3章的研究，主要集中在上帝以自己的形象造人（1:26—28），以及亚当和夏娃的关系。由于笔者要处理《创世记》1—3章和中国古代创世神话的跨文本诠释问题，所以前面四种方法都不适合笔者在此处的研究。在第一章的第五节里，笔者要向读者引出跨文本诠释方法。

由于这部专著采用跨文本诠释方法，因此回顾了西方学者对《创世记》1—3章的研究之后，笔者要对中国古代创世神话的研究做一个简要回顾。第二章首先回顾西方学者对中国古代创世神话的研究。回顾主要围绕这样几个问题展开：中文古籍里有无创世神话？中国古代创世神话资料的性质是怎样的？中国古代创世神话和中国思想传统形成的关系，等等。笔者的结论是中国古籍里有创世神话。尽管记载下来的，只是只言片语且零星散乱，但这并不表示没有。较晚记载下来的创世神话，并不表示产生得较晚，它一定还有漫长的口传阶段。这样的观点有些像西方现代释经学的形式批评理论和传统—历史批评法所坚持的观点。以上这些问题，都是西方学者面对中国古代创世神话提出的基本问题，在这一章里解决这些问题，对接下来具体的跨文本诠释，无疑打下了坚实的基础。否则，将这些问题带进第三章，不仅拖沓，而且易受研究中国古代创世神话的学者质疑。

五四时期，一批优秀的中国学者深谙西方神话学理论，并受过其他社会科学方法的训练，有能力运用这些理论和方法研究中国古代创世神话。第二章的第二节，笔者就要对五四时期学者研究中国古代创世神话的状况做一次简要回顾。笔者以五四学人研究中国古代创世神话为切入点，不单是因为他们的研究深受西方学者的影响，还在于他们的研究对民族心智有启迪作用。20世纪30—40年代，中华民族面临历史的挑战，需要以神话这个"根"来凝聚整个民族的精神。五四学人的做法，正好从某种程度上回答了第四章提出的问题：研究创世神话对当今的意义。

第三章是这部专著的核心部分。本章分为四节，笔者将运用跨文本诠释方法首先讨论中国古代创世神话和《创世记》1—3章反映出的宇宙观，接着对它们的宇宙生成论做跨越解读，然后是对人类的起源、婚姻制度的建立、死亡和永生问题的讨论，最后是对神人关系的论述。这一章的结论是开放的，笔者不会刻意给出定论，这一如中国古代创世神话的零散和希伯来圣经的开放本质。笔者希望在中国古代创世神话和《创世记》1—3章之间反复不断的跨越，带给读者对两种神学特质和文化气质的思考。

在第四章里，笔者主要讨论在中国古代创世神话亮光下研究《创世记》1—3章对当今时代的意义。从理论上讲，这个研究无论是对大陆学界还是西方学界，都意味着填补了一项空白。在西方，鲜有圣经学者将《创世记》1—3章和中国古代创世神话做跨越解读，而且跨文本诠释方法对他们来说也比较陌生。而在中国大陆，由于缺乏对古代美索不达米亚文明的了解，很少有学者对两个古老文明的创世神话作跨文本研究。即使有学者将中国古代创世神话和《创世记》1—3章放在一起比较，但是因为没有考虑古代近东的背景，研究出现许多遗漏和偏颇。笔者的这项研究，无论是对西方学者还是中国学者，都意味着打开了一扇大门。

从现实层面上讲，在中国向现代化文明转型的过程里，中华民族历经奋斗，她的灵魂需要有一种永不枯竭的力量源泉，"这里指的是创造、进取、勤劳、勇敢、正义的时代精神"。[①] 而"神话是一个民族最早的精神家园……在未来人类创造新的精神净土的工程中，它必然会焕发出新的生命力。"[②] 这也是写作本书的意义之一。

后现代提倡多元文化。通过跨文本诠释，让我们在了解其他文化的同时加深对自己文化的理解，这有利于促进文化间的交流，也是写作本书的第三重意义。鉴于以上理论和现实意义，笔者的这部专著只是开了一个头，以期为后来的学者深入研究这些问题提供一些参考，同时也激励自己在今后拿出更为成熟的研究同其他学者交流分享。

---

① 赵永富：《我们需要构筑什么样的时代精神》，《中国青年研究》3 (1996): 37。
② 陈建宪：《精神还乡的引魂之幡——20世纪中国神话学回眸》，《河北师范大学学报》21. 3 (1998, 7): 133。

# 第一章

## 回顾先前学者对《创世记》1—3 章的研究

### 第一节　历史批评法研究《创世记》1—3 章

希伯来圣经学者采用历史批评法（historical criticism）诠释《创世记》1—3 章时，具体采用的方法又有来源批评法（source criticism）、形式批评法（form criticism）、传统—历史批评法（traditio-historical criticism），以及编辑批评法（redaction criticism）。[1] 笔者将对这些方法，逐一做批判回顾。

### 一、来源批评法研究《创世记》1—3 章

19 世纪末叶以前，西方基督教会的学者一直认为《创世记》1—3 章是由摩西一个人完成的。[2] 魏尔豪森（Julius Wellhausen）提出的底本理论，彻底改变了传统的看法。[3] 他将《创世记》1—3 章划分为 J 典和 P 典两个

---

[1]　这四种方法从属于历史批评法。Gale A. Yee, ed., *Judges and Methods: New Approaches in Biblical Studies* (Minneapolis: Fortress Press, 1995), pp. 17–44; John H. Hayes & J. Maxwell Miller, *Israelite and Judaean History* (London: SCM Press, 1977), pp. 64–69; Peter Stuhlmacher, *Historical Criticism and Theological Interpretation of Scripture: Toward A Hermeneutics of Consent*, trans. Roy A. Harrisville (Philadelphia: Fortress Press, 1977); Eta Linnemann, *Historical Criticism of the Bible: Methodology Or Ideology?*, trans. Robert W. Yarbrough (Grand Rapids: Baker Book House, 1990), pp. 83–103.

[2]　他们认为希伯来圣经上面有记载摩西写作五经的证据，参见《出埃及记》24: 4, 7; 34: 27;《利未记》17: 14,《民数记》33: 2，以及《申命记》31: 9, 19, 22, 24.

[3]　Julius Wellhausen, *Prolegomena to the History of Ancient Israel*, trans. W. Robertson Smith (New York: Meridian Books, 1957); Bill T. Arnold and Bryan Beyer, *Encountering the Old Testament: A Christian Survey* (Brand Rapid: Baker Book House, 1999), p. 70.

来源：[①]

| | 《创世记》1: 1 — 2: 4a（P 典） | 《创世记》2: 4b — 3: 24（J 典） |
|---|---|---|
| 写作背景 | 被掳时期 | 君主制时期 |
| 神的名称 | Elohim（אֱלֹהִים） | Yahweh（יְהוָה אֱלֹהִים） |
| 文本体裁 | 韵律诗（rhyme） | 叙事（narrative）[②] |
| 创造顺序 | 宇宙—动物—人 | 宇宙—人—动物 |
| 创造结果 | 上帝满意自己的创造，并在第七天歇了工 | 雅威将人赶出伊甸园 |
| 创造方式 | 上帝用言语（意念）创造（בָּרָא） | 雅威用泥土亲自造人造物（עָשָׂה, יָצַר） |
| 创造内容 | 宇宙的创造（详细）；人的创造（简略） | 造宇宙（简略）；造人（详细） |

　　但是，就在底本理论这个大传统主宰《创世记》1 — 3 章的研究时，一些少数派的学者也没有放弃自己的观点。犹太学者卡所托（U. Cassuto）和雅各布（B. Jacob）就是其中两位。他们主张《创世记》1 — 3 章应该被看成一个整体。[③]尤其是雅各布，他认为来源批评法是对文本的一种残害。[④]按照他的观点，《创世记》1 — 3 章的两个创造故事应该被放在一起阅读，而不论它们在用词上有多不同。[⑤]因为，作者要整合它们，肯定会考虑两者之间的差异。也就是说，我们这些后来的读者，不必操心这句话或者那个词出现在什么年代，来自哪个传统。

　　另外一位犹太学者考夫曼（Y. Kaufmann），不像自己的两位同乡——完全和底本理论唱反调。考夫曼对《创世记》1 — 3 章关于划分两个创造故

---

　　① 两个创造叙事的详细划分，可以参阅 Steven L. Mckenzie and Stephen R. Haynes, eds., *To Each Its Own Meaning* (Louisville: Westminster John Knox Press, 1999), pp. 43–48.

　　② 《创世记》1: 1 — 2: 4a 和 2: 4b — 3: 24 的体裁不同，因此当笔者提及二者或单独提及前者时，使用"故事"一语；当单独提及后者用"叙事"一词。

　　③ U. Cassuto, *The Documentary Hypothesis and the Composition of the Pentateuch*, trans. I. Abraham (Jerusalem: Magnes, 1941); Rolf Rendtorff, "Directions in Pentateuchal Studies", *CIR* 5 (1997): p. 44.

　　④ B. Jacob, *The First Book of the Bible: Genesis*, trans. Ernest I. Jacob and Walter Jacob (New York: Ktav Pub. Hause, 1974); Rolf Rendtorff, "Directions in Pentateuchal Studies," p. 44.

　　⑤ 学者普遍认为《创世记》1 — 3 章有两个创造叙事，它们分别是《创世记》1 — 2: 4a 和《创世记》2: 4b — 3: 24。

事的做法还是赞同的，只是他不同意将第一个祭司创造故事的时间确定在被掳时期，他认为这个故事也许在这之前就出现了。[①] 笔者认为考夫曼的可贵之处，就在于清醒地认识到笔录和口传故事的差别，给口头传统留有地位。这是形式批评法和传统－历史批评法不同于来源批评法的地方之一。

底本理论后来的发展趋势是对来源的分析越来越细。[②] 早期比较有名的是布德（K. Budde），他继承魏尔豪森的理论，认为文本里真正让读者头疼的就是伊甸园里两棵树的并排出现。通过拿走后期附加上去的有关生命树的经文，就保持了《创世记》2—3章最初自足的叙事文本。[③] 这样的划分是以已经形成的神学观点为基础的，也就是说"生命树"代表了流行宗教里的神话观念，然而"分别善恶树"代表了较高的精神伦理宗教，这显然是雅威学派的特点。[④] 赫尔辛格（H. Holzinger）接受了这样的结论，既承认《创世记》2—3章是一个整体，同时也认为生命树是后期由编者加上去的。[⑤] 古恩克尔（H. Gunkel）坚持认为有两种类型的雅威叙事，分别是生命树的经文和雅威底本的主流部分。[⑥] 斯曼德（R. Smend）甚至走得更远，他表达了对J1和J2两种来源的看法。前者较早，是雅威典关于生命树和游牧部分的经文，后者出现得较晚，是埃洛希姆底本关于知识树和农夫的经文。[⑦]

这种试图在《创世记》2—3章里寻找两种来源的努力，在今天依然

---

[①]　Julius Wellhausen, *Prolegomena to the History of Ancient Israel*, 3–4; Rolf Rendtorff, "Directions in Pentateuch– al Studies", p. 44.

[②]　上面我们已经提到魏尔豪森底本理论的基本观点。但是有一些细节，我们需要注意。底本理论相信五经不是一个整体，而是由一系列最初独立的来源在书写阶段被编者编辑在一起的。但是底本理论对编者投入的注意力，要比诸来源的作者少得多。这就意味着学者对五经作为一个整体关注得较少。而传统－历史批评法，不仅关注五经在传递时候的情况，也就是魏尔豪森关注的诸来源的产生以及它们之间的整合过程，也关注它最终形成的那个样子。在这个意义上，传统－历史批评法和来源批评法根本就是近亲，它们之间的区别还没有历史批评法和文学批评法之间的差别大。关于传统－历史批评法，笔者还要在后文详细讨论。

[③]　Claus Westermann, *Genesis 1-11: A Commentary*, trans. John J. Scullion (Minneapolis: Augsburg Pub. House, 1984), p. 186.

[④]　Ibid.

[⑤]　Claus Westermann, *Genesis 1-11*, p. 186.

[⑥]　Hermann Gunkel, *The Legends of Genesis: The Biblical Saga and History* (New York: Schocken Books, 1964); Rolf Rendtorff, "Directions in Pentateuchal Studies", p. 46.

[⑦]　斯曼德是魏尔豪森在哥廷根时候的同事。R. Smend, *Die Entstehung des Alten Testaments* (Stuttgart: Kohlhammer, 1978); Rolf Rendtorff, "Directions in Pentateuchal Studies", p. 46.

继续着。恩斯菲尔德（O. Eissfeldt）将斯曼德认定的 J1 称为 L，也就是俗典资料，而将 J2 称为 J；[①] 而佛罗（G. Fohrer）将斯曼德的 J1 称作 N，将 J2 仍然叫作 J。[②] 也就是说，这些学者主张第二个创造叙事，还应该被细分。《创世记》2: 4b — 3: 24 是一个单元，而在这个大单元里还有另外一个叙事。[③] 这些亚分类并没有像魏尔豪森的理论那样，受到广泛一致的接受。[④] 笔者认为，这样的划分对于处理经文的模糊性，有一定的作用，[⑤] 但是划分过头，就有添足之嫌。本来对各种来源的分析，确定来源的标准，以及推断各种来源的时间等工作就多建立在假设的层面上，而再在一个尚未证实的理论上叠床架屋，就难免陷入假设套假设的泥淖。但是，正是这些亚来源的多样性和不确定性，反倒让学者怀念魏尔豪森底本理论的简洁明了，无形中又为这个理论增添了几许魅力。

　　关于《创世记》2 — 3 章里的不同部分如何被整合在一起的问题，来源批评法内部也有不同的理解和看法。魏尔豪森提出是"亚赫维作者"（Jehovist）连接了 J 和 E 两个来源，但是他对"亚赫维作者"的定义语焉不详。[⑥] 有些学者，例如古恩克尔和格莱斯曼（H. Gressmann）走得更远。在他们看来，这样的作者根本就不会是某些个体，而是某个学派或者叙述群体。[⑦] 冯拉德（G. von Rad）对这个问题的看法，具有根本性的转变。他对《创世记》2 — 3 章较早发展阶段的神学很感兴趣。冯拉德认为主要有一个神学家，叫作"雅威作者"（Yahwist），是他集结和编修了《创世记》

---

　　① O. Eissfeldt, *Hexateuch-Synopse* (Leipzig: Hinrichs, 1921), pp. 6–8; Rolf Rendtorff, "Directions in Pentateuchal Studies", p. 46.

　　② G. Fohrer, *Introduction to the Old Testament*, trans. David E. Green (Nashville: Abingdon, 1968); Rolf Rendtorff, "Directions in Pentateuchal Studies", p. 46.

　　③ Rolf Rendtorff, "Directions in Pentateuchal Studies", p. 46.

　　④ Steven L. Mckenzie and Stephen R. Haynes, eds., *To Each Its Own Meaning*, pp. 50–51.

　　⑤ 例如，我们依据希伯来圣经原文的翻译，发现很难确定上帝禁止人吃的果树和女人引述的树是否是同一棵树。在这种情况下，承认不同的来源，对于解决类似的歧义会有帮助。具体的讨论，还可以参见本书第三章第三节。

　　⑥ Julius Wellhausen, *Prolegomena to the History of Ancient Israel*; Rolf Rendtorff, "Directions in Pentateuchal Studies", p. 46.

　　⑦ Hermann Gunkel, *The Legends of Genesis*; H. Gressmann, *Mose und seine Zeit: Ein Kommentar den Mose-sagen* (Göttingen: Vandenhoeck Ruprecht, 1913); Rolf Rendtorff, "Directions in Pentateuchal Studies", p. 46.

2—3章较早的部分。① 但是，为什么其他来源也被加在这样的著作里，对这样的问题，冯拉德也无法解答。这样看来，他的 J 并不真正是诸多来源里的一个。J 的作者是一个伟大的神学家，是他独立创作出《创世记》2—3章；他一个人搜集整理了先前的资料，奉献出雅威用泥土造人，后来人们被逐出伊甸园的叙事。

《创世记》1—3章里 P 和 J 等最初"独立"的来源，又是如何被融合起来的？ 这中间的过程究竟怎样？ 对这类问题的回答，产生两派极端相左的意见。一派是恩斯菲尔德的观点。他主张各个不同的来源是逐步被编辑在一起的，不同阶段，往往由一个编者编辑。② 笔者以为，他的观点对魏尔豪森的理论没有太大的发展。③ 诺思（Martin Noth）代表了另一个极端。他认为上帝版的创造故事和雅威版的创造故事从一个共同基础发展出来，经过漫长的时间，祭司典出现后，它的作者将自己的材料安插在 J 和 E 之间，然后 JE 逐渐混合。于是《创世记》1—3章的整个创造故事都体现了祭司作者的意识形态。④ 他和魏尔豪森的理论，不同之处就在于 J、E 的同源，同时他更强调口传阶段和《创世记》1—3章的最终形式。

从20世纪70年代中期开始，至随后的二十年间里，运用来源分析方法确定底本年代，出现了重大变化。这样的变化主要是由重新评价"雅威作者"引起的。施密德（H. H. Schmid）解释第二个创造故事不是君主制意识形态的投射，在风格和神学想象上，都类似申命学派的文学（Deuteronomistic literature）。⑤ 对 J 时间上确定得如此之晚，实际上是对底

---

① G. von Rad, *The Problem of the Hexateuch, and Other Essays*, trans. E. W. T. Dicken (Edinburgh and London: Oliver & Boyd, 1966), p. 74; Rolf Rendtorff, "Directions in Pentateuchal Studies", p. 48.

② O. Eissfeldt, *The Old Testament: An Introduction*, trans. P. R. Ackroyd (Oxford and New York: Basil Blackwell, 1965), p. 288.

③ 魏尔豪森的底本理论，并不像通常人们想象的那样分为四个独立的来源。魏尔豪森也强调来源的传递和组合。这一点和传统—历史进路是相同的。后者也正是在魏尔豪森的基础上才提出文本的传递理论。这两者不同的地方就在于传统—历史进路强调口传阶段，以及将经文发展的最后形式看作整体来阅读。

④ Martin Noth, *A History of Pentateuchal Traditions*, trans. Bernhard W. Anderson (Englewood Cliffs, N. J.: Prentice Hall, 1972), pp. 8–19.

⑤ H. H. Schmid, *Der sogenannte Jahwist: Beobachtungen und Fragen zur Pentateuchforschung* (Zürich: Theologischer Verlag, 1976), p. 167; Rolf Rendtorff, "Directions in Pentateuchal Studies", p. 49.

本理论的削弱。经过这样的质疑，学者开始重新审视底本理论其他来源的可靠性。施密德再接再厉，不再将 J 看成由一个作者书写或者编辑的作品。他甚至提出，在雅威作者群内部就经历了一个编修和诠释的过程。[①] 这样，即使我们现在看到的第二个创造故事，都不是由一个人完成的。这样一个短小的故事，甚至都几经易手，单个的人是创作不出这样一个故事的。

　　就在这个时候，万斯特斯（John van Seters）也发展出对"雅威作者"崭新的理解。在温耐特（F. V. Winnett）和瓦格纳（N. E. Wagner）的基础上，万斯特斯提出雅威版的创造故事应该被确定为被掳时期的作品。[②] 他还认为各种来源并不是独立发展的，它们最后都被一群编者绑在一起。事实上，每一个相续的来源都直接依赖并且补充着上一个来源。对《创世记》1—3 章的解读，他提出这样的步骤：首先是前雅威阶段；其次是前雅威的第二阶段（也就是底本理论里的 E）；再次是雅威 A 和 B；最后是祭司底本出现后的编辑和整理。[③] 在万斯特斯后来的著作里，他将雅威作者解释为一个注重历史真实性的历史学家，并且对"雅威作者"的人格产生了浓厚的兴趣。[④] 这一点和冯拉德倒有几分相像。[⑤] 这样，他的"雅威作者"就和施密德的完全不同了。因为，他不像施密德那样，把"雅威作者"只看成个体，万斯特斯认为这是个群体，而且在他们内部，还有一个传统传递的过程。[⑥] 不过，这些学者在一点上达成共识，那就是都将 J 典的时间确定得相对较晚，这给《创世记》1—3 章的研究带来了革命性的转变。

---

　　①　Rolf Rendtorff, "Directions in Pentateuchal Studies", p. 49.

　　②　John van Seters, *Prologue to History: The Yahwist as Historian in Genesis* (Louisville: Westminster/John Knox, 1992), pp. 128–129; F. V. Winnett, "Re-Examining the Foundations", *JBL* 84 (1965): pp. 1–19; N. E. Wagner, "Pentateuchal Criticism: No Clear Future", *CJT* 13 (1967): pp. 225–232.

　　③　John van Seters, *Abraham in History and Tradition* (New York: Yale University Press, 1975), pp. 309–312.

　　④　John van Seters, *Prologue to History*; Rolf Rendtorff, "Directions in Pentateuchal Studies", p. 50.

　　⑤　万斯特斯提及他对于"雅威作者"的概念和冯拉德以及魏尔豪森的关系："关于雅威作者，冯事实上反对古恩克尔退回到魏尔豪森的老路上。"然而，冯和万斯特斯的差别要多于相似性。对冯来说，雅威作者的创作属于所罗门王时期的作品，这个时期的作品具有较高创造力和属灵意义。而万斯特斯的雅威作者，出现于被掳时代。让这两个学者能够比较的方面，是他们对雅威作者超凡人格的兴趣。见 John van Seters, *Prologue to History*, p. 24.

　　⑥　H. H. Schmid, *Der sogenannte Jahwist: Beobachtungen und Fragen zur Pentateuchforschund*, p. 167; Rolf Rendtorff, "Directions in Pentateuchal Studies", p. 50.

　　也是在 20 世纪 70 年代，伦德脱夫（Rolf Rendtorff）对底本理论提出了挑战。他认为从传统—历史的观点来看，《创世记》1 — 3 章里没有发现持续发展的来源，有的也只是一些较大的单元，这些较大的单元后来被编辑在一起。在编辑的阶段，申命学派的元素被添加进来。而且祭司文本不是独立的来源，而是一个编辑再创作时期的产物。① 但是，伦德脱夫并没有就这样一个过程给出详细的说明。后来，布鲁姆（E. Blum）发展了他的观点。他认为这个过程主要经历两次编修（compository）：一次接近申命传统，一次是祭司特征的处理。后者是最后的形式，后者整合了前者。② 这样一来，就没有什么独立产生、独立发展的"来源"一说。那么 KD 和 KP 的时间如何确定？布鲁姆假设了 KD 已经知道了申命历史的作品，KP 也离得并不太远。③ 也就是说，KD 和 KP 都属于被掳后期或者被掳后的作品。布鲁姆的假设，比伦德脱夫的观点更具挑战性；但是由于没有足够多的证据支持，多数学者并没有接受他的观点。

　　批判底本理论的学者，他们的观点综合起来有两点：首先，主要的来源 J 不早于被掳时期；其次，祭司材料 P 不是独立产生发展的来源，而是在编辑整合《创世记》1 — 3 章过程里生出的副产品。传统意义上的第二个创造故事不是君主制时期的产物，而是成书于被掳时期。有关第一个创造故事里的祭司材料，不是被掳时候独立发展出来的，而是在编辑整合两个创造故事时候添加进去的内容。但是，这些学者确定副产品和独立发展出来的传统之依据在哪里？难道一种来源的产生和发展非要经历一个漫长的传递过程，才算独立产生和发展？在被掳的特殊时期，一个来源难道不能经历非传统的产生和发展的轨迹，而迅速成为被大家接受的材料？

　　笔者以为，来源批评法研究《创世记》1 — 3 章，从 20 世纪 70 年代开始受到重创，但是后来学者的批判，还是依据 J 或者 P 这样的思路提出

　　① Rolf Rendtorff, "Pentateuchal Studies on the Move", *JSOT* 3 (1977): pp. 43–45.

　　② 申命传统简称为 KD，在德文里"编修（composition）"是 Komposition。这样，被编修的祭司材料，就简称为 KP。E. Blum, *Studien zur Komposition des Pentateuch*, Beihefte zur Zeitschrift fur die alttestamentliche Wissenschaft 189 (Berlin and New York: W. de Gruyter, 1990); Rolf Rendtorff, "Directions in Pentateuchal Studies", pp. 50–51.

　　③ E. Blum, *Die Komposition der Vatergeschichte* (WMANT, 57; Neukirchenvluyn: Neukirchener Verlag); Gordan J. Wenham, "Pentateuchal Studies Today", *Them* 22 (1996): 6; Rolf Rendtorff, "Directions in Pentateuchal Studies", p. 51.

不同意见。他们并没有抛开 J、E、D、P 这样的来源划分，彻底开出属于自己的话语世界。因此，这样的批判，即使在他们眼里具有革命性的效果，但是在笔者看来还是来源于批评法内部的争吵。激烈的争论，只能说明底本理论的影响力非常深远，底本理论甚至会因此得到更为广泛的传播。

## 二、形式批评法研究《创世记》1—3章

古恩克尔首先采用形式批评法研究《创世记》1—3章。他反对魏尔豪森忽略口传时期的做法，[①] 认为在以色列人的创造故事被书写出来之前，就有一个口传阶段。这个阶段的创造故事深受古代近东其他民族，尤其是巴比伦创世神话的影响。[②] 忽略了这个阶段，就等于说以色列民族的创造故事是自己创作出来的。显然，古恩克尔没有这么独断，他认为古代以色列人的创世神话，是和各民族交往的过程里，经过漫长的口头阶段的发展逐渐形成的。[③] 例如，古恩克尔曾经批评魏尔豪森对当时出土的考古文献不闻不问。他认为《创世记》1：2 里的希伯来语תְּהוֹם（deep）就是巴比伦创世神话《埃努玛·埃利什》（*Enuma Elish*）里的女神提阿玛特（Tiamat）。[④] 又如，他也认为上帝说要按照"我们"的形象和样式造人（1：26），这里的"我们"是众神议会的反映，是多神信仰的余留，显然受到

---

① 形式批评法兴起于20世纪早期。它要确定圣经文本较小的组成单元；追溯它们的前文字时期的形式，尤其是口传阶段的形式；寻找它们产生和适应的社会背景。该方法的代表学者有古恩克尔和莫文寇（Sigmund Mowinckel）。古恩克尔的形式批评法极大地影响了德国学派的奥而特（R. Alt）、诺思，以及冯拉德；影响了斯堪底那维亚学派的英格奈尔（I. Engnell）和彼得森（J. Pedersen）；也影响了美国学派的奥而布赖特（W. F. Albright）。不过研究《创世记》1—3章，采用形式批评法的著名学者是韦斯德曼（Claus Westermann）。由于形式批评法也要分析文本的文学形式和内容，因此它和笔者在下一节即将讲到的文学批评法有很多重合的地方。但是形式批评法对文本文学形式的分析，是为了找到这样的文学形式和恰当的社会背景之间的关联，也就是说形式批评法同时还关注历史的问题，而历史问题恰恰是文学批评法所极力排斥和回避的。Gale A. Yee, ed., *Judges and Methods*; Martin Noth, *A History of Pentateuchal Traditions*, pp. xiii– xxx.

② Hermann Gunkel, "The Influence of Babylonian Mythology Upon the Biblical Creation Story", in *Creation in the Old Testament*, ed. Bernhard W. Anderson (Philadelphia: Fortress Press; London: SPCK, 1984), pp. 25–52.

③ Ibid.

④ Ibid. 在这个神话里，风暴之神马杜克（Marduk）与瀚海女神提阿玛特争战，并且最终战胜了她，从而建立了宇宙。需要注意的是，笔者在整个专文里所指的希伯来语，即圣经希伯来语。

古代近东其他地区神话的影响。<sup>①</sup>对待《创世记》2—3章，他依然采用形式批评法研究伊甸园的叙事。他认为这个叙事包含了推源的成分，它其实是要讲述宇宙和人类的起源、婚姻的产生，以及死亡的来历。<sup>②</sup>但是就推源故事带给人们当下的意义，他对此并没有予以关注，这个问题后来由韦斯德曼（Claus Westermann）给出进一步的解释。<sup>③</sup>

韦斯德曼的形式批评法研究《创世记》1—3章，基本接受来源批评法的观点，承认《创世记》1—3章分成两种来源 J 和 P，他认为祭司传统最明显的经文，就是通过谱系（תּוֹלְדוֹת，generation）创造天地的内容。<sup>④</sup>他的形式批评法，比古恩克尔先进的地方在于，首先真正关注《创世记》1—3章的文学形式。他指出了《创世记》第 1 章里，祭司在语言上（或者叙述方式上）的贡献。<sup>⑤</sup>韦斯德曼认为，祭司作者的目的是要将上帝创造的工作安排在一种句子网里，这些连续的句子形成对上帝命令的回应和实现。命令的话语有一个特殊的意义，它使整个祭司的神学带有自身的色彩。<sup>⑥</sup>也就是说，《创世记》第 1 章严谨精致的结构折射出来的意义，只能在祭司作者的整个神学处境下被掌握。

接着韦斯德曼找出祭司作者在《创世记》第 1 章描述创造时所用的八个动词。<sup>⑦</sup>列表如下：

---

① Ibid., p. 28.

② Hermann Gunkel, *The Legends of Genesis*, pp. 27–30.

③ Claus Westermann, "Biblical Reflection on Creator–Creation", in *Creation in the Old Testament*, pp. 90–101.

④ 该句经文是："创造天地的来历，在耶和华上帝造天地的日子，乃是这样。"（《创世记》2:4a）吕振中译本和新标点和合本都将תּוֹלְדוֹת译作"来历"，现代中文译本译作"过程"，新译本译作"起源"。笔者在这里比较认同新译本的翻译，因为"来历"强调了事物的原因，而"起源"包含了推源、上溯的意思，比较符合 generation 的意思。

⑤ 他认为这个特点由以下句式表现出来，即 I. 开场白אֱלֹהִים וַיֹּאמֶר（神说）3, 6, 9, 11, 14, 20, 24, 26; II. 命令יְהִי（要……）3, 6, 9, 11, 14f., 20, 24, (26); III. 圆满וַיְהִי־כֵן（事就这样成了）3, 7, 9, 11, 15, 24, 30; IV. 评判כִּי־טוֹב אֱלֹהִים וַיַּרְא（神看着是好的）4, 10, 12, 18, 25, 31; V. 时间序列וַיְהִי־עֶרֶב וַיְהִי־בֹקֶר（有晚上，有早晨）5, 8, 13, 19, 23, 31。Claus Westermann, *Genesis 1-11*, p. 84.

⑥ 也就是说，发生的事情都源自上帝命令的话语。上帝在历史里的行为和他在创造时的行为，唯一的差别就在于前者的命令是指向一个人（亚伯拉罕）或者一个中保（摩西），而后者的命令并没有受众，因此它是创造的命令。Claus Westermann, *Genesis 1-11*, p. 85.

⑦ Ibid., p. 87.

| 序号 | 所在节 | 动词 | 动词 |
|---|---|---|---|
| 1 | 光（3—5） | 分开（divide, בָּדַל） | 称（name, קָרָא） |
| 2 | 穹苍①（6—8） | 分（divide, בָּדַל）、造出（make, עָשָׂה） | 称（name, קָרָא） |
| 3 | 海—地（9—10） | 分（divide, בָּדַל） | 称（name, קָרָא） |
| 4 | 青草、菜蔬、树木（11—13） | 发出（bring forth, יָצָא） | |
| 5 | 光体（14—19） | 造（make, עָשָׂה）、摆列（put, נָתַן） | |
| 6 | 水生动物和飞鸟（20—23） | 造出（create, בָּרָא） | 赐福（bless, בָּרַךְ） |
| 7 | 野兽、牲畜、昆虫（24—25） | 生出（bring forth, יָצָא）、造出（make, עָשָׂה） | |
| 8 | 人（26—31） | 造（create, בָּרָא）、造（make, עָשָׂה） | 赐福（bless, בָּרַךְ）② |

这些动词及其匹配的造物之间的关系表明，这里并没有固定的、一成不变的模式。这一系列动词和其他动词的不同，不仅表现在内容上，还在于它们被使用的方式。我们必须记得我们并不是单纯处理文学技巧的问题；所谓的文学技巧在这里，已经被祭司作者用来表达神学思想了。③

---

① "穹苍"（expanse）的希伯来语是רָקִיעַ，阳性名词，和合本将其译为"空气"。笔者认为现代中文译本、新译本，以及吕振中译本将这个词翻译成"穹苍"更符合圣经作者要表达的天、海和陆地的空间关系。Francis Brown, S. R. Driver and Charles A. Briggs, eds., *The Brown-Driver-Briggs Hebrew and English Lexicon* (Peabody: Hendrickson, 2003), p.956.

② 韦斯德曼在研究祭司的创造叙事时，特别注意了祝福的内容。他认为祭司作者特意区分了有生命的事物和无生命事物的创造。有生命的事物，被创造出来后，都得到上帝的祝福。祝福意味着"给予增长的机制"，也就是给人类和动物丰产的能力，正是这一点使生命存在得以可能。就人类来说，祝福在于贯穿太古故事的族谱，同时这种祝福也和历史里的创造紧紧相连。Claus Westermann, *Genesis 1-11*, p.8.

③ 这里需要特别注意的是，动词בָּרָא和עָשָׂה主宰了祭司创造故事。其中，בָּרָא在标题和结尾处使用较多，例如 1: 1, 2: 3, 4，以及在造人的叙事 1: 27 里，出现了三次。祭司作者喜欢用בָּרָא，而不是עָשָׂה。这里的原因也是出于神学上的，因为בָּרָא一词的主语多是上帝。值得注意的是，祭司作者并没有因为自己的神学倾向就将所有的עָשָׂה替换成בָּרָא。这是因为祭司作者意识到，他们不仅是当时的神学家，同时也是传统的继承者，他们必须保留这些东西。毕竟，这对他们的神学没有什么太大的冲击，只是让后来的学者不太明白这些差别，而引起胡乱猜疑的困难。例如，韦斯德曼就批评了施密德，施密德认为祭司作者用בָּרָא替换了עָשָׂה，这在他看来就是祭司作者想要表达某种神学主张。但是韦斯德曼就劝施密德放宽心，认为这不过是祭司作者倾向于使用בָּרָא而已，在许多地方，他们都是同时使用这两个词语的。Ibid., p. 87.

韦斯德曼的形式批评法除了分析《创世记》第 1 章的文学特点，还留意这样的文学形式早先起作用的场景（the setting in life）。[1] 创世神话有其生活场景，它最初回答的问题并不是世界和人类的起源问题；它们来自人们日常关心的，有关当下状况的稳定和人类生存的问题。《创世记》第 1 章被使用的生活场景，可能就是人们对上帝赞美和崇拜的场景。[2] 韦斯德曼并没有停留在创造故事和生活场景的关系上面，他进一步指出，对上帝的赞美结合创造故事，这种关系从来都是在传统的传递过程里实现的。[3] 创造故事最初被使用的场景要比祭司那个时代的场景古老得多。但是我们没有什么证据表明，希伯来圣经的创造故事曾经用在节日或者戏剧表演的场合。祭司作者不是第一批让创造故事独立于最初被使用的场景的人们；在他们之前就有人这样做了。当创造故事失去其发生作用的生活场景时，这个创世神话也就失去了它最初的功能：维持现实状态和人们生活的稳定。那么创世神话还剩下什么功能和意义？韦斯德曼认为，必须区分两个阶段。

首先，创世神话独立于它最初赖以生存的崇拜场景，并且作为单个的故事被讲述和传递着，因此要对这个阶段的创世神话的功能和意义作整齐划一的描述。我们能够确定的是它们获得了某种功能，这样的功能后来控制了它们，使得它们可以解释世界和人类的起源。[4]

其次，在第二阶段里，创世神话在崭新的、宽广的领域里获得了新的意义和功能。传递到我们手里的《创世记》第 1 章，作为祭司作品的开端，

---

① 严格来讲，古恩克尔的这个术语只可以用在固定的、自我完善的形式上面，并且该形式在社会生活里拥有被认可的功能。通常，生活场景意味着某事物被言说的场合。例如先知说出一个预言、宣告一个祝福、登基时的欢呼等。当这样的言语（句子）以文学形式传承下来的时候，最初的生活场景已经不在了，句子出现在一个完全不同的处境里。这就需要辨别是否这个文学处境就是适合句子的生活场景；要避免弄错使用的场合，就应该将"生活场景"和最初的功能和处境结合在一起。一个短语或者句子被放在新的处境下，即使这样它也应该被看成是在传统—历史的脉络下。一般而言，句子的生活场景问题不应该和传统—历史分离开来。Claus Westermann, *Genesis 1-11*, pp. 91–93.

② 韦斯德曼认为这一点在巴比伦创世史诗《埃努玛·埃利什》里表现尤其明显，这个创世神话是在赞美马杜克的处境下使用的。Ibid., p. 92.

③ 从这一点，我们可以看到韦斯德曼将形式批评和传统—历史批评结合在一起。有关运用传统—历史批评法研究《创世记》1 — 3 章，作者将在后文提及。

④ S. G. F. Brandon, "The Propaganda Factor in Some Ancient Near Eastern Cosmogonies", in *Promise and Fulfillment: Essays Presented to S. H. Hooke*, ed. Frederick F. Bruce (Edinburgh: T. & T. Clark, 1963), pp. 20–35.

它找到一个新的场景，在隆重的叙事诗里发挥着作用。它是一系列事件的开端：从世界的创造，一路到族长的召唤、红海的显现、西奈的话语（上帝和以色列立约的基本事件），然后是旷野的旅程，及至圣所的建立，这些都是要在上帝面前永远建立以色列人的生活。也就是说，希伯来创世神话传递到五经出现的时间，它赖以生活的场景已经几易其手，现在它变成以色列民和上帝的关系。这个上帝不只创造了以色列民族，还是天地的创造主，他祝福一切被造物包括整个人类。以色列独一无二的传统文化，关注的永远是上帝和世界及其上栖居之生命的关系。[①]

韦斯德曼继承古恩克尔的学术传统，主张用形式批评法研究伊甸园叙事。[②] 尽管他强调雅威叙事的完整性，但还是坚持认为伊甸园的作者运用了多种传统。也就是说，他也认识到《创世记》2—3章实际上由两个不同风格的叙事组成。在《创世记》第2章里，上帝是主角、主宰；而《创世记》第3章描述了上帝和人类之间发生的事情，里面的对话是《创世记》第2章里不曾有过的。前者，人是客体，是被动的；但是在后面的叙事里，男人和女人都是主角。这些差异都足以说明最初它们是完全独立的叙事。

韦斯德曼认为学者们只注意到《创世记》第2章和第1章之间的平行，也就是说创造世界和创造人类之间的平行关系；但是他认为《创世记》第2章有其特殊性，不能作这种简单的对照。韦斯德曼解释《创世记》第2章和第3章共同构成人类创造叙事的整体，缺一不可。在笔者看来，将《创世记》第2章和第3章放在一起阅读的理由就是，这个创造叙事交代了人类的起源、婚姻家庭的出现，以及人类为什么会死的问题。也就是说，整个《创世记》2—3章都和人类的命运息息相关，这恰恰和《创世记》第1章关注宇宙世界的创造是平行的。因为，两个创造故事都提到世界的创造和人类的创造，但是二者还是有侧重点的。而且，韦斯德曼认为《创世记》第3章是关于罪和惩罚的叙事，《创世记》1—11章里所有叙事都直接或者间接从属于这个范畴；也正是这个原因，旧约学者往往将《创世记》2—3章放在一起进行诠释。笔者并不能完全同意他的罪和惩罚的传

---

　　① 有关韦斯德曼对《创世记》2—3章所作的形式批评分析，请参阅 Claus Westermann, *Genesis 1-11*, pp. 74–93.

　　② 其实，韦斯德曼的研究，还结合了博格利科（J. Begrich）形式批评法的研究，以及传统—历史的路径。Claws Westermann, *Genesis 1-11*, pp. 190–278.

统基督教观点。因为，我们在查找整个《创世记》2 — 3 章的希伯来原文时，发现这里并没有任何关于罪（或者原罪）的字眼。①

在《创世记》2 — 3 章适用的生活场景方面，韦斯德曼有自己的理解。他认为，这些独立的叙事最初所适用的生活场景，对现在的人来说已经遥不可及。它们最初应该属于一系列造人叙事，并且这些叙事对社群理解人类的创造和自己民族的来历有巨大意义。不过，最初的生活场景我们后人实在知之甚少，但是它作为太古故事的一部分，却获得了一个崭新的功能：它代表上帝管理的不光是整体人类，更是他所拣选的以色列民。以色列的历史，是人类历史的一部分。它讲述了这种方式的"堕落"，其实引进了诅咒的故事，之后便随着《创世记》第 12 章开始了祝福的故事。族长的故事在《创世记》2 — 3 章里也找到了回应：人们总是生活在社群里，而家庭是它的基本单位。②

韦斯德曼将形式批评法和传统—历史批评法结合起来诠释《创世记》1 — 3 章的做法，要比单纯的来源批评法、形式批评法，或者传统—历史批评法更有价值。因此，笔者在研究《创世记》1 — 3 章时，会更多考虑韦斯德曼的研究进路。他的方法，也为笔者理解五四中国学者研究中国古代创世神话带来理解的亮光。③事实上，历史批评法内部的各种亚方法，本来就不可以做非此即彼的选择，各种方法的交叉融合，对于诠释《创世记》1 — 3 章是有益的。

形式批评法研究《创世记》1 — 3 章最受人诟病的地方，就是我们很难确定这些文本最初被使用的生活场景究竟是怎样的；尤其是它们在口传阶段被使用的生活场景，我们的考察极其有限。这样，探究文本的体裁也就成了无源之水。好在韦斯德曼提出要在不断变化的传统传承的过程里，相应地考虑文本被使用的生活场景的改变。这样，传统—历史批评法研究《创世记》1 — 3 章就显得格外重要了。现在，形式批评法已经不再是学者研究《创世

---

① 为什么会有这样的理解呢？新约里的保罗曾说："然而从亚当到摩西，死就做了王，连那些不与亚当犯一样罪过的，也在他的权下。亚当乃是那以后要来之人的预象。"（《罗马书》5:14）新约基督教的诠释，将亚当的行为看成犯了罪的，可是这并不符合希伯来圣经诠释的精神。绝大多数旧约学者在这个问题上都容易倾向于基督教的罪的解释，西方基督教传统对知识分子的影响是根深蒂固的。

② Claus Westermann, *Genesis 1-11*, p. 196.

③ 请参阅本书第二章第二节。

记》1 — 3 章的兴趣中心，如今学者的兴趣在于编辑批评以及纯粹的文学路径，把注意力放在文本的最终形式上，而不是前文字阶段文本的成长过程。然而，形式批评依然是研究《创世记》1 — 3 章不可或缺的方法之一。[①]

## 三、传统—历史批评法研究《创世记》1 — 3 章

传统—历史批评法的首倡者是诺思，[②] 他受到了古恩克尔的启发。古恩克尔认为魏尔豪森的历史批评法集中于来源分析，也就是以色列传统的书写文字阶段。与此相反，古恩克尔认为口传时期才是传统形成的创造时期。[③] 诺思赞同古恩克尔的想法，他想写一部以色列文学史，内容从古史传说一直到经文最后成书的时期，并包括圣典的结构。他要用一种新的方式，来处理那些纯粹用来源批评法无法解决的问题，也就是运用传统—历史批评法。[④]

依据传统—历史批评法研究《创世记》第 1 章，首先，学者主张这个创世故事在口传阶段就已经出现，而且它深受古代近东其他地区，尤其是巴比伦创世神话的影响，这一点我们在古恩克尔的形式批评法研究《创世记》第 1 章的著作里可以看到。[⑤] 其次，这个故事里的神名 אֱלֹהִים，显示了北国埃洛希姆传统。[⑥] 最后，《创世记》第 1 章最终由被掳祭司集结完成，因此它深深地烙上了祭司群体的意识形态。这样，我们现在看到的《创世记》第 1 章，至少经历了从口传到吸纳 E 传统，然后由 P 统一整理编辑的三个阶段。这样，《创世记》第 1 章最终成了五经序言的起头。[⑦]

---

① David Noel Freedman, ed., *The Anchor Bible Dictionary* (New York: Doubleday, 1992), p. 839.

② 传统（tradition）是指故事的传递，传统—历史批评法简单来讲就是关注经文传递的情况。其实，传统—历史批评法在某种程度上是形式批评法的变种，只不过它更多地强调了文本传递的过程。Martin Noth, *A History of Pentateuchal Traditions*, p. xiii; Bill T. Arnold and Bryan Beyer, *Encountering the Old Testament*, pp. 69–70.

③ Hermann Gunkel, *The Legends of Genesis*; Martin Noth, *A History of Pentateuchal Traditions*, p. xvi.

④ Martin Noth, *A History of Pentateuchal Traditions*, p. xvii.

⑤ 请参阅前文形式批评法分析《创世记》1 — 3 章的讨论。

⑥ 北国以色列沦陷后，北国的文士曾经携带北国的希伯来圣经传统逃到南国。南国的祭司和文士，后来在南国意识形态的主导下，编写了五经。潘光、金应忠主编：《以色列·犹太学研究》，上海：上海社会科学院出版社，1991，第 20 页。

⑦ 学者大多认为《创世记》1—11 章是整部《创世记》，甚至是五经的序言。但是有的学者，例如冯拉德认为，其应该是六经的序言，六经也就是原来的五经加上《约书亚记》。参见 G. von Rad, *The Problem of the Hexateuch, and Other Essays*, pp. 79–93.

运用传统—历史批评法研究《创世记》2—3章，首先，这样的叙事在南国犹大经历了漫长的口传阶段，形成自己的传统 J，然后它和北国传统 E 融合在一起。在经文里，这样的证据可以从神名 יְהוָה אֱלֹהִים 获悉。[①] 和《创世记》第 1 章一样，它最后也被祭司作者纳入五经这样的整体框架内。祭司编者在整理 JE 混合的传统时，留下了编辑痕迹。例如，"因此，人要离开父母与妻子连合，二人成为一体"（2: 24）。这种推源性质的话语，明显是后来的编者加上去的。[②]

不过，诺思在研究《创世记》2—3章时，一个重要结论就是为 J 和 E 找到了一个共同依赖的 *Grundlage* (G)；他认为有些文献来源出自一个共同给定的传统，它形成于前文字时期。[③] 这一点和古恩克尔的看法有相似之处。[④]

值得一提的是，冯拉德在研究《创世记》1—3章时，也采用了传统—历史进路。冯拉德和诺思都把《创世记》1—3章看成一个在历史上长期发展并传递下来的最终形式。他们的主要任务不是要进行最小单元的来源分析，而是要发现以色列创造故事成长的历史；而且他们都认为这样一个过程是开放的。不过诺思主要关注前文字阶段，也就是口传阶段，而冯拉德关注文本出现以后的传递过程。[⑤]

传统—历史批评法研究《创世记》1—3章，解决了魏尔豪森底本理

---

[①] 但是，在《创世记》3: 4b—5，神名变成 אֱלֹהִים，而不是 יְהוָה אֱלֹהִים。作者认为这个问题已经超出了不同传统的融合，而反映了编者特殊的神学旨趣。详细讨论，请参阅本书第三章第四节。

[②] 这一句也是编辑批评经常使用的。因此，编辑批评和传统—历史批评并不是决然分开的研究方法。

[③] Martin Noth, *A History of Pentateuchal Traditions*, p. xvii.

[④] 古恩克尔使用形式批评法分析了《创世记》里叙述素材的特征，认为可以使用冰岛中世纪的散文叙述作品"撒迦"（saga）的类型加以概括。"撒迦"一词是他向奥里克（Axel Olrik）学来的。中世纪冰岛的"撒迦"泛指各种散文形式的故事和历史，约形成于 10—14 世纪。它分为三大类：王室撒迦、神话撒迦和冰岛人撒迦。古恩克尔强调《创世记》里，亚伯拉罕、以撒和雅各三代希伯来族长的故事，约略对等于冰岛撒迦中的传奇历史小说。《创世记》的撒迦是早期口头传统的散文版，而该传统曾经以诗的形式存在。奥而布赖特代表的美国学派也持类似的观点。Hermann Gunkel, *The Legends of Genesis*; Axel Olrik, *Principles for Oral Narrative Research*, trans. Kirsten Wolf and Jody Jensen (Bloomington: Indiana University, 1992).

[⑤] Martin Noth, *A History of Pentateuchal Traditions*; G. von Rad, *The Problem of the Hexateuch, and Other Essays*; Douglas A. Knight and Gene M. Tucker, eds., *The Hebrew Bible and Its Modern Interpreters* (Philadelphia, Pa.: Fortress Press Chico, Calif.: Scholars Press, 1985), pp. 265–272.

论的困境，不再将各来源产生的时间严格确定为它们的成书时间。但是它也面临许多难以解决的问题。首先，学者无法做到准确确定各传统产生的时间。这样，依据什么标准区分一个传统内的早期元素和晚期元素，也就成了问题。[①] 联系《创世记》1—3章，J、JE，以及P传统，它们在口传阶段经历了怎样的产生、发展，以及融合的过程？在文本产生以后，各传统又经历了怎样的重组和变化？这些问题只能建立在学者假设的基础上。其次，由于各传统在口传和文本阶段经历了这样那样的重组和转化，因此，各传统在传递的过程里，无论在形式上还是内容上，都不可避免地发生了改变。而且最近在民间文学研究领域内，愈加强调口头文学在传递的过程里，经历了传递者的重新组合和再创作。[②] 也就是说，《创世记》1—3章的各传统，除了J、E、P以外，还有古代近东的各种创世神话的传统，它们在前文字时期和后来被记录时期，发生了很多学者无法重现和考察的关联。因着传统的不稳固，这些经文里表现出来的崇拜仪式和信仰，有待学者做进一步深入探究。再次，由于传统自身缺乏稳固性，使得学者重建以色列传统的努力，变得艰巨重重，甚至是不可能完成的任务。[③] 也就是说，学者无法依据现有的《创世记》1—3章的文本，或者推测它们在口传阶段的模式，建立一个以色列民族从产生到被掳后的信仰过程。因为这个过程赖以实现的基础——各种传统，是那么的不可靠。在一个又一个假设上，又如何能够建立让人信服的以色列信仰传统呢？

即使传统—历史批评法研究《创世记》1—3章面临这样那样的困境，它和形式批评法、来源批评法，以及接下来要讨论的编辑批评法，依然是历史批评法研究《创世记》1—3章的主要而基本的方法。

## 四、编辑批评法研究《创世记》1—3章

编辑批评法在研究《创世记》1—3章时，认为除了P和J，或者JE混合来源，它还有个R，最明显的例子就是"创造天地的来历，在耶和华

---

①　Steven L. Mckenzie and Stephen R. Haynes, eds., *To Each Its Own Meaning*, p. 98.

②　Ibid.; R. C. Culley, "An Approach to the Problem of Oral Tradition", *VT* 13 (1963): pp. 115–117.

③　R. Lapointe, "Tradition and Language: The Import of Oral Expression", in *Tradition and Theology in the Old Testament*, ed. D. A. Knight (Philadelphia: Fortress Press, 1977), pp. 183–185; Steven L. Mckenzie and Stephen R. Haynes, eds., T*o Each Its Own Meaning*, pp. 98–99.

上帝造天地的日子，乃是这样"（2：4a）。① 多数学者认为这一句是 P 在整合 J 时留下的编辑痕迹。蔡尔兹（Brevard S. Childs）反对这样的看法，他认为《创世记》2: 4a 不是 P 的结论，而是 J 的题头。② 在他看来，这个题头提供了《创世记》第 1 章里关于人类起源的细节说明。③ 笔者认为这一句有承上启下的功能，单独放在这里比较恰当。④ 因此，它应该是编者为了协调两个创造故事而有意添加的句子。

　　编辑批评法研究《创世记》1 — 3 章，也体现在对婚姻的推源解释："因此，人要离开父母与妻子连合，二人成为一体。"（2: 24）这样的一段话，是身处被掳后的群体在反思传统的基础上，对男女关系和婚姻制度所作的新的约定。⑤ 编辑批评法研究《创世记》1 — 3 章，还体现在有关两棵树之经文模糊性上面。在 2: 9 里，园当中提到生命树和分别善恶树，但是后者是否也在园当中，我们从希伯来原文是难以判断的。⑥ 在 2: 16 — 2: 17 里，耶和华允许人吃园中各样树上的果子，但是禁止人吃分别善恶树上的果子。如果分别善恶树在园当中，那么这里的允许和禁止就自相矛盾了。如果它不在园当中，就和两棵树相提并论的传统相矛盾。在 3: 3 里，女人说神禁止吃的是园当中那棵树上的果子。可是园当中那棵树是指生命树，因此女人所指的树又和前面上帝所指的树出现矛盾。因着这些矛盾，学者就提出，两棵树最初属于不同的传统，是编者后来将它们整合在一起时，缺乏细致周详的考虑。⑦ 经文里出现的重复和矛盾，既给读者带来不便，又让人明白经文并不具有绝对权威，它也是由人编写的。

---

① "编辑批评法"这个术语最初是由麦克森（W. Marxsen）在研究《马可福音》时发明的。这种方法是要考察编者从最初的材料将经文整合在一起的目的和意图，它以来源批评法和形式批评法的研究结果为基础。见 Willi Marxsen, *Mark the Evangelist: Studies on the Redaction History of the Gospel*, trans. James Boyce (Nashville: Abingdon Press, 1969); Mckenzie and Haynes, eds., *To Each Its Own Meaning*, p. 107.

② 蔡尔兹认为类似的经文还有《创世记》5: 1、10: 1、11: 10。Brevard S. Childs, *Introduction to the Old Testament as Scripture* (London: SCM Press, 1979), pp. 145–150.

③ Ibid.

④ 详细的讨论，请参阅本书第二章第二节。

⑤ Brevard S. Childs, "A Study of the Formula 'Until This Day'", *JBL* 82 (1963): pp. 172–192; Steven L. Mckenzie and Stephen R. Haynes, eds., *To Each Its Own Meaning*, pp. 99–100.

⑥ 有关这一句经文的翻译和详细解释，请参阅本书第二章第三节。

⑦ Lothar Coenen, Erich Beyreuther and Hans Bietenhard, eds., *New International Dictionary of New Testament*, trans. Colin Brown (Exeter: Paternoster Press, 1975–1978), p. 696.

编辑批评法研究《创世记》1—3章，让读者细致入微地解读经文，考察经文与经文之间前后关系，发现经文在编排方面的问题，以及由此可能出现的经文文意的模糊。这样的方法，对于把握编者在编排经文背后的神学思想，有极大的作用。[1] 但是这样的方法，其局限也是显而易见的。由于编者要整合各种材料，就会尽量掩盖自己的话，这样就给研究带来巨大的困难。关键的问题还在于我们对编者所用的原材料一无所知，如何判断哪些是编者的话，哪些才是原材料上本有的东西。一旦缺乏文本以外的参考，这种方法就容易陷入过度诠释的泥淖。[2] 因此，在笔者看来，用编辑批评法研究《创世记》1—3章，只有和形式批评法、传统—历史批评法，甚至来源批评法结合在一起，综合运用多种方法考察经文的研究才是值得信赖的。

综上所述，历史批评法研究《创世记》1—3章曾经是学术界的主流话语，它对探索《创世记》1—3章文本背后的历史处境有着浓厚的兴趣。魏尔豪森底本理论的出现，极大地推动了这种方法的发展。将《创世记》1—3章分成祭司的创造故事和雅威的创造故事，几乎成为20世纪70年代之前学术界的共识。但在此之后，底本理论遭到来自多方面的批评。笔者一方面坚持传统看法，认为J并不是被掳时期的产物。而且，那些质疑底本理论的学者，也只是在底本理论基础上所作的发挥，并没有摆脱魏尔豪森的研究思路。另一方面，笔者强调不论是口传阶段还是文字记录时期，都经历了漫长的传递过程，探索这样的过程，尽管过于复杂且缺乏可信度，但是笔者认为这样的思路是可取的。

由于历史批评法研究《创世记》1—3章时，假设和猜测的成分太多，20世纪70年代以后，出现了一种新的声音，它要求不去理会这些烦琐的来源和复杂的历史背景，专门探讨《创世记》1—3章乃至《创世记》1—11章的经文本身呈现出来的特征，也就是将经文当成一个整体，而不是能够任意拆解的零件。历史的东西，既然我们没有足够的证据去支持它，那么就采取一种谨慎的态度，不去试图重建所谓真实的过去。考察经文本身，才是释经学者应该努力从事的、力所能及的工作。这是文学批评法发出的

---

[1]　David Noel Freedman ed., *The Anchor Bible Dictionary*, p. 645.

[2]　Ibid.

强音，它代表一种新的研究趋势和潮流。因此，在第二节里，笔者将要回顾文学批评法研究《创世记》1—3章的基本情况。

## 第二节　文学批评法研究《创世记》1—3章

回顾《创世记》1—3章文学特征的研究情况，我们不难看出主要有两种倾向：一种依据经典的底本理论，认为《创世记》1—3章分成两个创造故事，它们都有各自的特点，将它们分开研究，有利于突出每个创造故事自身的特征，并为二者之间的比较研究提供了便利；另一种倾向认为《创世记》1—3章应该作为一个整体来研究，因为这不仅符合编者当初的意图，更与古代近东文本，这些影响圣经创作的传统一脉相承。[①] 笔者会先从每个创造故事各自表现的特征入手，然后考察两个创造故事之间的关联，尤其是将《创世记》1—3章放在《创世记》1—11章整个太古叙事的框架下，考察文本的结构和反映的主题。[②]

### 一、两个创造故事各自的体裁

笔者首先按照第一种倾向，对《创世记》1—3章两个创造故事体裁的研究作批判性的回顾。

---

① 我们需要对文学批评法（literary criticism）做一区分。普通意义上的文学批评法，就是考察经文的文学特征。来源批评法也经常被称为文学批评法，但是为了和一般意义上的文学批评法进行区分，它和形式批评法、传统—历史批评法，以及编辑批评法又都被称作高级批评法（higher criticism）。David Noel Freed, ed., *The Anchor Bible Dictionary* (New York: Doubleday, 1992), p. 164.

② 事实上，有学者认为，将文本看作整体阅读，不止文学批评法有这样的倾向，从神学角度考察经文时，也需要将经文看成整体研究。笔者在此并不打算涉及太多神学讨论。一方面，神学研究和现代释经法不太好协调起来。笔者希望在回顾现代释经法研究《创世记》1—3章时，尽量不去涉足神学研究这一块。R. Alter, *The Art of Biblical Narrative* (New York: Basic Books, 1981), pp. 141–147; I. M. Kikawada, "The Double Creation of Mankind in Enki and Ninmah, Atrahasis I 1–351, and Genesis 1–2", *Iraq* 45 (1983): pp. 43–45.

1.《创世记》1 — 2: 4a 的文学体裁[①]

《创世记》第 1 章的文学体裁究竟是什么？学者经常会为这个问题犯难。这是一篇用在类似新年节日庆祝宇宙生成的祈祷文吗？韦斯德曼认为在以色列，重构这样的仪式只是假设。[②] 后来的一些学者比韦斯德曼更为彻底，认为这样的文本和那些与社会结构契合的仪式恰好相反。[③] 韦斯德曼等学者的批评，在笔者看来是有道理的。毕竟我们没有足够的证据复原当时的历史面貌，这一点在本章第一节里已经详细论述过。

它是一则神话吗？在笔者看来，这首先依赖于人们如何对神话进行定义。对希伯来圣经里的神话颇有研究的学者罗格森（J. W. Rogerson）罗列出十二种不同的神话定义，并且认为神话是解释神祇现象和经验的故事，或者是讲述他们和人类一样工作和生活的故事。[④] 按照他对神话的解释，《创世记》第 1 章当然可以看成神话。但是，《创世记》第 1 章虽然讲述上帝创造宇宙万物以及人类的故事，不过考虑到《创世记》第 1 章的叙述者将创造故事和历史结合起来，也就是说，考虑到《创世记》第 1 章在整个

---

①　确定体裁（genre），要依据文本的内容和功能。布鲁克（George Brook）认为："文本的体裁和意图往往紧密相联。"这个文本写作出来的目的是怎样的？作者的意图部分地受读者需要的影响。沃特提（Bruce K. Waltke）认为《创世记》第 1 章最初是写给西奈旷野的以色列人（公元前 1400）。《诗篇》第 8 章和《诗篇》第 104 章，将散文叙事风格推向诗歌和配以音乐的形式。据称，该文本可以追溯到领袖摩西时代。通过摩西这个中保，以色列人从埃及地出来后和救赎主雅威立约。为了支持这个约，摩西给了以色列这个创造故事，只允许一个创造天地的上帝，需要以色列人对他的崇拜、信任和服从。但是作者坚持认为《创世记》第 1 章是写给被掳群体，而不是摩西时代的人。参见本章第一节有关历史批评法研究《创世记》第 1 章的内容，以及 Bruce K. Waltke, "The Literary Genre of Genesis, Chapter One", *Crux* 27 (1991): 2–10; George W. Coats, *Genesis: With an Introduction to Narrative Literature* (Grand Rapids: William B. Eerdmans Publishing Company, 1983), pp. 32–34, pp. 38–39.

②　韦斯德曼运用形式批评法，也指出《创世记》第 1 章最初适用的生活场景已经发生改变，无法复原。不过，它却在希伯来人的五经里获得了新的"生活场景"，它不再是重演天地的创造，而是上帝和以色列人关系的表达。见本章第一节的讨论。

③　例如撒那（Nahum Sarna）就曾说："神话和仪式总是纠缠在一起，用仪式（或者巫术）模仿性地建立宇宙生成的过程，这是异教的本质特征，在以色列的宗教里是没有的。也正因此，《创世记》第 1 章的创世叙事代表了和古代近东传统的断裂，这也包括多神崇拜。不过，联系还是显而易见的，比如从混沌里生出创造，通过分开进行创造，以及创造两极事物（天和地，光和暗）等。" F. M. Cornford, "Pattern of Ionian Cosmology", in *Theories of the Universe: From Babylonian Myth to Modern Science*, ed. M. K. Munitz (New York: Free Press, 1957), p. 22.

④　John William Rogerson, *Myth in Old Testament Interpretation* (Berlin: W. de Gruyter, 1974), pp. 1–15.

太古叙事的框架内，表达了人们对当下生活处境的关怀，那么，单纯地说它是"神话"，就不太符合作为历史的那部分内容。因此，如果罗格森能够从神话历史化的角度去解释，也许更有说服力。[1]

那么，《创世记》第1章是历史了？虽然多数学者否认它是历史，但是仍然有学者主张"历史说"。莫利斯（Henry Morris）就说："创造叙事是清楚明白的历史事件。"在他看来，两个创造故事和《创世记》1—11章里的其他几个历史叙述结合在一起，第一个创造故事解释宇宙天地的起源，第二个创造故事解释人类的起源。[2] 显然，莫利斯这样的解释，在逻辑上就犯了循环定义的错误。他首先承认太古叙事《创世记》1—11章本身就是历史，然后说既然《创世记》第1章从属于《创世记》1—11章，所以《创世记》第1章就是历史。反过来说，如果《创世记》第1章是历史，它作为序言又如何与后面的创造叙事（《创世记》2: 4—2: 25）调和起来？根据第一个创造故事，上帝在第三天创造了植被，在第五天创造了鱼和飞鸟，在第六天创造了野兽和人类。根据第二个创造故事，在创造男人（2: 7）和女人（2: 18—2: 25）之间，上帝建造了花园（2: 8）；使得树木生长（2: 9）；使得大地上河水流淌（2: 10）；让人掌管伊甸园（2: 15）；创造女人之前，上帝创造了鸟和动物（2: 19），而且男人都给它们起了名字（2: 20）。"谁能想象这些变化会在短短的120分钟，或者24小时之内完成。"[3] 还有，在第一个创造故事里，上帝创造了光（1: 4）；第四天，上帝创造了光体（1: 14）。太阳在第一天被创造出来，又在第四天被再次创造，这显然不可能，也就是说两个创造故事在时间上难以吻合。另外，这个创造故事的语言是象征性的，神人是同形同性的，而不是苍白平实的语言。因此，说《创世记》第1章的体裁是历史，显然有悖常理，而历史的一个特征就是真实，这样《创世记》第1

---

[1] 有关神话历史化的讨论，请参阅本书第二章第一节。

[2] Bruce K. Waltke, "The Literary Genre of Genesis, Chapter One", p. 6.

[3] Gleason Archer, *A Survey of Old Testament Introduction* (Chicago: Moody Press, 1964), p. 192.

章不是历史也就非常清楚了。① 这些质疑对莫里斯的观点是致命的。因此说《创世记》1 — 3 章的体裁是历史，在笔者看来也是不能成立的。

那么《创世记》第 1 章的体裁究竟是怎样的？对这个问题，笔者倾向寇兹（George W. Coats）的看法。寇兹并没有单纯地就这个创造故事来确定它的体裁，而是将它放在《创世记》1 — 11 章太古叙事的处境下来看。寇兹认为整个太古叙事就是一个宏大的撒迦（saga）。② 作为撒迦，尽管神话的痕迹依然存在，但是这个较大的单元已经从它的神话祖先（mythological antecedents）那里剥离出来。③《创世记》第 1 章这个断裂的神话传统和其他太古事件结合起来，就为族长的故事建立一个处境，也就是说将 J 放在这个处境里是合适的。但是，P 作为独立的单元，就无法简单地融合在族长的叙事里，它在一般意义上的功能已经发生转化，《创世记》第 1 章应该从属于较大的祭司年谱（chronology）。这样看来，在太古叙事里，J 要比 P 有更多成为撒迦的理由。④ 也就是说，《创世记》第 1 章的体裁是被祭司意识形态改造过的撒迦，它不仅存留叙述宇宙万物创造的功能，还是祭司框架下族谱、年谱等链条上的一环。

2.《创世记》2: 4b — 3: 24 的文学体裁

《创世记》2: 4b — 3: 24 究竟属于怎样的体裁？有些学者将伊甸园叙事

---

① 《创世记》第 1 章是不是历史的问题，按笔者先前的理解，花如此精力和时间讨论它是不可思议的。但是，后来在研究中国古代创世神话的过程里，笔者发现 20 世纪初的中国史学界，掀起了一场著名的疑古运动。"古史辨"派认为三皇五帝这样的道统源头根本就不可信。这场运动给笔者带来了启发：如果那个时代的人，也像我们这个时代的人思考问题，哪里还有疑古的必要？看来，正是那个时代的人们，深信历史上确有尧舜禹汤文武，所以"古史辨"派才要将这些偶像推倒。西方基督教传统延续千年，恰似中国千年道统般根深蒂固。这样看来，西方人的意识深处，对上帝创造宇宙万物和人类深信不疑，也就能够理解了。有关"古史辨"派的讨论，请参阅本书第二章第二节。

② 寇兹理解的"撒迦"就是较长的、散文体的传统叙事。它自身就由一系列传奇（tales）、叙述（reports）、传说（legends）、逸事（anecdotes）、圣咏（hymns），以及其他一些较小的碎片组成，所以成分比较复杂。这些从过去继承下来的优秀叙事，服务于编者将它们重新整合的新处境。叙述者的世界才是真实的世界，而非一个想象和神秘的世界。因此，《创世记》1 — 11 章这个撒迦，或者《创世记》第 1 章这个较小的单元，其实是被祭司作者或者雅威作者重新赋予意义的，不能单纯从神话的角度去理解。寇兹还讲到对撒迦的分类，详细内容请见 George W. Coats, *Genesis: With an Introduction to Narrative Literature*, pp. 5–7.

③ 寇兹认为《创世记》6: 14 关于神的儿子和人的女儿通婚的经文，就是遗留下来的神话片段，无法将它和《创世记》1 — 11 章的宏大撒迦协调起来。Ibid., p. 38.

④ Ibid.

做推源故事（etiology）解。早在古恩克尔那里，他就这样做了。不仅如此，他还将传说（legend）的种类做了细致的划分，其中，伊甸园的叙事在他看来就是推源故事。<sup>①</sup> 在现今的希伯来圣经学者群里，认为伊甸园叙事是推源故事的也有大批拥趸。斯岱克（Odil Hannes Steck）认为伊甸园的叙事属于推源故事，这并不是因为这个叙事的形式具备推源故事的基本条件，而是说整个叙事的意图从始至终都是推源的；斯岱克想要说明巴勒斯坦的农民生活有多艰辛，认为这个推源故事表现出传说（legend, saga）的一切特征。<sup>②</sup> 万斯特斯从传统—历史路径对斯岱克的观点给予批判。他认为斯岱克的推源只追溯到 J 底本形成时期，也就是以色列君主制时期。但是万斯特斯一再强调在前文字时期有一个漫长的口传阶段。因此，学者的推源必须上溯到没有文字记录的伊甸园时期，而不是有文字记载的统一王国时期。一旦雅威作者的兴趣掺杂进来，这样的推源就不纯粹了。<sup>③</sup> 笔者认为万斯特斯的评说有道理，不仅要照顾到成文时期的历史处境，还应该考虑口传阶段的处境。但是口传阶段的历史一定非常漫长，在这个无文字可考的年代，究竟发生了什么，我们没有足够的证据解释。即便像诺思等学者那样，试图重建以色列的历史（包括口传的和有文字记载的），也深受学者诟病，因为假设的东西太多。在这种情况下，我们唯一可以确定的就是经文出现的背景。<sup>④</sup> 同时，在被记录下来的一刹那，神话故事究竟反映的口传阶段的意识形态多，还是记录者时期的意识形态多？考虑到这些因素，笔者也替斯岱克感到有些无奈。<sup>⑤</sup>

寇兹试图将《创世记》2—3 章的体裁确定为传奇（tale）。<sup>⑥</sup> 但是他

---

① 有推源故事、人种故事、辞源故事、仪式故事、地理故事、混合故事、起源故事，凡此种种，不一而足。Hermann Gunkel, *The Legends of Genesis: The Biblical Saga and History* (New York: Schocken, 1964), pp. 24–36.

② Odil Hannes Steck, *Old Testament Exegesis: A Guide to the Methodology*, trans. James D. Nogalski (Atlanta: Scholars Press, 1998), pp. 95–116; John van Seters, *Prologue to History: The Yahwist as Historian in Genesis* (Louisville: Westminster/John Knox Press, 1992), pp. 117–118.

③ John van Seters, *Prologue to History*, p. 118.

④ 笔者在本章第一节已经回顾了希伯来圣经学者对 J 成书年代的讨论。有的学者确定它在被掳时期，有的学者确定它在君主制时期，笔者认为后者比较合理。

⑤ 尽管有诸多无奈，但是和其他诸种对伊甸园叙事体裁的界定相比，笔者还是认为推源故事是比较合理的界定。在后文里，笔者还会详细讨论。

⑥ George W. Coats, *Genesis: With an Introduction to Narrative Literature*, pp. 58–59.

这个做法不能自圆其说。如果它是传奇，依照寇兹自己对传奇的定义，读者会期望在结尾看到死亡威胁的张力。[1] 但是这个叙事并没有呈现出这样的特点，它给读者留下的是完全不同的关注。

沃里斯（H. N. Wallace）认为，整个 J 的来源都可以被解释成 "传统文学"（traditional literature）。[2] 这意味着第二个创造叙事不止是 J 的创造发明，更是社会文化的遗产。[3] 因此，对沃里斯来讲，J 的前身是口头文学，在本质上是史诗（epic），表现在 J 里面就是太多形式化或诗话语言。[4] 尽管这样的观点为整个 J 的体裁做了界定，但是它无法解释《创世记》2—3 章里，因为口头形式而造成的诸多不连贯甚至断裂。

这样，如何对伊甸园叙事的体裁进行界定，在万斯特斯看来，似乎极大地依赖一个人对 J 使用的传统材料本质的理解；而传统材料既有外国的影响，又有本国土生土长的传统，尤其是那些以书面形式保留下来的记录。[5] 因此，按照万斯特斯的理解，《创世记》2—3 章的体裁也就无法用统一的标准去界定，这是由叙事本身的多样性决定的。

笔者认为伊甸园的叙事，既不是简单的文学叙事的表达，亦不是早期基督教传统认为的原罪的温床，如果从创世神话的角度去理解，它应该是古恩克尔理解的推源故事。[6] 伊甸园的叙事是一个神话故事，因此我们有必要对神话作简单的定义和解释，以避免对它的误解和误用。首先神话是故事，而这种故事往往以口头的形式流传下来。神话故事通常有开端、发展和结局这样几个部分，它叙述的是神祇的行为，神祇能够从事人类无法从事的活动。没有神祇的故事不能称为神话。读者不能因为神话故事里有与现实违背的事情或者有虚构的成分就认为神话是荒谬的、无稽之谈。[7] 事实上神话是要解

---

① 寇兹将传奇（tale）定义为短小的叙事，通常有一个简单的场景，有两至三个人物；有一个情节，这个情节会发展出一个张力。寇兹将张力看成传奇所特有的。Ibid., p. 7.

② H. N. Wallace, "The Eden Narrative", *HSM* 32 (1985): pp. 29–34.

③ Ibid.

④ Ibid.

⑤ John van Seters, *Prologue to History*, p. 119.

⑥ 创世神话就是要解释宇宙人类是怎么来的，这在本质上就是推源。伊甸园的叙事，恰恰从多方面为读者做了推源性质的解释。

⑦ 见黎志添 "Myth, Ritual and Symbols" 一科的课堂笔记。对神话的详细界定，还可以参阅 Robert A. Segal, "In Defense of Mythology: The History of Modern Theories of Myth", *AS* 1 (1980): pp. 3–49.

释人们现实生活的种种现象，当然它的表达方式具有超现实主义的特点。[1]神话的种类多种多样，其中的推源解释正是伊甸园神话的特征。

《创世记》2：4b — 3：24 并不是一幅反映人类因罪而堕落的历史画卷，而是一个帮助人们接受并解决生命现实的神话故事。在这样的故事里，人们对生活中的节气、习惯、风俗、生活方式以及社会制度等做出推源解释，并通过这样的解释，支撑着人们接受并不完美的现实，尽量在不完满的生活里寻找生活的价值和意义。古恩克尔曾经对推源故事做了详尽的分类，他的分类有助于我们理解伊甸园叙事里的推源特征。[2]那么《创世记》2：4b — 3：24 究意在哪些方面对人类生活的现实做了推源说明？

首先，伊甸园的叙事对婚姻家庭和男女关系做了推源解释。为什么人要离开父母与妻子连合？为什么一男一女合为一体就构成了家庭？男大当婚，女大当嫁的根据在什么地方？为什么父母的子女不可以永远和父母生活在一起？结婚这样的风俗制度是如何产生的？在《创世记》2：18 — 2：24 里，经文反映出当时人们对这些问题的认识，因为女人和男人血肉相连：

> 这是我骨中的骨，肉中的肉……因为她是从男人身上取出来的。
>
> ——《创世记》2：23

这样，夫妇之间的结合，除了政治、经济等现实的因素外，还有一个更重要的先天因素：他们有血缘关系。这种血缘关系一点也不比父母和子女的血缘关系逊色。这样，男女的结合就更为牢固，更有说服力。

婚姻关系里男女双方的地位和作用又体现在何处？为什么在现实生活中，男人对女人有支配权力，而女人对男人有强烈的依恋心理？为什么男人必须努力工作，养家糊口？为什么男人要承受稼穑之苦？为什么女人可以生养小孩？为什么女人生产时会有那么多痛苦？《创世记》3：16 — 3：19 对这些问题给出了解答。

伊甸园叙事里还有其他一些推源解释，例如，人为什么要穿衣服？为

---

[1]　Jonathan Z. Smith ed., *The Harpercollins Dictionary of Religion* (Harper San Francisco: An Imprint of Harper Collins Publishers, 1995), p. 749.

[2]　Hermann Gunkel, *The Legend in Genesis*, pp. 13–36.

什么女人看见分别善恶树上的果子首先想到的是可以当食物，而不是能够
拥有智慧？为什么人与蛇总是处于敌对状态？人要穿衣服的解释，经文有
两处提及（3：7，3：21）。对于皮衣和草衣表面差异背后的区别，我们不是
十分清楚。但是有一点可以确定：它要为人类在生活中必须纺织、缝制衣
服，给出一个起因性质的说明。其次，我们来看女人为什么要吃果子的原
因。女人吃果子的理由有这样一个顺序：食物（מַאֲכָל）—悦目（תַאֲוָה）—
喜爱（הָמֵד）—智慧（שָׂכַל）。[①] 也就是说求智慧并不是女人吃果子的直接
和主要原因，这时候她根本不知道什么是智慧，更别说会尝到智慧的甜头，
智慧只是蛇告诉她吃果子的一个好处，只是她吃果子的一个微不足道的动
力。如果她为了根本不理解的智慧就冒生命危险吃果子，从而说明女人有
追求智慧的热情，实在太过牵强。因此能当作食物才是她吃果子的一个主
要原因。这其实反映了"民以食为天"的饮食文化。[②] 再看关于人蛇关系
的推源解释。在古代以色列，蛇是让他们惧怕的动物。[③] 人们在田间地头
劳作，经常要赤着脚。这样，蛇很容易就攻击到人的脚，这也是为什么经
文会说"你要伤他的脚跟"。而人见到这种危险动物，往往击打蛇的头部
将其消灭。这在一定意义上解释了经文"女人的后裔要伤你的头"这句话
的来历。[④]

　　尽管将《创世记》2—3章的体裁确定为推源故事，有诸多不可靠之
处，但是笔者在和以上诸种界定比较以后，认为这个解释相对合理。不过，
这样的界定和被掳群体的编辑之间，存在怎样的张力？这个问题一直都是
推源解释无法解决的难题。

---

　　① מַאֲכָל，阳性名词（food），词根是אָכַל (to eat)；תַאֲוָה，阴性单数名词（desire），词根是
אָוָה (to incline, desire)；הָמֵד，动词（to desire, take pleasure in）；שָׂכַל，动词（to be prudent, be
wise）。Francis Brown, S. R. Driver and Charles A. Briggs, eds., *The Brown-Driver-Briggs Hebrew
and English Lexicon* (Peabody: Hendrickson, 2003), p. 38, p. 16, p. 326, p. 968.

　　② Craig Y. S. Ho, "The Cross-Textual Method and the J Stories in Genesis in the Light of a
Chinese Philosophical Text", in *Congress Volume Leiden 2004*, ed. Andre Lemaire (Leiden; Boston:
Brill, 2006), pp. 428–439.

　　③ Lorena Stookey, *Thematic Guide to World Mythology* (London: Greenwood Press, 2004), pp.
7–8.

　　④ 这里需要说明的是，希伯来词זֶרַע (女人的后裔)。为什么是女人的后裔而不是人的后
裔？一种解释是因为子女是从女人那里生出来的，女人是众生之母，所以会有这一说。另一
种解释是זֶרַע 可以理解为集合名词，表示人的后裔。所以女人的后裔也就表示了人类的后
裔，语法上的不确定可以通过上下文的文意予以解决。

## 二、《创世记》1—3 章的结构

以上，笔者已经按照传统的底本理论，对《创世记》1—3 章里的两个创造故事各自的文学体裁进行了分析；现在，笔者依然按照传统的底本理论的思路，分析《创世记》1—3 章的文学结构。《创世记》1—3 章的文学结构，学者讨论最多的问题就是：《创世记》1:1 和随后两节是什么关系？2:4a 这句经文算第一个创造故事的结语，还是第二个创造故事的开头？《创世记》2—3 章内部应该拆分成若干部分还是合在一起？也就是说它们究竟被看成是一个故事，还是两个故事？

首先来看希伯来圣经学者对第一个问题的讨论。希伯来圣经第一章的第一句，由于在语法上存在模糊性，使得学者对这一句的翻译层出不穷。英文《修订标准译本》（RSV）的翻译是："In the beginning God created the heavens and the earth"，中文和合本将这一句翻译为"起初，上帝创造天地"。① 《修订标准译本》把这整句话看成是独立的句子，来肯定天地的创造是创造主上帝的工作。然而，如果从语言学的角度翻译这句话，又是另一番情景，"当上帝开始创造……时"（When God began to create ... ），也就是说把第一节看成一个时间状语从句，与后面的经文形成依赖关系。② 这样，究竟第一句应该译作独立的句子还是从句，单从语言学的角度，无法解释这样的争议。

对第一句的翻译，另一种看法来自犹太注经者拉西（Rashi），他译作"起初，上帝创造天地的时候……上帝说……"（In the beginning, when God created the heavens and the earth ... then God spoke ... ）。之所以将这一节处理成这样，主要是为了调和第二节关于大地的混沌状态和宇宙创造宏观

----

① 中文圣经在翻译 אֱלֹהִים 时，有的译为"神"，有的译为"上帝"。因此，就有了"神版"和"上帝版"的区别。笔者在正文里惯用"上帝"，所以在引文里，笔者也就使用"上帝"这个译名。

② בְּרֵאשִׁית 这个词，从语法上讲，可以有两种译法。首先，如果将 בְּ 译作介词 by, in，那么整个词语就被译为"in the beginning"；如果将这个词语看成不定式（infinitive construct），那么它就可以被译作"when ..."，可以和后面的句子构成主从关系。见 William R. Lane, "The Initiation of Creation", *VT* 13 (1963): pp. 63–73; James D. Martin, ed., *Davidson's Introductory Hebrew Grammar* (Edinburgh: T&T Clark, 1993), p. 80. 这一句和下面的几句经文，笔者采用了梁工的中文翻译，在此特向他表示感谢。

叙述间的关系。[①] 后来一些现代释经学者采用并发扬了他的观点，斯宾塞（E. A. Speiser）就是其中之一。他认为这句话应该这样翻译："当上帝开始创造天地之际——那时世界尚在空虚混沌中，渊面黑暗……上帝说'要有光'，就有了光。"（When God set about to create heaven and earth – the world being then a formless waste, with darkness over the seas ... God said, "Let there be light", and there was light.）也就是说，这种译法将头两节看成一个整体，这个整体是对后面第三节内容的介绍。

这里还有第三种译法，也就是将第一节看成是对后两节内容的介绍，"在上帝创造天地之初，地是空虚混沌"（In the beginning of creation, when God made heaven and earth, the earth was without form and void）。采用这种译法，是想表明在创造之前的混沌状态。笔者指出圣经里第一个积极的表述不是关于上帝的，而是上帝的对立面。[②]

就第二种译法而言，即把头两节看成是对第三节的介绍，这样就和2: 4b 构成平行关系，《修订标准译本》将后者译为："在主上帝创造天地的日子，那时还没有草木……主上帝用地上的尘土造人。"（In the day that the Lord God made the earth and the heavens, when no plant ... then the Lord God formed man of dust from the ground ... ）[③] 不仅如此，我们发现第二种译法也和巴比伦创世神话《埃努玛·埃利什》的开首句在语言结构上有相似之处："当高处的诸天尚未得名之时……众神用尘土被造……"（When on high the heavens had not yet been named ... then the gods were created in their midst ... ）[④] 从以上这些平行的因素考虑，笔者同意第二种译法。

以上分析，如果选择第二种译法，则《创世记》1: 1 — 1: 2 和 2: 4b 无论是在用词上还是在语法上都是平行对应的。[⑤] 按照这样的理解，2: 4b 就

---

① Walther Eichrodt, "In the Beginning: A Contribution to the Interpretation of the First Word of the Bible", in *Creation in the Old Testament*, ed. Bernhard W. Anderson (Philadelphia: Fortress Press; London: SPCK, 1984), pp. 65–73.

② John C. L. Gibson, *Genesis*, 1st vol. (Edinburgh: The Saint Andrew Press, 1981), pp. 14–18.

③ Archie C. C. Lee, "Creation Narratives and the Movement of the Spirit", in *Doing Theology with the Spirit's Movement in Asia* (Singapore: ATESEA, 1991), p. 18.

④ James Bennett Pritchard, *Ancient Near Eastern Texts Relating to the Old Testament*, trans. W. F. Albright (Princeton, N. J.: Princeton University Press, 1969), p. 61.

⑤ 从用词上，我们看到它们都使用了"天地""创造"（一个是 בָּרָא，一个是 עָשָׂה）等词语，而且语法结构都是前两句介绍第三句。

应该是第二个创造故事的开首句了。如果这样，2: 4a 的作用如何确定？<sup>①</sup>
蔡尔兹不主张将 2: 4a 看成是对前面叙述的总结。相反，他把它看成第二个
创造故事的开首。<sup>②</sup> 按照他的看法，2: 4a 就不能简单地看成是对先前创造
故事（1: 1 — 2: 3）的额外描述。但是，我们是否可以就此将它简单地归
到后面一个创造故事里？寇兹指出 2: 4a 也不能简单地归结为下一个创造故
事。寇兹的分析是，这一句并没有和后面所谓的族谱（5: 1）搭上关系，它
不过是将前面创造阶段的内容用这种族谱的方式表达出来而已。<sup>③</sup> 而且，1:
1 — 1: 2、2: 1 和 2: 4a，它们三者之间存在着平行关系。<sup>④</sup> 这表明 2: 2 — 2:
3 是独立于 1: 3 — 1: 31 整个创造的内容的。2: 2 — 2: 3 更像一个结论，而
不是创造的又一阶段。<sup>⑤</sup> 但是，寇兹并没有得出蔡尔兹那样的结论，认为 2:
2 — 3 才是第一个创造故事的结论，而 2: 4a 是下一个创造故事的开始。这
是他比蔡尔兹谨慎的地方，因为这样可以避免两个开首句（2: 4a 和 2: 4b）
的尴尬。那 2: 4a 是既不属于前面也不属于后面的独立句吗？遗憾的是，寇
兹并没有对此给出进一步的说明。

　　笔者以为，2: 4b 是第二个创造故事的开首句，这恰如 1: 1 — 1: 2 是第
一个创造故事的开首句一样。但是 2: 4a 究竟应该放在前面还是后面的问

---

① 2: 4 的中英文译本参考："This is the story of the making of Heaven and earth when they were created. When the Lord God made earth and Heaven, there was neither shrub nor plant growing wild upon the earth ..."（NEB）"These are the generations of the heavens and the earth when they were created. In the days that the LORD God made the earth and the heavens, when no plant of the field was yet in the earth and no herb of the field had yet sprung up ..."（RSV）"创造天地的来历，在耶和华神造天地的日子，乃是这样：野地还没有草木，田间的菜蔬还没有长起来……"（中文新标点和合本）"这是造天地的起源：耶和华神造天地的时候，原野上还没有树木，田间的蔬菜还没有长起来……"（中文新译本）

② Brevard S. Childs, *Introduction to the Old Testament as Scripture* (London: SCM Press, 1979), p. 149.

③ 寇兹在这里将族谱的意义扩大了。一般人们理解的族谱是一代代相续下去的关系。而他把按时间顺序有序排列的创造也赋予了族谱的内涵。所以，他将族谱用在创造上，是为了表明这些创造的有序性。George W. Coats, *Genesis: With an Introduction to Narrative Literature*, p. 43.

④ W. Anderson, ed., *Creation in the Old Testament*, pp. 159–162.

⑤ 寇兹给出的理由是，第七天在形式上和前面六天的不一样。尤其是第七天的祝福和上帝对动物和人类的祝福不同，前者没有生养的要求。而且第七天的祝福是上帝工作圆满的核心，它直接和安息日连在一起。George W. Coats, *Genesis: With an Introduction to Narrative Literature*, p. 43.

题，希伯来圣经学者也没有达成统一的认识。不过，笔者认为舒林（John J. Schullion）的看法比较中肯，他认为这一节具有承上启下的功能。[1] 既然如此，笔者认为就让它独立站在这里，没必要驱来赶去。

还有一个有关结构的问题，《创世记》2—3章究竟应该合在一起，还是分割成《创世记》第2章和《创世记》第3章两个叙事。因为，从内容上来说，《创世记》第2章似乎和《创世记》第1章的平行部分较多，也就是说都讲述了世界和人类的创造，只不过详略有别。《创世记》第3章似乎讲述着惩罚或者堕落的故事。第2章和第3章的关系，似乎没有第1章和第2章的关系密切。也就是说，如果从创造—堕落的神学观点出发，《创世记》第2章就和《创世记》第1章共同构成创造世界和创造人类的部分，而《创世记》第3章讲述人类堕落的起源。菲利普斯（John Phillips）、罗斯（Allen P. Ross），以及莫里斯就持这样一种观点。[2] 其中，菲利普斯让诅咒从伊甸园一直延伸到该隐一代。[3]

但是我们发现第一个创造故事和第二个创造故事都有世界和人类创造的内容，那么按照世界的创造和人类的创造主题，将第2章和第3章割裂开来的做法是否恰当？另一派学者就认为《创世记》2—3章的主题是乐园神话，它们是不可分割的统一体。博明闪（Thomas E. Boomershine）和布鲁格曼（Walter Brueggemann）坚持认为《创世记》2—3章从结构上可以分成五部分，五部分互有关联，字词上的关联也是显而易见的。[4] 男人给女人起的第二个名字（3: 20），使读者想起了他给她起的第一个名字（2:

---

[1]　John J. Schullion, *Genesis: A Commentary for Students, Teachers, and Preachers* (Collegeville, Minnesota: The Liturgical Press, 1992), pp. 30–31.

[2]　John Phillips, *Exploring Genesis* (Neptune, N. J.: Loizeaux Brothers, 1980), pp. 34–54; Allen P. Ross, *Creation and Blessing: A Guide to the Study and Exposition of Genesis* (Grand Rapids: Backer Book House, 1996), pp. 101–151; Henry M. Morris, *The Genesis Record: A Scientific and Devotional Commentary on the Book of Beginnings* (Grand Rapids: Baker Book House, 1976), pp. 37–132.

[3]　John Phillips, *Exploring Genesis*, pp. 54–69.

[4]　（1）2: 4b—2: 17 雅威造人并将其置于伊甸园中；（2）2: 18—2: 25 雅威为人造助手 עֵזֶר （helper）；（3）3: 1—3: 7 吃分别善恶果，获得智慧；（4）3: 8—3: 13 上帝发现人的逾矩；（5）3: 14—3: 24 惩罚和驱逐。Thomas E. Boomershine, "The Structure of Narrative Rhetoric in Genesis 2–3", in *Genesis 2 and 3 Kaleidoscopic Structural Readings*, ed. Daniel Patte (Chico, Calif.: Scholars Press, 1980), pp. 113–129; Walter Brueggemann, *Genesis: A Bible Commentary for Teaching and Preaching* (Atlanta: John Knox Press, 1982), pp. 46–49.

23）；雅威的陈述（2: 22）与蛇说的话（3: 5）构成平行对应关系。雅威的话对生命树的含义做出解释，而蛇道出了智慧树的秘密。两棵树的象征意义，被两颗拥有智慧的大脑揭示出来；还有一些前后照应的双关词语，例如 עָרוּם（crafty, wise）和 עֵירֹם（naked）。蛇是 עָרוּם 的动物（3: 1），但是它却要爬在地上行走，"比一切的牲畜野兽更甚"（3:14）。一种是较高级的特征，一种又是较低级的特征，两种极端相反的特性要统一在蛇身上，它们之间就必然存在张力，这是一种反讽的修辞手法。同时，עָרוּם 和 עֵירֹם，蛇的聪明和人的单纯无知形成了强烈的反讽效果。[1]

　　沃施（Jerome Walsh）从上帝、人、男人、女人以及蛇之间的关系入手，将《创世记》2 — 3 章划分成七部分。第四部分女人和男人的叙事是核心，因为它揭示了人的罪，是整个故事的转折点。[2] 笔者已经在前面阐述了自己的立场，《创世记》2 — 3 章只是个推源故事，它想要解释人们在经验生活里的困惑，通过解释某些事情的起源，为继续生活下去的人们寻找意义和支托。因此，尽管笔者认为七分法在结构上能够将《创世记》2 — 3 章放在一起解读，但是对罪的解说，笔者不能苟同。

　　不论是五幕还是七幕，将《创世记》2 — 3 章合在一起的做法事实上是以乐园神话这个大的主题为线索的。而分开两个叙事，或者将《创世记》第 2 章和第 1 章放在一起的做法，尽管在结构上能找到一些支持，但是在主题表达上面，稍微欠缺一些。[3] 所以，笔者赞成将《创世记》第 2 章和《创世记》第 3 章合在一起。

## 三、《创世记》1 — 3 章在《创世记》1 — 11 章的框架内

　　由于历史批评法的局限，现在将《创世记》1 — 3 章放在一起，尤其

---

[1] עָרוּם，形容词（to be crafty, shrewd, sensible），词根是 ערם。עֵירֹם，形容词（naked），词根是 ערה（to be naked, bare）。Francis Brown, S. R. Driver and Charles A. Briggs, eds., *The Brown-Driver-Briggs Hebrew and English Lexicon*, p. 76, pp. 788–791.

[2] 第一幕：雅威—上帝，人；第二幕：雅威—上帝，男人，女人，动物；第三幕：蛇，女人；第四幕：女人和丈夫；第五幕：雅威—上帝，男人，女人；第六幕：雅威—上帝，女人，蛇；第七幕：雅威—上帝，男人。Jerome Walsh, "Genesis 2: 4b–3: 24: A Synchronic Approach", in *"I Studied Inscriptions from before the Flood": Ancient Near Eastern, Literary, and Linguistic Approaches to Genesis 1-11*, eds. Richard S. Hess and David Toshio Tsumura (Winona Lake, Ind.: Eisenbrauns, 1994), p. 374.

[3] 例如前面提到的《创世记》1: 1 — 1: 2 和 2: 4b 在用词和语法上的类似。

是将它放在整个《创世记》1 — 11 章的处境下进行阅读的呼声越来越高。科林斯（David J. A. Clines）从《创世记》1 — 11 章，解读出这样三种可供选择的主题系列。它们是：罪（sin）—话语（speech）—缓和（mitigation）—惩罚（punishment）的主题（主题一）；罪的泛滥（spread of sin）— 恩典的传布（spread of Grace）的主题（主题二）；创造（creation）—毁灭（uncreation）—再造（re-creation）的主题（主题三）。[1] 科林斯觉得主题三比较恰当，因为他认为洪水不止是对人类的惩罚，而且它让创造和毁灭发生了倒转。"世界最初从混沌而生，现在混沌又回来了。"[2] 在创造以先是没有形式的 תֹהוּ וָבֹהוּ，洪水时毁灭的次序和创造的次序类同：土地、飞鸟、牛群、野生动物、鱼类和人（《创世记》7: 21）。再造的发生，首先是让水和陆地再次分开，"水从地上渐退"（8: 3）。然后是神圣秩序在生命世界的复兴，"地还存留的时候，稼穑、寒暑、冬夏、昼夜，就永不停息了"（8: 22）。后来，上帝再次宣布其意旨，不过相对于《创世记》第 1 章已经改变了形式（9: 1 — 9: 7）。人类又开始繁衍，在上帝的允诺下布满地面。[3] 科林斯将《创世记》1 — 3 章放在整个《创世记》1 — 11 章的框架下解读，然后整理出"创造—毁灭—再造"的主题。这样做对于探讨《创世记》1 — 3 章的神学思想有重要意义，毕竟祭司编著者在编修这些经卷的时候，已经融入了这个群体对以色列历史和信仰的神学反思。忽略或者否认这一点，就无法正确看待《创世记》1 — 3 章在希伯来圣经里的位置。然而，笔者认为单纯从文学角度考虑这些章节的作用，恰似单从历史角度考虑一样，带有片面性。这不只是科林斯面对的问题，而是整个文学批评法在研究《创世记》1 — 3 章时，共同面临的问题。

　　除了从主题上讨论《创世记》1 — 3 章在整个太古叙事里的地位，还有学者从族谱的角度考虑前者如何归属于后者。例如，韦斯德曼和吉嘉瓦

　　[1]　David J. A. Clines, "Theme in Genesis 1-11", in *"I Studied Inscriptions from before the Flood": Ancient Near Eastern, Literary, and Linguistic Approaches to Genesis 1-11*, pp. 285–287.

　　[2]　Joseph Blenkinsopp, *The Pentateuch: An Introduction to the First Five Books of the Bible* (New York: Doubleday, 1992), p. 46.

　　[3]　David J. A. Clines, "Theme in Genesis 1-11", pp. 302–303.

达（Issac M. Kikawada）都认为《创世记》1 — 11 章包含着六个族谱。[①] 其中 2: 4a 里的 תּוֹלְדוֹת（generations）是第一个族谱的代表。[②] 按照族谱，尤其是 תּוֹלְדוֹת 一词出现的情况，使学者对《创世记》1 — 3 章从属于整个太古叙事的看法更有信心。[③] 但是，寇兹认为 2: 4a 里的 תּוֹלְדוֹת 和后面所谓的族谱（5: 1）并没有搭上关系，它不过是将前面创造阶段的内容用这种族谱的方式表达出来而已。[④] 笔者认为寇兹的怀疑是有道理的，不能单纯从一个字词的出现，就认为创作者就是以它为线索组织材料的。因此，从族谱的角度考虑《创世记》1 — 3 章从属于《创世记》1 — 11 章的范围，还有待证实。

综上所述，在历史批评法几乎走到尽头的时候，文学批评法的兴起挽救了圣经研究只采用一种方法所造成的颓势。不过，由于文学批评法只关注经文的文学特征，对历史问题漠然，分析经文时总显得底气不够。文学批评法对经文的分析，往往会流于就经文分析经文的层面，这对深入探究经文背后的思想，起不到什么作用。一段经文，不可能单纯地只是它表现出来的样子；作为读者，如果只是为了图个省事、方便，而略过一些重要的历史背景，这样的理解，哪怕对诸如平行、重复、首尾呼应、双关等文学特征分析得头头是道，也总是缺少点什么。因为，读者通过分析这些特征，总想在最后得出结论，而结论的得出没有历史研究打底，显然是苍白无力的。令人欣慰的是，现在的学者，哪怕是坚持共时研究的路子，也不忘和历史批评法这样的历时研究结合起来。

但是无论是历史批评法，还是文学批评法，现代释经学在研究《创世记》1 — 3 章时取得的辉煌成就和现代考古学密不可分。没有后者的推动，也许所有的思考还停留在中世纪的寓意解经阶段。因此，在接下来的一节

---

[①]　Claus Westermann, *Genesis 1-11: A Commentary*, trans. John J. Scullion (Minneapolis: Augsburg Pub. House, 1984), pp. 2–24; Issac M. Kikawada and Arthur Quinn, *Before Abraham Was: The Unity of Genesis 1-11* (Nashville: Abingdon Press, 1985), pp. 60–62.

[②]　其他五个族谱分别是夏娃的子孙、该隐的支脉、亚当/赛特的谱系、列国谱系、他拉的支脉。出现 תּוֹלְדוֹת 一词的地方，分别是 5: 1、6: 9、10: 1、11: 10、11: 27。

[③]　事实上，这样的信心也建立在考古学的贡献上面。在古代近东发掘的列王族谱、创造和洪水神话，使学者相信《创世记》1 — 11 章和古代近东材料之间的平行，进而认为《创世记》1 — 11 章应该是一个整体。

[④]　见本节前面的讨论。

里，笔者要回顾西方学者对古代美索不达米亚创世神话和《创世记》1－3章的比较研究。[①]

## 第三节　比较研究《创世记》1—3章和古代美索不达米亚创世神话

将《创世记》里的创造和洪水故事，与古代美索不达米亚乃至古代近东的相关神话进行比较，这一进路自希腊化时期就已经开始了。[②] 随着19世纪西方国家活动的频繁和考古学的勃兴，大批从古代近东发掘出的文物重见天日。出土残片上苏美尔语和阿卡德语的破译，更为比较研究提供了坚实的文献基础。[③] 欧美学者长期以来认为，古代美索不达米亚神话和希伯来圣经之间包含某种平行关系。曾经有学者千方百计寻找证据，证明希伯来圣经继承了美索不达米亚的素材。[④] 有些学者认为《创世记》1－3章里有迦南的争斗神话，也有埃及创世神话的影子。[⑤] 然而另有学者否认这样一种"继承说"。[⑥] 现在，尽管这个问题已经不如几十年前那般讨论热烈，

---

[①] 这个比较的方法与历史批评法以及文学批评法在诸多方面都有重合。因此，笔者认为现代释经方法之间的区分并不是十分严格。之所以作这样的区分，是为了研究的科学性和便利。只用一种方法研究经文的做法并不可取，最好是诸方法的整合。斯岱克和笔者的看法基本一致，可以参见 Odil Hannes Steck, *Old Testament Exegesis: A Guide to the Methodology*, p. 17.

[②] Richard S. Hess and David Toshio Tsumura, eds., *"I Studied Inscriptions from before the Flood": Ancient Near Eastern, Literary, and Linguistic Approaches to Genesis 1-11* (Winona Lake, Ind.: Eisenbrauns, 1994), p. 3. 古代近东的范围包括古代苏美尔、阿卡德和亚述，叙利亚—巴勒斯坦地区，以及埃及。古代美索不达米亚就是指古代苏美尔、阿卡德和亚述。"古代近东"这个词语，由于带有某种政治色彩，现在学界已经不经常使用了。

[③] 这里的文献回顾将追溯到19世纪学者的研究，并指出现在学者关注的问题。在这之前学者的研究，不会提及。略过不是不重要，而是为了集中讨论最近一百年来学者的研究。

[④] 有一点我们必须明确，尽管持"继承说"的学者认为《创世记》1－3章继承了许多巴比伦神话的元素，但是巴比伦文明也不是一个封闭孤立的体系，而是海纳百川、高度发展的文明。我们很难说它里面所有的元素都来自古代美索不达米亚，严格说来，她是泛巴比伦主义（pan-Babylonism）的。它可能和希伯来人的《创世记》的某些内容对应，也可能和迦南、古代埃及、哈兰、赫梯，以及早期希腊文明发生关联。W. G. Lambert, "A New Look at the Babylonian Background of Genesis", *JTS* 16 (1965): p. 289.

[⑤] 关于这些问题的详细讨论，可以参阅 Richard S. Hess and David Toshio Tsumura, eds., *"I Studied Inscriptions from before the Flood"*.

[⑥] Ibid.

但这绝不意味该问题已不复存在。[①]

这一节里，笔者将会把主要精力放在美索不达米亚创世神话和《创世记》1—3章的比较阅读上，而不旁及迦南和埃及等古代近东的创世神话。

## 一、《创世记》第 1 章和古代美索不达米亚宇宙创造神话

苏美尔宇宙创世史诗《吉尔伽美什、恩奇都和冥府》，头几行就介绍了苏美尔的宇宙创造观念。[②] 根据这几句简短的介绍，世界的创造涉及分开本为一体的天地。[③]

和苏美尔创世神话相比，巴比伦和亚述的宇宙创生神话就详尽多了。在众多创世神话里，最精致的要算《巴比伦创世史诗》，或者说得更精确一些，是《埃努玛·埃利什》。[④] 这个神话故事一经破译，就引起学者的极大兴趣。古恩克尔 1895 年曾写过一部书《初时与终时的创世与混乱》（ *Schöpfung und Chaos in Urzeit und Endzeit* ）。受此书的影响，许多学者认为《创世记》1: 2 里的希伯来语 תְּהוֹם（deep, primeval ocean）就是《埃努玛·埃利什》里的女神提阿玛特。在这个神话里，风暴之神马杜克与瀚海女神提阿玛特争战，并且最终战胜了她，从而建立了宇宙。[⑤]

津村俊夫（David Toshio Tsumura）反对这样的说法，他认为从语音学的角度，无法得出 תְּהוֹם 就是巴比伦神话里的提阿玛特。因为希伯来语

① Alexander Heidel, *The Gilgamesh Epic and Old Testament Parallels* (Chicago: University of Chicago Press, 1949), p. 137.

② "在天离开大地以后，在大地从天分离以后，在为人类命名之后；在安带走天空之后，在恩里尔取回大地以后，在大地成为冥府主人艾利什其迦尔的礼物以后……" 这一段中文是笔者翻译。后文引用其他中文译本，会注明出处，如果没有注明，就是笔者翻译。Samuel N. Kramer, *Sumerian Mythology: A Study of Spiritual and Literary Achievement in the Third Millennium B. C.* (Philadelphia: University of Pennsylvania Press, 1972), p. 37.

③ 在《皮卡克斯创造》（ *The Creation of the Pichax* ）里，对大气之神恩里尔分开了天和地，有进一步的描述。Kramer, *Sumerian Mythology*, pp. 39–41.

④ "埃努玛·埃利什" 是阿卡德语，意即 "当上界"（when on high），它取自这部作品的开首句。James Bennett Pritchard, *Ancient Near Eastern Texts Relating to the Old Testament*, trans. W. F. Albright (Princeton, N. J.: Princeton University Press, 1969), p. 60.

⑤ "瀚海" 一词的翻译，笔者参考了魏庆征的译法。塞·诺·克雷默著，魏庆征译，《世界古代神话》（北京：华夏出版社，1989），第 101 页。Hermann Gunkel, "The Influence of Babylonian Mythology Upon the Biblical Creation Story", in *Creation in the Old Testament*, ed. Bernhard W. Anderson (Philadelphia: Fortress Press; London: SPCK, 1984), pp. 25–52.

תְּהוֹם（tĕhôm），在乌迦利语里是 thm，阿卡德语里是 tiâmtu，阿拉伯语里是 tihâmat，埃兰语（Eblaite）里是 ti-'à-ma-tum，它们都只是闪语 tihām-的反映。[1] 因此，我们难以确定 תְּהוֹם 这个词究竟来自哪个语言。在这种情况下，津村俊夫认为说《创世记》第 1 章受巴比伦创世神话的影响是站不住脚的。

　　兰姆伯特（W. G. Lambert）也指出，学者没有证据表明希伯来语的"瀛海"受美索不达米亚创世神话的影响。而且，他认为马杜克分开提阿玛特的尸体（也就是分开瀛海）创造天地，这种"分"的观念和创世纪 1:6 — 1:8 之间的平行关系也是无法证明的。[2] 换句话说，《创世记》第 1 章和美索不达米亚创世神话，两者都没有明显的证据指出创造与分开水有什么必然的联系。所以，他认为《埃努玛·埃利什》主要颂扬巴比伦神殿里的马杜克，这和《创世记》第 1 章没有直接的联系。[3] 这不仅因为《创世记》第 1 章里，由神的命令（话语）而来的创造在古代近东文献里的独一无二，而且创造光的行为似乎只有《创世记》第 1 章才有。[4] 因此，尽管"从混沌而生的秩序"这样的观念，也经常被称为"创造"，但是它和《创世记》1 — 3 章里的创造，二者在本质上是不同的。

　　松博格（A.W. Sjöberg）接受兰姆伯特的观点，认为巴比伦文本对希伯来圣经里的创造故事没有任何影响。[5] 海瑟儿（G. F. Hasel）认为《创世记》第 1 章的创造故事在某些方面发挥着反神话的功能，例如它将传统上的太阳神、月神以及海怪，都变成上帝所造的，没有什么神力的自然事物；而且在《创世记》1 — 3 章里，我们再也看不到女神的影子，这个特点在古

---

　　[1]　David Toshio Tsumura, *The Earth and the Waters in Genesis 1 and 2: A Linguistic Investigation* (Sheffield: JSOT Press, 1989), pp. 45–52.

　　[2]　W. G. Lambert, "A New Look at the Babylonian Background of Genesis", in *I Studied Inscriptions from before the Flood*, pp. 96–113.

　　[3]　Ibid.

　　[4]　Ibid.

　　[5]　A. W. Sjöberg, "Eve and the Chemeleon", in *In the Shelter of Elyon: Essays on Ancient Palestinian Life and Literature in Honour of G. W. Ahlström*, eds. W. Boyd Barrick and John R. Spencer (Sheffield: JSOT Press, 1984), p. 217.

代近东众多创世神话里是独一无二的。① 因此,《创世记》第 1 章的创造故事,无论是在用词还是神学旨趣上面,都不受巴比伦创世神话的影响。

但是,笔者坚持传统的观念,认为《创世记》第 1 章确实和巴比伦创世神话《埃努玛·埃利什》有某种渊源。第一,我们来看两个创造故事在用词上的关联。《埃努玛·埃利什》这个标题的意思是“当上界”（when on high）,它直接采用了此篇的开首一句。这种用法在希伯来圣经里也屡见不鲜。《创世记》第 1 章的标题 בְּרֵאשִׁית,就直接采用了书卷的开首一词。②

第二,《创世记》第 1 章里的混沌概念和《埃努玛·埃利什》里的内容也有某些关联。תֹהוּ וָבֹהוּ 这个词,英文《修订标准译本》将其译为“without form and void”,通常理解成原始的混沌;它表示空虚、大地贫瘠和寸草不生的状态。由于上帝的命令,这种混沌状态才结束,大地得以布满植被,动物和人类都栖息于此。③ 津村俊夫指出《创世记》1: 2 里 הָאָרֶץ （the earth）和 תְהוֹם（primeval ocean）是一对同义词,因此瀛海是大地的一部分。这样,《创世记》1: 1 里 הָאָרֶץ 和 הַשָּׁמַיִם（the heavens）共同构成一个词对,指天空下的一切事物。然而,第六节暗示 תְהוֹם 覆盖了整个大地。④ 这个被水覆盖的大地,在这里被描述成这样一对词:תֹהוּ וָבֹהוּ // חֹשֶׁךְ。但是它并不是混沌无序的。⑤ 值得注意的是,在《埃努玛·埃利什》里,最初

---

① G. F. Hasel, "The Polemic Nature of the Genesis Cosmology", *EvQ* 46 (1974): pp. 81–102; David Toshio Tsumura, "Genesis and Ancient Near Eastern Stories of Creation and Flood: An Introduction", in *I Studied Inscriptions from before the Flood*, p. 32.

② 而且,本章第二节已经指出,将《创世记》1: 1 — 1: 2 看成是对 1: 3 的介绍,和《埃努玛·埃利什》的开首句在语言结构上是类似的。בְּרֵאשִׁית 这个词的词根是 רֹאשׁ（head）,阳性名词。Francis Brown, S. R. Driver and Charles A. Briggs, eds., *The Brown-Driver-Briggs Hebrew and English Lexicon* (Peabody: Hendrickson, 2003), p. 910.

③ תֹהוּ 是阳性名词（formlessness, confusion, unreality, emptiness）,例如《以赛亚书》24: 10、34: 11、45: 18;《约伯记》10: 22。בֹהוּ 是名词（emptiness）,例如,《创世记》1: 2,“地是空虚混沌”（without form and void）,描述了创造前阴冷黑暗的景象;又如,《耶利米书》4: 23,“地是空虚混沌”（it was waste and void）。当 תֹהוּ 和 בֹהוּ 连在一起使用时,就对混乱、无意义的存在起到强调的作用。Francis Brown, S. R. Driver and Charles A. Briggs, eds., *The Brown-Driver-Briggs Hebrew and English Lexicon*, p. 96; David Toshio Tsumura, "Genesis and Ancient Near Eastern Stories of Creation and Flood", p. 33.

④ David Toshio Tsumura, "Genesis and Ancient Near Eastern Stories of Creation and Flood", pp. 78–79.

⑤ Ibid., p. 33.

阿普苏和提阿玛特的混合也是有序的，而不是混沌的。[①] 阿普苏的那股甜水和提阿玛特的那股咸水，两股水交融在一起孕育出众神。这也是《埃努玛·埃利什》神话里的一种创造方式。借着众神的出现，才有了后来幼神马杜克战胜自己宇宙父母的创造过程。

分开混沌——秩序随之产生的观念，是古代近东创世神话里一个非常普遍的创造类型。在《埃努玛·埃利什》里，马杜克撕开提阿玛特的尸体，一半作天，一半作地。宇宙是从"分开"（to separate, divide）这个动作产生的。在《创世记》第 1 章里，上帝创造宇宙，多次使用了 בָּדַל（to separate, divide）这个词语。[②]

第三，有学者将《创世记》第 1 章里的"上帝的灵" רוּחַ אֱלֹהִים 和巴比伦创世神话里的情节作比较。奥而布赖特（W. F. Albright）反对将 רוּחַ 看成马杜克争战提阿玛特时带来的风。[③] 为了将上帝的人格带进宇宙创生的时刻，而将习见的译法"上帝的灵"替换成"上帝的风"，这在奥而布赖特看来是不足取的。根据他的观点，动词 רָחַף（hovered）意味着 רוּחַ אֱלֹהִים 最初是以鸟的形式出现。[④] 学者德洛克（DeRoche）认为 רוּחַ אֱלֹהִים 不是"上帝带来的风"，而是一个为上帝存在的独立体；他并不认为这只是对混沌的部分的描述。根据他的观点，这表达了上帝对宇宙的控制并将自己的意志作用其上。[⑤]

希伯来词语 רוּחַ 有"灵"和"风"两个意思。上帝的灵和上帝的风都可以成为正确的译法而被学者接受。[⑥]《创世记》1：2 想要强调这样一个独一无二的观念：上帝，甚至在创造活动之前就是临在的，而且对混沌有

---

[①] "阿普苏，众神的创造者，提阿玛特，众神的创造者，他们的水体绞缠在一起。"James Bennett Pritchard, *Ancient Near Eastern Texts Relating to the Old Testament*, p. 61.

[②] Claus Westermann, *Genesis 1-11: A Commentary*, trans. John J. Scullion (Minneapolis: Augsburg Publishing House, 1984), pp. 33–34.

[③] 古恩克尔早先提出"宇宙蛋"的理论，奥而布赖特拒斥了这样的观点。David Toshio Tsumura, "Genesis and Ancient Near Eastern Stories of Creation and Flood", pp. 34–35; W. F. Albright, "Contribution to Biblical Archaeology and Philology", *JBL* 43 (1924): p. 368.

[④] W. F. Albright, "Contribution to Biblical Archaeology and Philology", p. 368.

[⑤] David Toshio Tsumura, "Genesis and Ancient Near Eastern Stories of Creation and Flood", pp. 33–34.

[⑥] רוּחַ, 阴性名词（breath, wind, spirit）。Francis Brown, S. R. Driver and Charles A. Briggs, eds., *The Brown- Driver-Briggs Hebrew and English Lexicon*, p. 924.

绝对影响。上帝的风是他临在的最好说明。[1] 因此，神的灵可以看成创造主面对混沌的临在。它的作用是要把空虚的混沌转换成创造的秩序。[2] 卡所托（U. Cassuto）主张把希伯来词 רוּחַ 通常译作"和"（and），表示承接或者并列，但是这里表示相反的意思。因此，他坚持认为这两节应该译作："尽管大地混沌、了无生机，渊面黑暗，但是上帝的灵——光和生命的源泉——却运行其上。"（Although the earth was without form or life, and all was steeped in darkness, yet above the unformed matter hovered the ruach of God, the source of light and life.）[3]

这样看来，这个谜一般的句子"上帝的灵运行在水面上"事实上表达了非常重要的创造观念。

祭司的创造故事和巴比伦创世神话《埃努玛·埃利什》有诸多相似之处，除去语言用词上的相似，最值得比较的还有两个故事的创造次序[4]：

| 《创世记》第 1 章 | 《埃努玛·埃利什》 |
| --- | --- |
| 上帝通过话语创造事物 | 神灵和万物共生共存 |
| 大地渊面黑暗 | 原始混沌；众神征战提阿玛特 |
| 第一天创造光 | 光从神祇处散发出来 |
| 第二天创造穹苍 | 创造穹苍 |
| 第三天创造旱地、青草、菜蔬、树木 | 创造旱地 |
| 第四天创造光体 | 创造光体 |
| 第六天创造人类、野兽、牲畜、昆虫 | 创造人类 |
| 第七天上帝歇了工（שָׁבַת，动词），定安息日（שַׁבָּת，名词） | 诸神休息，盛宴庆祝（阿卡德语 šapattu） |

---

[1]　Robert Luyster, "Wind and Water: Cosmogonic Symbolism in the Old Testament", *ZAW* 93 (1981): p. 5.

[2]　Robert C. Neville, *The Tao and the Daimon, Segments of a Religious Inquiry* (Albany: State University of New York Press, 1982), pp. 41–67.

[3]　U. Cassuto, *A Commentary on the Book of Genesis*, Part I (Jerusalem: The Magnes Press, 1989), p. 24.

[4]　Lawrence Boadt, *Reading the Old Testament: An Introduction* (New York: Paulist Press, 1984), pp. 109–130.

如果从个别字句上，难以证明《创世记》第 1 章受古代巴比伦神话的影响，那么整个故事篇章结构的安排都显示出如此的相似，我们就很难说这只是出于某种巧合。

尽管这两个创造故事里的次序有惊人的相似，但是它们之间的区别也非常明显。尤其是祭司创造故事在形式上的编排，更凸显祭司作者的匠心独运。在《创世记》第 1 章里，我们可以看到祭司作者安排的古代以色列人井然有序的宇宙创造图式。《创世记》第一句就以一个时间观念"起初"（בְּרֵאשִׁית）开启全篇。[1] 而且和《埃纽玛·埃利什》的比较研究，使学者相信《创世记》1: 1 — 1: 2 从属于后面的内容，也就是属于上帝专门的创造行为。[2] 但其实，世界是什么样子？世界是一片"空虚混沌"（תֹהוּ וָבֹהוּ）。这样的描述和巴比伦创世神话《埃纽玛·埃利什》的开篇非常相像。作为咸水的提阿玛特和作为甜水的阿普苏搅和在一起，从他们里面生出众多神祇。类似地，祭司作者将创造前的宇宙描述成混沌的、没有区分的世界。祭司作者就是要集中在上帝的规划，将一个渊面黑暗的水体分成人类能够居住的世界。

介绍完创造的背景，祭司作者立刻转到上帝对世界的创造上面。祭司作者以高超的文学技巧，将上帝创造的活动安排进七天的结构内。其中，实实在在的创造活动占据了六天，最后一天，上帝歇了工，而且六天的创造具备一个反复的模式。[3] 尽管祭司创造故事在许多方面都依赖古代美索不达米亚的创造传统，但是这么工整的结构形式，的确是祭司作者自己的贡献。尤其是祭司作者将继承下来的古老的创造传统，用七天和空海陆的

---

① Walther Eichrodt, "In the Beginning: A Contribution to the Interpretation of the First Word of the Bible", in *Israel's Prophetic Heritage: Essays in Honor of James Muilenburge*, eds. B. W. Anderson and W. Harrelson (New York: Harper & Row, 1962), pp. 1–10.

② David Noel Freedman, ed., *The Anchor Bible Dictionary*, 1st vol. (New York: Doubleday, 1992), pp. 11–13.

③ 每一天都以上帝的宣布语开始：וַיֹּאמֶר（"上帝说"）。随着上帝命令的发布，被造物就应运而生。然后是命令执行完毕：וַיְהִי־כֵן（"事就这样成了"）。在多数情况下，上帝是创造行为的实施者，但是在第三天，大地自身产出植物和树木。神圣的命令圆满完成以后，上帝又加上一句称许的话语：וַיַּרְא אֱלֹהִים כִּי־טוֹב（"上帝看着是好的"）。最后，经文在每一天都要加上表示时间的句子：וַיְהִי־עֶרֶב וַיְהִי־בֹקֶר יוֹם（"有晚上，有早晨，是第 N 日"）。Claus Westermann, *Genesis 1-11*, pp. 84–85.

模式安排时间和空间，这样的做法是祭司群体的匠心独运。[1] 神圣时间的最高潮是安息日。我们现在对安息日的起源已经无从知晓，但是古代以色列人对安息日的遵守，应该早于祭司群体写作创造故事的时间，不过那时所说的安息日，并不是处于七天结构内的特殊日子。[2] 在圣经传统里，安息日的形成主要归功于祭司的创造故事。[3]

根据祭司作者的表述，将创造和安息日联系起来，是以安息日强调上帝创造的圆满，休息并不是祭司创造故事想要表达的重点。[4] 但是在古代美索不达米亚的创造神话里，神祇创造人类来承担他们的苦工，于是他们得以休息。休息是神祇的特权。[5]

除此之外，祭司作者也将安息日和西奈之约联系在一起，安息日通常被描述成立约的象征：

> "故此，以色列人要世世代代守安息日为永远的约。这是我和以色列人永远的证据，因为六日之内耶和华造天地，第七日便安息舒畅。"
>
> ——《出埃及记》31:16 — 31:17

人们将遵守安息日和遵守约关联起来，上帝在第七天创造的圆满和前六天的创造行为联系起来，这两者是类似的。安息日和约之间的关联，说明人类通过遵守和上帝所立的约，象征性地参与世界的创造。当人类遵守了约，创造的秩序就得以维持，建立起来的边界也得到巩固。如果人类忽略或者拒绝和上帝所立的约，创造本身就要受到威胁。那样，创造的秩序就被打乱，世界颠覆成最初的混沌状态。通过将创造、安息日和约联系在

---

[1] Robert B. Coote and David R. Ord, *In the Beginning: Creation and the Priestly History* (Minneapolis: Fortress Press, 1991), p. 51.

[2] Gnana Robinson, *The Origin and Development of the Old Testament Sabbath: A Comprehensive Exegetical Approach* (Bangalore: UTC, 1998), p. 158.

[3] Robert B. Coote and David R., *In the Beginning*, p. 86.

[4] Gnana Robinson, *The Origin and Development of the Old Testament Sabbath*, p. 222.

[5] Joseph Blenkinsopp, "Structure of P", *CBQ* 38 (1976): pp. 280–281.

一起，祭司作者赋予人类的日常活动以宇宙生成的意义。[①]

除却上面所说形式上的不同，考察《创世记》第 1 章成书的历史背景和神学思想，我们也可以看到它和巴比伦创世神话的不同。第一，从表面上看，巴比伦创世神话表现的是古代阿卡德人的宇宙观和宇宙起源论，是关于创造的故事。而《创世记》第 1 章写于以色列被掳时期，它不可能纯粹是巴比伦的宇宙观和宇宙起源论之反映，它里面贯穿着深刻的历史救赎思想。《创世记》1: 1 — 2: 4a 和同时期的第二以赛亚共同表达了创造者乃救赎者的神学思想，这正是被掳子民的希望。[②] 而这些反映创造和救赎的神学思想是巴比伦创世神话不曾体现的。

第二，巴比伦创世神话反映的是一种多神信仰的世界（polytheism）。从创造方式来看，除了有分开混沌，产生秩序，另外一个方式就是从神祇的出生创造宇宙了（theogony）。苏美尔和阿卡德神话里，有异常丰富的神祇，从一对最初的神祇父母衍生出关系复杂的神谱，每个神各司其职。希伯来圣经里没有这样庞大的神谱，取而代之的是族谱。[③] 祭司的创造故事极力强调一神论，其背后有这个群体意识形态的投射：上帝是至高的神，他创造一切，包括那些外邦人供奉的神祇都是他所造。这种神学上一神和多神的区分，也使希伯来创世神话有自己的特性。

笔者现将古代苏美尔、阿卡德和巴比伦神话之神谱做成表格对照如下，以便读者阅读[④]：

---

① Jon D. Levenson, *Creation and the Persistence of Evil: The Jewish Drama of Divine Omnipotence* (San Francisco: Harper & Row, 1988), p. 127.

② 参见李炽昌著：《古经解读：旧约经文的时代意义》（香港：香港基督徒学会，1997），第 63 — 75 页。

③ 因为，《创世记》第 1 章的写作时代，人们追求一神论的传统。《创世记》第 1 章里面极力要表达一神论的观念。需要特别注意，这里的一神论不是绝对的拜一神，而是选择上的，伦理上的专一神论（monolatary）。这也解释了为什么在以色列的信仰里，信雅威同时又不得不拜巴力。因此，多神崇拜是被掳前以色列民崇拜上的实际要求。但是到了被掳后，以色列民反省被掳的经历，认为民族失败的原因就在于多神崇拜。于是这才确立一神崇拜。《以赛亚书》45: 5，"除我之外，没有别神"，就是这种绝对一神论的反映。但是到了后期，尤其是波斯及其后的罗马时期，这种绝对的一神论无法坚持下去。

④ 李炽昌曾经开设过"古代美索不达米亚的宗教和文化"一课，笔者在他讲授的基础上，依据自己的阅读，列出这样一份对照表。

| 神祇职司 | 苏美尔（Sumer）神话 | 阿卡德（Akkadian）神话 | 巴比伦（Babil）神话 |
|---|---|---|---|
| 天神 | 安（An & Ninhursag） | 安努（Anu） | 安努（Anu） |
| 大地之神、大气之神 | 恩里尔（Enlil & Ninlil） | 恩里尔（Enlil） | 马杜克（Marduk） |
| 太阳神、植物神、公义之神 | 乌图（Utu） | 沙玛什（Shamash） | 沙玛什（Shamash） |
| 月神 | 纳纳（Nanna） | 辛（Sîn） | 辛（Sîn） |
| 智慧之神、水神 | 恩基（Enki） | 埃阿（Ea） | 埃阿（Ea） |
| 爱神、战神 | 伊南娜（Inanna） | 伊什塔尔（Ishtar） | 伊什塔尔（Ishtar） |
| 神名前的标志 | 丁阁（dinger） | 伊录（ilu） | 伊录（ilu） |

第三，巴比伦庞大的神谱里，同辈神彼此充满矛盾，即使是幼辈神和长辈神之间的关系，也布满权力争斗。这在《埃努玛·埃利什》和《都努神谱》里表现得非常明显。到了《创世记》1—3章这里，因为已经没了多神论的基础，众神之间的冲突在经文里不会明显表现出来。[①] 但是，在一神或者无神的世界里，冲突的主题就不复存在了？事实情况是，神祇之间冲突的主题发生了转化，并且以另一种形式表现出来，那就是人生会经历无数冲突。不论神人，也不论社会和人自己，冲突无处不在。[②]

## 二、《创世记》2—3章和古代美索不达米亚的造人神话

古代美索不达米亚的造人神话，主要集中在苏美尔神话《恩基与宁玛赫》（Enki and Ninmah）、巴比伦神话《埃努玛·埃利什》，以及《阿特拉哈希斯》（Atrahasis）。[③] 综合美索不达米亚几个造人神话，笔者发现它们和《创世记》1—3章有以下可比之处。

第一，这些神话里，造人都不是一个神祇能够完成的，神祇需要彼此协商，互相扶助，才能完成造人的大业。在《恩基与宁玛赫》里，恩基邀

---

① 《诗篇》第 8、19、89、104 等章节里，表现了雅威和混沌争战的主题。

② 例如，在人类社会里，善恶之间的冲突是普遍的冲突之一，还有真假的问题等等。除了这样的转化，在《诗篇》和第二以赛亚的若干章节里，上帝和海怪以及海水的战争，也是这种斗争主题的反映，它们和巩固创造秩序有很大关系。

③ 宁玛赫（Ninmah）即宁胡尔萨格（Ninhursag）。

请一班善良而高尚的创造者，并且还有生育女神的襄助。[①] 在恩基所造的人不合规范的时候，他又请母亲宁玛赫帮他更易。[②] 还有，《阿特拉哈希斯》神话里，创世母亲女神宁图（Nintu）/ 玛弥（Mami）领受造人的命令后，还需要恩基为她提供造人所需的泥土。巴比伦创世神话《埃努玛·埃利什》里，马杜克要造人时征求了埃阿的意见，而且造人时众神一起工作。[③] 本来，按照古代世界人们的常识，生孩子就不是一个人能够完成的。这样，我们就不难理解为什么《创世记》第 1 章上帝造人的时候，要以复数形式"我们"来表明创造的决心。古代美索不达米亚造人过程里反映出的众神议会的传统，深深影响着祭司作者，使得我们会惊讶为何在此会有诸神的影子。也许祭司并不觉得复数形式的"我们"会影响到以色列一神论的基础。余莲秀（Gale A. Yee）就提出古代以色列人认为上帝的创造（creation）能力和他的生殖（procreation）能力是等同的。[④] 他创造宇宙，又生出人类，这两种能力在他自身内获得了统一。

　　第二，我们发现古代美索不达米亚神话里造人的目的是要让人负担神的工作，减轻神的苦工。在造人之前，主神和次神之间就有区分，次神承担了主神的所有工作。次神不满，发动叛乱。为要解决神祇内部的矛盾，于是他们创造了人类。[⑤] 人类从被造的那一刻起，就是神祇的奴隶，没有

---

① Thorkild Jacobsen, *The Harps that Once…: Sumerian Poetry in Translation* (New Haven: Yale University Press, 1987), pp. 156–157.

② 塞·诺·克雷默著，魏庆征译：《世界古代神话》，第 101 — 102 页；姬耘著：《巴比伦神话故事》，北京：中国民族摄影艺术出版社，1998，第 1 — 4 页；Stephanie Dalley, *Myths from Mesopotamia: Creation, the Flood, Gilgamesh, and Others* (Oxford: Oxford University Press, 1991), pp. 15–17; Stephen A. Geller, "Some Sound and Word Plays in the First Tablet of the Old Babylonian *Atrahasis* Epic", in *The Frank Talmage Memorial Volume*, ed. Barry Walfish (Haifa: Haifa University Press, 1993), pp. 63–70.

③ James Bennett Pritchard, *Ancient Near Eastern Texts Relating to the Old Testament*, p. 68.

④ Gale. A. Yee, "Analysis of Prov. 8: 22–31", pp. 62–63.

⑤ Thorkild Jacobsen, *The Harps that Once…:*, 155; F. Rochberg, "Mesopotamian Cosmology", in *Cosmology: Historical, Literary, Philosophical, Religious, and Scientific Perspectives*, ed. Norriss S. Hetherington (New York/London: Garland Publishing, 1993), p. 40.

自由尊严可言。① 或者神祇创造人类纯粹就是心血来潮，创造充满了随意性，丝毫没有为人类负责的意识。恩基和宁玛赫在醉意朦胧中造人，结果造出的人都不健全。② 在《创世记》第 1 章里，上帝造人是要让人"生养众多"，"治理这地"，管理空海陆的。也就是说，上帝创造人类，为让人享受神的祝福。只是到了伊甸园的故事里，人类违背上帝命令的时候，上帝才让男人终生劳作，流汗糊口。这里，伊甸园的故事是从违规的角度解释了人类为什么要辛苦劳作。

第三，用泥土创造人类的观念在美索不达米亚的造人神话里比比皆是。③《创世记》2 — 3 章里也有反映人类和泥土关系的经文。从词源学的角度看，希伯来语里 אָדָם（人类，human）和 אֲדָמָה（泥土，ground）是一对同源词语。而且这两个词在发音上差别很小，事实上这种语音上的相似正反映了它们在语形语义上的相近。尽管 אָדָם 这个词是阳性名词，但是它在经文里不表示性别，而是人类的总称。④ אָדָם ' 最初和 אֲדָמָה 是一体的，创造人类的时候，前者才从后者分离出来，这表明人和泥土的亲密关系，以及创造生命是通过"分离"而来的本质。⑤ 最终人死后仍要归于尘土（3：19），因此人最终仍要和泥土成为一体。而且人和土地的关系在以后也是伴随一生的，人要耕种地土，终生劳作（3：19）。

第四，神的某些元素融入被造的人类，构成人类的组成部分。《阿特拉哈希斯》和《埃努玛·埃利什》，都讲述了造人时如何用叛神的血液和着

---

① 秀瑞克斯（Conrad E. L'Heureux）和笔者的观点恰恰相反，他认为人类的奴仆角色，正好体现了人类的尊贵。因为神需要人类，宇宙的建立需要人类做出贡献；人类的高贵地位通过神祇的血流进体内而得到加强。我们的心跳提醒我们，在我们之内有某种神圣的因素在起作用。Conrad E. L'Heureux, *In and Out of Paradise: The book of Genesis from Adam and Eve to the Tower of Babel* (New York: Paulist Press, 1983), p. 47.

② Ronald A. Simkins, *Creator & Creation: Nature in the Worldview of Ancient Israel* (Massachusetts: Hendrickson Publishers, 1994), p. 58. 这也许还有古代美索不达米亚人生育观念上的禁忌，即要想生出健康的婴孩，就不能饮酒。

③ Stephanie Dalley, *Myths from Mesopotamia*, 16–17; Ronald A. Simkins, *Creator & Creation*, p. 58.

④ Francis Brown, S. R. Driver and Charles A. Briggs, eds., *The Brown-Driver-Briggs Hebrew and English Lexicon*, p. 9.

⑤ 这一观念集中体现在《创世记》1：1 — 2：4a 中，上帝通过分开光暗，水和陆地，光体等实施创造。

泥土的情节。[1] 这里是否说明人类从被造时就充满了叛逆和恶的种子，我们不得而知，但是和《创世记》第 1 章上帝按照自己的形象造人相对照，其实这里表达了某种神人关系。《创世记》1: 26 里说人是按照上帝的形象和样式被创造出来。科林斯曾经详细讨论过上帝在人里的形象，并且对诠释的历史做了回顾。他认为《创世记》1: 26 应该被翻译成"让我们来造出拥有我们自己形象的人"（Let us make man as our image）或者"是我们自己的形象"（to be our image）。也就是说，根据《创世记》第 1 章，人没有上帝的形象，他也没有以上帝的形象被创造出来，而是说他自己就是上帝的形象。至于形象（image）自身，科林斯接受了伯因哈特（K. H. Bernhardt）的观点，认为在古代近东，"形象"的主要功能就是灵的栖居地；他还注意到在古代近东，国王拥有上帝的形象，而且神的形象和统治的观念紧密相连，国王的产生就是依据上帝的形象。[2] 现在，《创世记》第 1 章打破了这样的限制，普通人也具有上帝的形象，上帝的形象已经不再是帝王将相的专利。柏德（P. A. Bird）从人类的性别差异入手研究这个问题。像科林斯一样，她认为《创世记》第 1 章里的 צֶלֶם אֱלֹהִים（the image of God）是皇室意识形态的反映，是实施统治的先决条件；因此她的结论是：人类是以上帝奴仆的形象出现的。[3] 这样的观点回归到古代苏美尔和巴比伦神话里，即人的被造是要承担神祇的劳役。笔者认为《创世记》第 1 章里上帝以自己的形象造人，充满了神对人的慈爱，不存在让人类充当神的奴隶这样的动机。包括第二个创造故事里雅威将自己的"生气"（נְשָׁמָה）吹进人的鼻孔，都是让人类分享了某种神圣的特质，分享了创造的好处。[4] 而《阿特拉哈希斯》和《埃努玛·埃利什》里的造人故事正是出于神奴役人这样的意识形态，所以才让叛神的血液流进人的身体，而没有让人分享到主神的

---

[1]　Lorena Stookey, *Thematic Guide to World Mythology* (London: Greenwood Press, 2004), p. 40; James Bennett Pritchard, *Ancient Near Eastern Texts Relating to the Old Testament*, p. 68; Jo Ann. Scurlock, "Death and Afterlife in Ancient Mesopotamian Thought", in *Civilizations of the Ancient Near East*, ed. Jack. M. Sasson (New York: Charles Scribner's Sons, 1995), pp. 1883–1894.

[2]　David J. A. Clines, "The Image of God in Man", *Tynbul* 19 (1968): pp. 53–103; Bruce C. Birch, *A Theological Introduction to the Old Testament* (Nashville: Abingdon Press, 1999), pp. 35–66.

[3]　Phyllis A. Bird, "Male and Female He Created Them: Genesis 1: 27b in the Context of the Priestly Account of Creation", *HTR* 74 (1981): p. 341.

[4]　关于这一点的详细讨论和注释，还可以参看本书第三章第三节。

气息和血液。这里表达的是神人之间奴役和被奴役的敌对关系。

第五，在美索不达米亚的造人神话里，造人完成之后，都要实施某种仪式。在《阿特拉哈希斯》和《埃努玛·埃利什》里，造人都要伴随一位神祇的被杀，这其实是献祭的观念。[①]《阿特拉哈希斯》里，后一个造人故事也有生育女神念咒语的情节。[②] 我们推想古代美索不达米亚造人神话（还有之前的创造宇宙的神话）最初一定是和某种仪式联系在一起的。在《创世记》1—3 章的造人神话里，仪式的色彩不容易看到。我们除了知道《创世记》第 1 章是由祭司群体写成，推测它最初和以色列的崇拜生活有关，其他就不得而知了。

第六，无论是美索不达米亚的造人神话，还是《创世记》第 1 章里的造人故事，在创造出人类后，神祇 / 上帝都歇了他的工。不同的是，前者得以休息是由于人类可以替神祇干活，神祇不用工作了。后者造人后的安息日（שַׁבָּת）是由于上帝的工作圆满了。

综合以上的比较，笔者深刻地意识到《创世记》1—3 章里的造人故事，不可能不受古代美索不达米亚创世神话的影响。虽然《创世记》1—3 章里的造人被纳入整个以色列的信仰系统，但是它的来源却有着明显的"异域"色彩。否认这一点，就无法正视古代以色列和周边民族曾经在历史上经历的互动，也就无法正确理解经文背后的作者或者编者的意图。

## 三、伊甸园和乐园迪尔蒙

《恩基和宁胡尔萨格》是苏美尔的失乐园神话。笔者认为苏美尔人的乐园迪尔蒙确实和《创世记》2—3 章里的伊甸园有某些相似之处。[③] 首先，苏美尔人的天堂在迪尔蒙。后来的阿卡德人认为他们的生者境遇和永生者所在之地也在一个叫迪尔蒙的地方。古代以色列人认为，"东方"有一个伊甸乐园，并成为四条大河的发源地，很有可能他们从一开始就将其与苏美

---

① Lorena Stookey, *Thematic Guide to World Mythology*, p. 40.

② Stephanie Dalley, *Myths from Mesopotamia*, pp. 16–17.

③ Samuel Noah Kramer, *History Begins at Sumer: Thirty-Nine Firsts in Man's Recorded History* (Philadelphia: University of Pennsylvania Press, 1981), pp. 141–147.

尔人的乐土迪尔蒙相混同。[①] 迪尔蒙的干旱也和雅威创造时候的背景相似[②]：

> 野地还没有草木，田间的菜蔬还没有长起来，因为耶和华上
> 帝还没有降雨在地上，也没有人耕地。
>
> ——《创世记》2：5

这段描述服务于后面上帝的创造活动：上帝创造雨露和人类，开垦土地，这样大地就能孕育生命。[③]

其次，太阳神以淡水灌溉迪尔蒙的情节，在伊甸园的叙事里亦有描述。[④] "但有雾气从地上腾，滋润遍地。"（《创世记》2: 6）还有一些零碎的细节也有可比之处。例如，迪尔蒙的众生之母宁胡尔萨格，没有怀孕的折磨和生育的苦楚，九个月的怀孕在九天就完成了，生产也没有阵痛的折磨。[⑤] 这和人类的众生之母夏娃所遭受的诅咒"你生产儿女必多受苦楚"形成鲜明的对照。还有，恩基吃了八种植物受到的诅咒，和亚当夏娃吃善恶树上的果实并因此受诅咒是类似的。

《创世记》第 2 章里让人费解的地方是"众生之母"夏娃从亚当的肋骨造出。为什么古代以色列人认为是肋骨，而不是人类躯体的其他部位呢？解答这个问题，我们首先从夏娃的名字入手。"夏娃"，希伯来语是 חַוָּה。女人是"众生之母"（Eve），她是所有 חַי（living being）的母亲。这两个词从词源上讲，都源自动词 חָיָה（to live, to be, stay alive）。[⑥] 有趣的是，希伯

---

① Samuel Noah Kramer, "Enki and Ninhursag: A Paradise Myth", in *Ancient Near Eastern Texts Relating to the Old Testament*, pp. 37–41.

② "少女不能沐浴，清濯的河水没有灌溉这座城市……宁细其拉（Ninsikilla）对父亲恩基说：'迪尔蒙，你所赐予的城市……没有河流。'"出处同上。

③ Ronald A. Simkins, *Creator and Creation*, p. 178.

④ "让乌图站在天穹……让甜水从地里冒出……他会让你的城市水量充沛，让迪尔蒙畅饮这富足的水……迪尔蒙，成为真正的'地上之家'……" Samuel Noah Kramer, "Enki and Ninhursag: A Paradise Myth", pp. 37–41.

⑤ "她（宁胡尔萨格）将恩基的精液放在自己的子宫里。一天就是她怀孕一个月，两天就是她怀孕两个月，三天就是她怀孕三个月，四天就是她怀孕四个月，五天就是她怀孕五个月，六天就是她怀孕六个月，七天就是她怀孕七个月，八天就是她怀孕八个月，九天就是她怀孕九个月，像个胖子，像贵妇般臃肿……她在河岸上生下宁穆（Ninmu）……"出处同上。

⑥ Francis Brown, S. R. Driver and Charles A. Briggs, eds., *The Brown-Driver-Briggs Hebrew and English Lexicon*, pp. 310 – 312.

来词 חַוָּה 和亚兰文 *hiiwya*（snake, life）的字形相似，这似乎从另一个角度说明女人和生命之间的关系。[1] 根据苏美尔的叙事诗所述，恩基最薄弱的部位是肋骨。苏美尔语中"肋骨"一词的发音是"提"。为治愈恩基的肋骨而造的女神，苏美尔人称之为"宁－提"，意即"肋骨女性"。而苏美尔的"提"又有创造生命，给予生命之意。[2] 因此，"肋骨女性"和"给予生命的女人"这对双关语，被原汁原味地挪用到圣经文本里。只不过当初苏美尔语的那种双关语的语言基础不复存在了。因为，希伯来语里，肋骨（צֵלָע）和给予生命者（חַוָּה），这两个词没有丝毫共同之处。所以，这两个词语在希伯来语里就构不成任何双关的成分。[3]

从伊甸乐园和迪尔蒙之间的比较，笔者认为它们之间存在着相互影响的关系，而且苏美尔神话对《创世记》1－3 章的影响更多一点。面对如此丰富的考古史料，否认这种关系，实际上已经不太可能了。

## 四、永生和死亡

有解释人类起源的神话，就会有人类死亡的神话，这个规律几乎在已知的神话传统里都有反映。[4] 在古代美索不达米亚的阿达巴（Adapa）故事里，我们可以看到智慧、饮食和永生之间的关系。《创世记》2－3 章里，亚当和夏娃也是因为吃了分别善恶树上的果子，而变得有智慧，却也失去了永生的机会。伊兹雷埃尔（Shlomo Izre'el）对阿达巴神话进行了全面的研究。对他来说，神祇和人类的关系在这篇神话里，非常容易理解。在动物、人类和神祇之间，只有人类和神祇拥有智慧，只有神祇能够永生。人

---

[1] Lyn M. Bechtel, "Rethinking the Interpretation of Genesis 2: 4–3: 24", in *A Feminist Companion to Genesis*, ed. Athalya Brenner (Sheffield: Sheffield Academic Press, 1993), p. 97. 更详细的讨论，还可以参阅本书第三章第三节。

[2] "我的兄弟，什么伤害到你了？我的肋骨伤到我了。我已经从你的肋骨里创造了宁提（Ninti）……就让宁提成为母后吧……" James Bennett Pritchard, *Ancient Near Eastern Texts Relating to the Old Testament*, pp. 40–41.

[3] Lyn M. Bechtel, "Rethinking the Interpretation of Genesis 2: 4–3: 24", p. 98. 关于这种现象，举一个简单的中文双关语译成英文的例子。毛泽东的《蝶恋花·答李淑一》开头一句："我失骄杨君失柳，杨柳轻飏直上重霄九。""杨"和"柳"不仅指自然界的两种树木，它们还代表了毛泽东死难的妻子杨开慧和李淑一已经牺牲的丈夫柳直荀。这样的双关语如果译成这样的英语："I lost a poplar, and you lost a willow"，那么中文原意所表达的隽永意味就荡然无存，而且也没有了诗歌特有的美感。

[4] Lorena Stookey, *Thematic Guide to World Mythology*, p. 1.

类得到的智慧其实是神授的仪式。[①] 另一位学者示阿（W. H. Shea）罗列出《阿达巴史诗》和《创世记》2 — 3章里亚当叙事之间的平行。他在结论部分指出，这是人们对共同关心的事情所作的独立思考。[②] 也就是说，他认为这两个故事不一定就存在相互影响的关系。

在美索不达米亚神话里，关于人类死亡之起源，还有埃塔那（Etana）的故事。在埃塔那的故事里，永生并不是直接而清晰的主题。埃塔那的天庭之行，只是说明人类，作为非永生者，是不适合去天庭的。因为，神祇和人类在根本上就有差别。这个故事和《创世记》之巴别塔的叙事有相似之处。但是，埃塔那的故事一面否定了人类为获得永生的努力，另一方面却以替代的方式，赋予了人类"永生"，那就是一代代的种的繁衍。在美索不达米亚文化里，繁衍后代是获得"永生"的一种有意义的方式。子孙后代延续了自己的生命，这样也就和神一样"永生"了。

在《吉尔伽美什史诗》里，吉尔伽美什（Gilgamesh）因为好友恩奇都（Enkidu）的去世，而渴望了解生命的奥秘。他曾求问洪水后的幸存者和永生者乌特纳匹什提姆（Utnapishtim）。[③] 乌特纳匹什提姆告诉吉尔伽美什，他之所以能够永生是因为他已经不是人，而是神了。也就是说，神和人的不同就在于神才能永生，而人类不行。要想达到永生，除非人成为神，显然这很难办到。但是，乌特纳匹什提姆给吉尔伽美什透露了一种能够使人永生的草。吉尔伽美什好不容易得到这棵草以后，却被一条蛇偷食了。结果，吉尔伽美什连这点机会都丧失了。就这样，吉尔伽美什寻找永生秘密的旅程以失败告终。[④] 人受挫于没有伦理意义并与任何堕落观念都无关的

---

① Shlomo Izre'el, *Adapa and the South Wind: Language Has the Power of Life and Death* (Winona Lake: Jewish Publication Society, 1993), p. 137.

② （1）二者都经历了神祇的考验，而且这个考验是以他们会有所损失为代价的；（2）二人都未通过测试，因此他们丧失了获得永生的机会；（3）他们两个人失败的结局延续到整个人类身上；（4）他们的名字从语言学角度讲是等同的。同时，示阿也总结出以下不同点：（1）阿达巴被神试探时使用的是面包和水，而亚当和夏娃被测试时使用的是水果；（2）阿达巴选择了服从埃阿，但是亚当选择了和正确的命令对着干；（3）阿达巴的违背在本质上反映世事本身的无常，而亚当的忤逆在本质上是道德的。W. H. Shea, "Adam in Ancient Mesopotamian Traditions", *AUSS* 15 (1977): pp. 28–35, p. 39, p. 41.

③ 这个名字的意思是"生命之日"。见保罗·里克尔著，公车译《恶的象征》，上海：上海人民出版社，2003，第 186 页。

④ James Bennett Pritchard, *Ancient Near Eastern Texts Relating to the Old Testament*, pp. 91–93.

命运；作为挫折达到顶点的死，代表了人和众神之间本来就有的差别。[①]

不过，吉尔伽美什最终明白了死亡乃是人的本质，与其将生命浪费在寻求不可实现的永生，不如快活地过好眼下的生活。[②] 吉尔伽美什得到的忠告，也是《传道书》给人们的忠告：

> 上帝造万物，各按其时成为美好；又将永生安置在世人心里。然而，上帝从始至终的作为，人不能参透。我知道世人，莫强如终生喜乐行善。并且人人吃喝，在他一切劳碌中享福。这也是上帝的恩赐。
>
> ——《传道书》3: 11 — 3: 13

对于吉尔伽美什来说，他只有一条路，那就是转身返回，回到有限，回到乌鲁克城，回到劳碌和烦恼。

《创世记》2—3章表现出来的生死观念，从以下经文里可见端倪。在2: 9里，生命（חַיִּים）是对生命树 עֵץ הַחַיִּים 最初也是最直接的解释。随后的"永生"עֹלָם 意义（3: 22）在此并未提及。因此生命树象征了纯粹的没有被限制的生命。这里没有关于死亡的意识。[③] 这也是为什么它被置于花园中央的原因。

在2: 17里，首先出现了死亡的意识。上帝禁止人吃分别善恶树上的果子，并且加了一句解释"因为你吃的日子必定死"。是不是从这句经文里我们可以得出结论：分别善恶树是关乎人之死亡的树木，而生命树是象征人生命的树木？如果这样解释，那么人们几千年来对生死问题的探讨就化约为两棵树，不免简单化。而且这种解释有一个致命伤：知识和死亡连在一起，为什么知识那么可怕？实际上，正如兰迪（Francis Landy）所说，

---

① 保罗·里克尔著，公车译：《恶的象征》，第 190 — 191 页。

② "吉尔伽美什，何苦四处漂泊呢？你所追寻的（永生）生活注定是不可求的。当神祇创造人类的时候，死亡就伴随人类左右了，生命交在人们自己手心里。吉尔伽美什，饱食终日，快快乐乐过好每一天。每天都享受欢乐，日夜跳舞玩乐！穿光鲜的袍子，尽情享受沐浴的快乐。关注你手里弱小的，让你的女人在你怀里享受欢愉！因为这是人类的使命。"James Bennett Pritchard, *Ancient Near Eastern Texts Relating to the Old Testament*, p. 90.

③ Francis Landy, *Paradoxes of Paradise: Identity and Difference in the Song of Songs* (Sheffield: Almond, 1983), pp. 210–219. 关于生命树的详细讨论，请参阅本书第三章第三节。

对生死所做的区分首先是和分别善恶树发生关联的。[①] 也就是说人有了知"好歹"的能力，他就对生死有所区别，有所认识。[②] 从这个意义上来说，分别善恶树和生命树有内在关联。

那么在 2: 9b 里，两棵树一起被提及，这样做有什么重要意义？阅读希伯来原文，我们会发现经文的顺序是这样的：生命树在伊甸园的中央，园中还有一棵分别善恶树。也就是说生命树生长在园子中央，但是分别善恶树是否在园子中央，经文没有明确说明。[③] 由于经文的模糊性，许多学者在此倾注了大量的心血去做诠释。沃尔德（Ellen van Wolde）认为经文这样安排，表明这两棵树是没有关系的。这样解释不免又回到冯拉德等学者的老路上去。[④] 这段经文产生的模糊性直接影响到对后面经文的阅读。在 2: 16 里，"只是分别善恶树上的果子，你不可以吃"，在 3: 3 里，女人说："唯有园当中那棵树上的果子……你们不可吃……"那么女人究竟指的是生命树上的果子还是分别善恶树上的果子？由于经文语焉不详，这种认识上存在的模糊以及对死亡的"认识"，一并结合进雅威的话语和蛇的陈述当中。这一点集中表现在副词 אָכֹל 以及 מוֹת 的运用上（2: 16 — 2: 17，3: 4 — 3: 5）。[⑤]

---

[①] Francis Landy, *Paradoxes of Paradise: Identity and Difference in the Song of Songs* (Sheffield: Almond, 1983), pp. 210–219.

[②] 贝克特尔（Lyn M. Bechtel）认为认识的达成和区分活动构成一对紧密的关系。人从其他生物那里找不到他的助手，这表明人认识到他和那些生物是不同的。人和父母分开，与妻子结为一体，也说明父母和子女是有所区分的，尽管子女由父母所生，和父母有着不可分割的血缘关系。但是最终子女要和父母分开，与自己的配偶结为一体。在此，人也认识到和神的不同。见 Lyn M. Bechtel, "Rethinking the Interpretation of Genesis 2: 4–3: 24", pp. 84–87.

[③] Walter Brueggemann, *Genesis: A Bible Commentary for Teaching and Preaching* (Atlanta: John Knox Press, 1982), p. 48.

[④] 一些学者，例如冯拉德和韦斯德曼，认为在伊甸园神话故事的发展过程中，只有分别善恶树具有重要地位，因为它对故事的发展，起到关键的作用；而生命树是次要的。现在经文将二者相提并论，这要归因于两种传统的结合。但是贝克特尔不同意这种看法。他认为二者对于伊甸园神话故事的发展具有同等重要的作用，而且代表两个相反的事物。见 Lyn M. Bechtel, "Rethinking the Interpretation of Genesis 2:4–3:24", p. 87.

[⑤] 在圣经希伯来语中，当不定式的 absolute 形式跟在它的同源动词前面时，该不定式的 absolute 形式表示对后面这个动词的强调，通常将其翻译成副词，表示 surely, certainly, diligently 等。James D. Martin, *Davidson's Introductory Hebrew Grammar* (Edinburgh: T & T Clark Ltd., 1993), 81. 2: 16 — 17 的译文："Adonay Elohim says, 'From all the trees certainly you may eat, but from the tree of knowing Good and Bad do not eat from it, for when you eat from it certainly you will die.'" 3: 4 — 5 的译文：the snake says, 'certainly you will not die, because Elohim knows that when you eat from it, your eyes will be opened and you will become like Elohim, knowing good and bad.'" 笔者译。

基督教神学家就从这种词语的不确定性，推敲出"立刻死"和"与时间无涉的死亡的确实性"这种哲学意味浓重的解释。这种解释的最终目的是要消解雅威撒谎而蛇说出真相的反讽。对他们来说，雅威是不会撒谎的；因此雅威说的"必定死"（מוֹת תָּמוּת）是指人终有一死的命定，而不是立刻要发生的当下事件。① 而蛇说的"你们不一定死"（לֹא־מוֹת תְּמֻתוּן）的意思，按他们的解释，蛇理解的死亡是当下要发生的事件。② 由于这种理解上的差异导致说法的不一致。这种解释最容易受到质疑的地方，就是硬生生想从同一颗头上长出一支牛角和一支羊角。也就是说，在2: 16 — 2: 17 和3: 4 — 3:5 里，都使用了同一个词"死亡"（מוּת），可是在解释的时候偏偏要从自身的神学立场出发，强调前后用词意义的不同。

　　从与古代美索不达米亚创世神话比较阅读的角度出发，笔者对这段模糊的经文，有这样的理解：雅威所指的树（果）和女人所指的树（果）是不同的，雅威禁止人吃的是分别善恶树上的果子，这棵树不在伊甸园中央；而女人所指的树是"园当中那棵树"，而园当中那棵树是生命树。雅威不允许人和神一样具有智慧，但是雅威并不阻止人和神一样永远不朽，可是女人却认为生命树是致人于死命的。这就和阿达巴的故事具有类似的反讽效果。

　　生命树和分别善恶树之间的关系，是通过生与死的问题结合起来的；同时，古代以色列人对生死问题的探讨，又是通过伊甸园里两棵树的象征表达出来。虽然意义隐晦，解释五花八门，但是有一点比较确定，那就是人们对于生死问题的关注。

　　在美索不达米亚人的观念里，人生来就不是永生的，所以死亡是人的自然属性。外在机遇的丧失只是要解释人在死亡面前的无可奈何（阿达巴和吉尔伽美什）；而在古代以色列，死亡是否与生俱来，经文里没有明确说明。由于惩罚或者其他什么原因，死亡成为人生命的一部分。但是这两种观念的共同点也是显而易见的：提供种种有关人有可能永生的机会，然后以丧失机会为代价，这样的推源解释用以说明人目前的生存状态，解释

　　① מוּת，形式是 Qal,infinitive absolute，词根 מוּת（to die）。תָּמוּת，形式是 Qal, imperfect，第二人称阳性单数，词根同 מוּת（to die）。Francis Brown, S. R. Driver and Charles A. Briggs, eds., *The Brown-Driver-Briggs Hebrew and English Lexicon*, p. 559.
　　② לֹא，否定词 not。תְּמֻתוּן，形式是 Qal, imperfect，第二人称阳性复数。Ibid.

死亡的来源。

对古代美索不达米亚人来说，死亡决不是生命的终点，它只是灵魂与肉体的分离。伊南娜、都姆兹（Dumuzi）和基什提娜娜（Geshtinanna），他们都有下到冥府的经历，都承受过死亡的恐惧。但是，美索不达米亚的神话赋予他们复活的能力，他们会从地下返回人间。而且就人类而言，死者的灵魂可能会被不时召到人间，恩奇都的例子能够说明这一点。人死后，肉体腐烂，灵魂从以前的生命形态转变成其他形式。当躯壳被埋葬在泥土里以后，灵魂来到地下世界，寄居于此直到永远。美索不达米亚的葬礼风俗可以为我们提供活生生的例子。然而，灵肉分离的程度不像我们想象的那么彻底。①

与巴比伦和亚述观念相比，《创世记》1—3章里的上帝是不可能死的，他永世长存。② 但是，与上帝相比，人是脆弱的、微不足道的。③ 古代以色列人的观念里，死亡也是肉体和灵魂的分离。这样的分离通常描述成和祖先睡在一起，而且这样的表述也主要用于古代以色列人的国王，他们或虔诚或邪恶。④ 也就是说，和祖先睡在一起，就意味着死亡。灵魂在尸体埋葬之前离开此世。人的日子在上帝手里。⑤ 人的生活是被决定了的。上帝为人定了大限，这是他无法逾越的。⑥ 但是这也不是绝对不变的，因为行善可以延长生命，作恶加速死亡。⑦ 希伯来圣经《约拿书》里，上帝本来要在四十天后毁灭尼尼微，但是当上帝看到尼尼微人悔改，就赦免了他们。⑧ 同时，希伯来圣经也认为行义并不总是能够延长人在世界的寿数。上帝也许会缩短义人的生命，这并不是惩罚，而是要把义人从恶中拯救出来。⑨ 而且，恶人也不会因其作恶而招致速死。上帝要让他的罪恶盈满到一定程度后惩罚他。⑩ 上帝所做的都是公义的，因为义人和恶人的结果将

---

① Alexander Heidel, *The Gilgamesh Epic and Old Testament Parallels*, pp. 138–139.

② 《诗篇》90: 2、102: 26–102: 28。

③ 《以赛亚书》40: 6–40: 7，《诗篇》90: 5–90: 10、103: 15，《约伯记》14: 1–14: 2。

④ 《列王记上》2: 10，《列王记下》20: 21，《列王记上》14: 20、22: 40。

⑤ 《诗篇》31:16。

⑥ 《约伯记》14: 5。

⑦ 《列王记下》20:1，《以赛亚书》38:1。

⑧ 《约拿书》3: 4、3: 10。

⑨ 《以赛亚书》57: 1，《列王记下》22: 20、23: 29。

⑩ 《约伯记》21: 7–21: 26、24。

有天壤之别。① 也就是说，古代以色列人的生死观浸透了他们的神学思想，它们和善恶、赏罚等伦理因素结合在一起，以对上帝的敬拜为基础。这一点，在《创世记》1 — 3 章里虽然没有明显的经文予以支持，但是和其他希伯来经卷结合起来阅读，我们可以得到对古代以色列人生死观较为全面的认识。

综上所述，通过整理先前学者对古代美索不达米亚创世神话和《创世记》1 — 3 章的比较研究，通过将这些研究纳入宇宙的创造、人类的创造、乐园神话、永生和死亡等几个主题内，可以明显地看到有两种研究态度贯穿其中。一种认为古代美索不达米亚创世神话和《创世记》1 — 3 章存在某种平行对应的关系，这样的状况表明前者对后者有深刻的影响；另一种态度认为尽管有这样那样相似雷同的地方，但是古代美索不达米亚创世神话不可能对《创世记》1 — 3 章产生任何影响，因为《创世记》1 — 3 章的神学旨趣和前者是那么的不同。笔者以为，反对"影响说"的学者所做的努力，恰恰说明二者之间存在某种影响。从希伯来圣经里表现的一贯风格来说，凡是要强烈地排斥异教文化和信仰的时候，恰恰是已经深受其熏染之时。以色列的历史和文化不是在温室里形成的，而是在和周边民族发生冲突和融合的过程里逐渐形成。因此，无论是坚持"影响说"，还是排斥这样的主张，其实都说明古代美索不达米亚的创世神话有如此的影响力，以致反对的学者都会以它为参照来提出反对意见，而这本身正说明了"影响说"的价值所在。

20 世纪七八十年代，由于女权运动的兴起，释经学也开始了一场性别革命。一些女性学者，不满意希伯来圣经表现出来的以男性为中心的写作视角，不满意于对女性的侮蔑和歧视的经文，也不满足于男性学者忽视女性经验的释经方法，这包括历史批评法、文学批评法，以及和古代美索不达米亚创世神话的比较研究。于是，她们拿起批判的武器，要为希伯来圣经里的女性寻找尊严和地位。在下一节里，笔者就要批判性地回顾女性主义释经对《创世记》1 — 3 章，尤其是 2 — 3 章的研究。

---

① Alexander Heidel, *The Gilgamesh Epic and Old Testament Parallels*, pp. 141–145.

## 第四节　女性主义方法研究《创世记》1—3章

运用女性主义方法诠释《创世记》1—3章，主要的问题集中在上帝按照自己的形象造男造女（《创世记》1: 26—27），以及亚当和夏娃的叙事（《创世记》2—3章）。[①] 笔者即将就这两个问题，对女性主义释经作批判回顾。

### 一、上帝的形象

> 上帝说："我们要照着我们的形象，按着我们的样式造人，使他们管理海里的鱼，空中的鸟，地上的牲畜和全地，并地上所爬的一切昆虫。"上帝就照着自己的形象造人，乃是照着他的形象造男造女。上帝就赐福给他们，又对他们说："要生养众多，遍满地面，治理这地；也要管理海里的鱼、空中的鸟，和地上各样行动的活物。"
>
> ——《创世记》1: 26—1: 28

这三节经文里，上帝的形象究竟是男性还是女性，这一直以来都是学者争论的问题。不独女性主义者，一些男性释经者也认为，这里的上帝形象是全面的。蔡尔兹认为这几节经文是男女平等的见证。[②] 吉布森（John C. L. Gibson）认为教会对待《创世记》1: 27时，仍然有很长一段路要走。因为，他们无法接受男人和女人都是上帝的代表。[③]

对这个问题的研究，最有影响的女性主义学者是翠柏（Phyllis Trible）。她将1: 27里的 אָדָם 译成"人类"，认为这个词在这里没有性别区分；并且

---

① 女性主义释经是非常笼统的说法。具体操作的时候，佛伦查（Elisabeth Schussler Fiorenza）提出三种主要的女性主义释经模式。见郭佩兰：《从华人妇女的角度谈释经学》，载李炽昌编著《亚洲处境与圣经诠释》，第251—256页。

② Brevard S. Childs, *Old Testament Theology in A Canonical Context* (London: SCM Press, 1985), p. 189.

③ John C. L. Gibson, *Genesis*, 1st vol. (Edinburgh: The Daily Study Bible, 1981), p. 86.

发现"上帝的形象"和"男人和女人"之间存在平行关系。[1] 最后，她断言上帝既不是男性，也不是女性，更不是雌雄同体的；只有在这个"他者"的处境下，我们才能更好地理解神照着自己的形象造男造女。[2]

翠柏的观点不是没有受到挑战。有趣的是，这样的争论是由另一位女性主义学者挑起的。在柏德看来，翠柏的诠释基于一个错误的句法分析，27 节不应该看成一个单独的句子，而应该放在 26 — 28 节的处境下理解。她还主张"乃是照着他的形象造男造女"，其实这句话的意义非常有限。它和丰产的祝福联系在一起，除此没有任何关于性别平等的线索提供给读者。[3]

笔者以为，单纯从语言学的角度发现男女平等的秘密，或者从整个经文的处境里找出经文表达的主题，都不足以说明上帝的形象和性别之间的关系。亚洲女性释经学者周芳兰，在诠释这段经文的时候，发现所有释经书都是男性写成的；而且他们都忽略了这样的可能：文中的复数可能是指上帝的男性及女性的因素。[4] 她还引用《箴言》3: 19 — 3: 20 来证明自己的发现：

> 耶和华以智慧立地，以聪明定天，以知识使深渊裂开，使天空滴下甘露。
>
> ——《箴言》3: 19 — 3: 20

这一句描述了耶和华在太初时的创造，其中"智慧"与上帝创世的行动有关。在《箴言》第 8 章，智慧以拟人化的面目出现，也和上帝的创造相关：

---

[1] 翠柏依据希伯来原文字词的顺序，将27节译成：And created God humankind in his image; in the image of God created he him; male and female created he them. 翠柏认为，这里运用对偶倒列（chiasm）的修辞手法，如果上一句是 a-b-c，那么接下来的两句都是 c'-b'-a'。这样"形象"和"男女"就是一对平行的词语。翠柏从语言学的角度，发现在上帝形象里隐藏的男女平等的秘密。Phyllis Trible, *God and the Rhetoric of Sexuality* (Philadelphia: Fortress Press, 1980), pp. 16–17.

[2] Ibid., p. 16, p. 23.

[3] Phyllis A. Bird, "Male and Female He Created Them: Gen 1: 27b in the Context of the P Account of Creation", *HTR* 74 (1981): pp. 129–159.

[4] 周芳兰：《创造、堕落与妇女——〈创世记〉一至三章》，载李炽昌编著《亚洲处境与圣经诠释》，第 279 页。

为沧海定出界限，使水不越过他的命令，立定大地的根基。

那时，我在他那里为工师，日日为他所喜爱，常常在他面前踊跃，踊跃在他为人可预备之地，也喜悦住在人间。

——《箴言》8: 29 — 8: 31

《箴言》第 3 章和第 8 章，表明女性智慧在创造时是在场的。如果她当时真的在场，她就可能是上帝的一个本性了。由于上帝的本性兼具男女，所以人类，包括男性和女性，都是按照上帝的形象造的。两者都是参照同一个形象被创造出来，没有高低贵贱之分。周芳兰据此总结出人类是按照上帝的形象被创造出来的，而动物不是。所以只有人与上帝有关，其他受造物没有。[①] 笔者认为周芳兰解决了翠柏和柏德没有解决的问题，但是她显然忽略了洪水以后，上帝和人类以及动物所立的约。[②] 她重新诠释女性在上帝那儿的地位时，却没有认识到动物也是和上帝有约在先的。为一个弱势群体呐喊助威的同时，却忽视或者否认了另一个更为弱势的群体之利益，多少令笔者感到遗憾。

虽然女性主义释经学者对这个问题，至今都没有一致的解释，但是由她们发起的这场争论，在学术界激起千层浪，让男性学者不得不重新考虑或者补充他们在研究上的不足。

## 二、夏娃的故事

翠柏的女性主义释经方法产生之前，人们关于夏娃的认识存在偏见：夏娃总和罪、性联系在一起，而且女人被认为需要由强壮优秀的男人来统治。[③] 也正是在这个起点上，翠柏开启了现代女性主义释经新路向。翠柏对亚当和夏娃的诠释，主要集中在爱欲的创造（the creation of eros）上面。因此，她对伊甸园叙事的划分，也主要围绕爱欲展开：从没有性别之分的人，到男人和女人性别差异的出现，再到意识到爱欲的力量。关系的开始，

---

①　周芳兰：《创造、堕落与妇女——〈创世记〉一至三章》，载李炽昌编著《亚洲处境与圣经诠释》，第 280 页。

②　《创世记》9: 9 — 17。

③　Carol Meyers, *Discovering Eve: Ancient Israelite Women in Context* (New York: Oxford University Press, 1988), p. 75–77; Alice Ogden Bellis, *Helpmates, Harlots, and Heroes: Women's Stories in the Hebrew Bible* (Louisville, Ky.: Westminster/John Knox Press, 1994), p. 47.

男人和女人处于互动的牢固关系中，而且拥有平等的地位。后来在蛇和女人的对话中，女人积极主动，男人是沉默的。然而，后来二人都选择了违规抗命。上帝质问女人时，她不像男人，并没有责怪上帝，也没有流露出归咎伴侣的意思，她只说了自己。然而，此时对她来说，男人和她的牢固关系破裂了。审判后，亚当称呼夏娃，使用了和他称呼动物时一样的方式，这就将夏娃降格到动物的地位，男人就像管理动物一样可以宰制女人。"众生之母"的称呼应该是个积极的词语，但是现在这个处境，这个词和女人的卑微、从属地位纠缠在一起。最后是夫妇二人被逐出伊甸园。此时只有亚当的名字被提及，翠柏认为这里不是指亚当一人，而是一个集合名词，表示人类。[①]

翠柏对亚当和夏娃的叙事所作的分析，对希伯来圣经研究有极大的影响。她从根本上颠覆了千百年来以男性为中心的阅读传统，建立了以女性为视角的释经基础，翠柏是这方面的先锋人物。不过在一些细节处理上，翠柏的解读容易让读者不明就里。翠柏把男人和女人的关系设定为爱欲，爱欲的最终命运也就是男人和女人关系的写照。最后男人和女人的良好关系不复存在，所以爱欲也就成了不受欢迎的东西。翠柏的思维习惯仍然是基督教传统下的，她所谓的爱欲也有点像男人和女人栖居的伊甸乐园。当男人和女人逾矩被逐时，乐园消失了。笔者一直认为伊甸园的叙事，不是说之前如何，之后又如何，它只是对人们生活现状的一种推源解释。翠柏的爱欲变奏和人类在伊甸园的命运变迁相仿。由于这种思维惯性，翠柏依然将女人吃禁果看成罪，显然她深受基督教传统的影响。其次，翠柏已经意识到上帝最初造的是人类，而不是一个叫"亚当"的男人，那么在论证的时候，就应该谨慎使用"亚当"和"夏娃"的名称，直到审判结束，"夏娃"这个名称才出现。翠柏并没有注意这些细节，这无疑为她的论证带来麻烦。

其他主要的女性主义释经学者也对这个故事的诠释做出不小的贡献。芭儿（Mieke Bal）和翠柏在诠释夏娃故事时有某些相似之处。两位学者都使用了文学批判的方法。然而，她们之间的区别也比较明显。芭儿将文学批判运用到整部圣经，而翠柏是希伯来圣经研究学者，研究范围只限于希

① Phyllis Trible, *God and the Rhetoric of Sexuality*, pp. 80–137.

伯来圣经。芭儿的著作对那些接受过圣经训练的学者，理解起来尚有一定的难度，更不用说普通的读者了。

　　像翠柏一样，芭儿认为 אָדָם 是无性别区分的人类；然而，她并没有把 אֲדָמָה 看成专有名词，而是将其译成"泥土"（clod）。[1] 芭儿主要关注伊甸园里，"人"如何转变成两个具有个性的角色。转变从无性别区分的泥土开始，到两个有性别区分的生灵，一个男人和一个女人。他们发展出意识并且拥有做出抉择的能力。在发展的最后阶段，他们拥有各自独立的性别角色，而且女人也获得了一个新名字。[2]

　　亚当宣布"可以称她为女人，因为她是从男人身上取出来的"（2: 23）。对这句话，芭儿提出两套诠释方案：一种方案从心理分析入手，另一种从语义学解释。这两种方案都要说明，女人并不是字面上说的那样从男人而来，而是说她被创造得与男人不同。[3]

　　芭儿同意翠柏的看法，认为逾矩的结果不是惩罚，而是对真实世界的描述。但是不像翠柏，她并不认为吃果子的行为是罪。相反，她认为女人选择去吃果子，是使她像上帝一样拥有智慧的方法。具有讽刺意味的是，女人的选择也实现了上帝照自己的神圣形象造人的意图。[4] 通过选择吃果子，人获得了知识，包括性知识。尽管不能永生，但是开启了现实生活的大门。[5]

　　对芭儿来说，在性别角色确定以前（3: 16），问题并没有真正开始。她注意到奥斯滕（Jarich Oosten）和摩耶（David Moyer）对男人宰制女人这个问题，提出了可能的解决办法。他们指出《创世记》4: 7 和 3: 16 在用词上是平行对称的：[6]

---

　　[1]　Mieke Bal, "Sexuality, Sin, and Sorrow: The Emergence of the Female Character", in *Lethal Love: Feminist Literary Readings of Biblical Love Stories* (Bloomington, Ind.: Indiana University Press, 1987), p. 113.

　　[2]　Ibid., pp. 112–129.

　　[3]　Ibid., p. 117.

　　[4]　Ibid., pp. 124–125.

　　[5]　Ibid., p. 125.

　　[6]　Jarich Oosten and David Moyer, "De mythische omkering: een analyse van de sociale code van de scheppingsmythen van Genesis 2–11", *AV* 1 (1982): 83; Alice Ogden Bellis, *Helpmates, Harlots, and Heroes*, p. 51.

你必恋慕（תְּשׁוּקָתֵךְ）你丈夫，你丈夫必管辖（יִמְשָׁל）你。[1]

———《创世记》（3：16）

你若行得不好，罪就伏在门前；它必恋慕（תְּשׁוּקָתוֹ）你，你
却要制服（תִּמְשָׁל）它。

———《创世记》（4：7）

雅威在4:7里解释了为什么他要拒绝该隐的献祭。[2] 但是仅凭这样的词语平行，又能说明什么问题？难道是说罪对该隐的恋慕就像女人对男人的恋慕一样，这样不是将女人置于罪的立场上？对此，芭儿也没有好的建议。不过，无论读者是否接受这样的文本解经方法，要确定从最初的性别无分到后来出现男女两种角色的过程，这样的困难依然存在，而且一直困扰着女性主义释经学者。

翠柏和芭儿在诠释夏娃叙事的时候，给予她的基本上是积极的、肯定的评价。尽管并不是所有的女性主义释经者对仅凭文本就能打破人们的性别歧视持乐观态度，不过她们都在尽力尝试这样去做。兰瑟（Susan S. Lanser）就是一个很好的例子。她认为经文让读者一开始就了解到 אָדָם 是一个没有性别区分的存在者；但是这个名词是阳性词语，因此人们在逻辑上很自然地认为 אָדָם 是个男人。女人被造以后，אָדָם 仍然被称作 Adam，而不是与 אִשָּׁה（女人）相对的 אִישׁ（男人）。这样，אָדָם 既表示"人类"这个集合名词，又有"男人"的意思。因此，这个词语身兼两职，彻底将女人从这个词汇里抹去，将其定义为他者。[3] 这样的解释，就比翠柏和芭儿对 אָדָם 的理解更为深入；她不仅揭示了这个词语所代表的人类这个集体，同

_____

① תְּשׁוּקָתֵךְ, 原型是 תְּשׁוּקָה, 阴性单数名词（your longing），词根 שׁוּק（to attract, impel），跟第二人称阴性单数后缀 ךְ（your）。יִמְשָׁל，形式是 Qal, imperfect，第三人称，阳性，单数，词根 מָשַׁל（to rule）。תְּשׁוּקָתוֹ，原型是 תְּשׁוּקָה，阴性单数名词（its longing）。תִּמְשָׁל，形式是 Qal, imperfect，第二人称，阳性，单数，词根 מָשַׁל（to rule）。Francis Brown, S. R. Driver and Charles A. Briggs, eds., *The Brown-Driver-Briggs Hebrew and English Lexicon* (Peabody: Hendrickson, 2003), p. 1003, p. 605.

② Adrien Bledstein, "Genesis of Humans: The Garden of Eden Revisited", *Judaism* 26 (1977): p. 200.

③ Susan S. Lanser, "(Feminist) Criticism in the Garden: Inferring Genesis 2–3", *Semeia* 41 (1988): pp. 67–84.

时也揭露了男性作者偷偷将这个词语据为己有的秘密。

翠柏和芭儿认为上帝对亚当和夏娃的审判是描述性的，而非评价性的。但是兰瑟反对这样的看法。她认为从上帝警告人不许吃善恶果这样的处境来看，神圣的宣布的确意味着上帝的惩罚。[①] 兰瑟最后反问："如果亚当和夏娃都犯了罪，为什么最后是亚当管制夏娃？"[②] 如果说前面两位学者将主要精力放在确定两性差别上，那么兰瑟就直指问题的关键——为什么男人要管制女人？这个问题的提出，具有革命性。

兰瑟注意到，单从字面上进行积极的诠释是可能的。但是，如果要探索隐含在经文里的意思，则消极的诠释就不可避免。这两方面存在张力。[③] 例如，第二个人从 אָדָם 的肋骨而生，这个人是女人，于是 אָדָם 就变成男人。尽管从逻辑上考虑，夏娃被创造以前，אָדָם 是没有性别区分的人，但是他却是个先在的男人。这样在亚当的性别问题上，就造成无法调和的矛盾。再者，叙事结尾处的 אָדָם 毫无疑问是男人，但是经文未提女人的下落。她在这里消失，进一步证实了从男性立场书写该叙事的假设。[④]

目前，还没有多少学者对兰瑟调和翠柏和芭儿的做法，发表什么有影响力的看法。与此同时，其他女性主义释经者对《创世记》2—3章的诠释却方兴未艾。

弗雷德曼（David Freedman）对亚当和夏娃叙事的诠释，要比兰瑟的看法积极，但是和翠柏、芭儿的观点又有区别。他从哲学思辨的角度出发，提出对"配偶"עֵזֶר 一词的不同解释。他认为这个词语翻译成"力量"（power）之意比较合适。"配偶"一词，希伯来词根的意思是"拯救"（to rescue, save）。[⑤] 另一个闪语词根 נזר 的意思是"强壮"，在希伯来语里 עזר 也有"强壮"之意。而在公元前 1200 年，ע 和 נ 是可以互换的字母。结果，

---

① Susan S. Lanser, "(Feminist) Criticism in the Garden: Inferring Genesis 2–3", *Semeia* 41 (1988): p. 75.

② Susan S. Lanser, "(Feminist) Criticism in the Garden: Inferring Genesis 2–3", pp. 75–76.

③ Ibid., pp. 77–84.

④ Ibid.

⑤ Francis Brown, S. R. Driver and Charles A. Briggs, eds., *The Brown-Driver-Briggs Hebrew and English Lexicon*, p. 740.

עֵזֶר 既可以用 עזר，也可以用 נזר 来表示。[1] 在希伯来圣经里，עֵזֶר 这个词一共出现了 21 次。8 次来自词根 עזר，意思是"拯救"，其他 13 次该词的意思是"力量"。女人被创造，并不是作为亚当的拯救者，而是和亚当同样拥有力量的存在者。[2]

另一个相关的希伯来词语是 כְּנֶגְדּוֹ，通常翻译成"与他相称"，这个词在希伯来圣经里只出现了一次。[3] 在以后的密西拿（Mishnaic）经卷里，נֶגֶד 的意思是"平等"。这样，与男人相称的女人和他是平等的，עֵזֶר כְּנֶגְדּוֹ 就和《创世记》第 1 章里面上帝照着自己的形象造男造女的精神相合了。[4]

弗雷德曼对《创世记》2 — 3 章的诠释受到卡拉韦（Mary Callaway）和布莱德斯坦（Adrien Bledstein）两位学者的支持。卡拉韦认为这个故事试图对女性生育能力以神话的方式进行诠释。[5] 虽然她没有就 עֵזֶר כְּנֶגְדּוֹ 这个短语进行细致的翻译考证，但是她赞同弗雷德曼的立场，认为在伊甸园叙事里，男人和女人是平等的。[6] 卡拉韦的路径也是文化分析一派的，这种方法要考虑更大的文化背景，包括古代希伯来人一直依靠的神学处境。[7]

布莱德斯坦是一位犹太圣经学者，她比卡拉韦的论述要广泛得多，运用的方法也是文化分析阅读。虽然布莱德斯坦从文本里读到一些积极的元素，但是它们好像反倒成为阻碍她揭露以男性为中心书写文本的因素，她认为伊甸园的叙事是人对知识和智慧的困惑。[8] 然而，这样的解释和传统基督教的某些诠释又有何区别？

贝克特尔（Lyn M. Bechtel）是一位结构主义者，奉行文学批评法。她

---

[1]　R. David Freedman, "Woman, A Power Equal to Man: Translation of Woman as a 'Fit Helpmate' for Man Is Questioned", *BARev* 1/9 (1983): pp. 56–58.

[2]　Ibid., p. 57.

[3]　כְּנֶגְדּוֹ, כְּנֶגֶד (corresponding to)，跟第三人称阳性单数后缀 וֹ (him)。Francis Brown, S. R. Driver and Charles A. Briggs, eds., *The Brown-Driver-Briggs Hebrew and English Lexicon*, p. 617.

[4]　R. David Freedman, "Woman, A Power Equal to Man", pp. 57–58.

[5]　Mary Callaway, *Sing, O Barren One: A Study in Comparative Midrash*, 74. SBL Dissertation Series 91 (Atlanta: Scholars Press, 1986), p. 74.

[6]　Ibid.

[7]　Allice Ogden Bellis, *Helpmates, Harlots, and Heroes*, p. 55.

[8]　Adrien Bledstein, "Genesis of Humans: The Garden of Eden Revisited", p. 200.

想要揭示传统基督教"犯罪和堕落"主题的内在问题。[①] 贝克特尔把亚当和夏娃的叙事,诠释成人类走向成熟的故事。在这方面,她和芭儿的诠释类似,但是贝克特尔走得更远。在人类发展的第一阶段,亚当还是个孩子,他为动物命名。而此时此刻,亚当并没有意识到性别的差异。他只是学习如何将自己和外部世界区分开来。这时候的命名并不意味着对动物的控制,他只意识到自己和动物是有区别的。在发展的下一个阶段,女性被创造出来,亚当才意识到有男孩和女孩的差异,不过目前还未发展出羞耻感。后来,他们意识到自己赤身裸体。这时,他们已经是青少年,但是他们并没有堕落。相反,他们已经发展出完善、自由、成熟、社会化的人类意识,并且能够辨识在群体中的个体身份。[②]

贝克特尔继续说道,生命树代表了一个孩子的生命观念,这个观念不可能对死亡有什么高深的理解。这棵树对孩子来说是美好的,但是不适合成年人。这也就揭示了为什么这棵树对孩提时代的亚当和夏娃不设防的原因。一旦他们发育成熟,就不可能再返回到未成年时对生命理解的层次上。[③] 这和《吉尔伽美什史诗》里的恩奇都类似。恩奇都和神妓发生关系以后,就再也没有奇异的能力和动物为伍了。[④] 这是文明和教化的功能在起作用。

知善恶树代表了成年期的开始。上帝命令这两个小孩不要吃它的果实,并且警告说会致人死命。一般的学者解释为死亡的速致,但是这样的解释并不符合后面情节的发展。因此,贝克特尔认为这里最好解释成吃善恶果的人会意识到死亡真实存在着;而且人越成熟,这样的认识就越清晰。人成熟以后就得担负起上帝在宇宙开始的时候就赐给人类的日常劳作。[⑤] 尽管贝克特尔看到叙事是以男性为中心展开的,但是她并不承认这一点,而

---

[①]  例如,她质疑道:如果人被创造的时候是不死的,那么为什么还要创造出性别?如果他们是永恒不死的,为什么要用有限的泥土来造他们呢?为什么在偷吃了果子之后,人惧怕羞耻比死亡更甚?为什么亚当成为农民就是对他的惩罚? Lyn M. Bechtel, "Rethinking the Interpretation of Genesis 2: 4–3: 24", in *A Feminist Companion to Genesis*, ed. Athalya Brenner (Sheffield: Sheffield Academic Press, 1993), pp. 77–177.

[②]  Allice Ogden Bellis, *Helpmates, Harlots, and Heroes*, p. 56.

[③]  Lyn M. Bechtel, "Rethinking the Interpretation of Genesis 2: 4–3: 24", pp. 77–177.

[④]  James Bennett Pritchard, *Ancient Near Eastern Texts Relating to the Old Testament*, trans. W. F. Albright (Princeton, N. J.: Princeton University Press, 1969), p. 74.

[⑤]  Lyn M. Bechtel, "Rethinking the Interpretation of Genesis 2: 4–3: 24", pp. 77–177.

且她的阅读是以积极的方式面对真实世界：伊甸园的故事不是对罪的惩罚，而是上帝为成熟男人造配偶的故事。[1]

那些笃信人类从上帝的恩典里堕落的基督徒经常会问这样的问题，忤逆上帝如何能被看成是积极正面的？荷兰学者沃尔德对这个问题的看法和贝克特尔类似。她认为整个故事的关键在于《创世记》2: 24：

> 因此，人要离开父母与妻子连合，二人成为一体。

沃尔德认为一个人离开他的父母就独立了。所以人（包括男人和女人）通过逾矩，也就从上帝那里独立出来。她认为逾矩是必要的，因为自由不是上帝直接颁给宇宙的，人只有努力才能获得它。[2]

而在这个时候，沃尔德和贝克特尔认为，他们还没有足够成熟到建立成人关系的地步。[3] 这一节经文面向未来，而不是描述目前正在发生的事情。但是如果我们把 2: 24 看成对现状的描述，那么"从恩典里堕落"的诠释就有意义了。两种诠释都可行。亚当和夏娃从一种完美的成人关系演变为破碎的成人关系。[4] 然而，当我们阅读 2: 24 作为对未来实在的描述时，那么关于成熟的诠释就比较有意义。亚当和夏娃从未成年的孩子转变为成人。从这一点上来说，两者择其一是比较困难的。

迈耶斯（Carol Meyers）是目前女性主义诠释《创世记》2 — 3 章最重要的学者之一。她将《创世记》2 — 3 章看成是关于人类起源的叙事，解释人们生活状况的叙事，同时也是寓言或者智慧传说。[5] 迈耶斯在诠释《创世记》2 — 3 章时，有一项卓越的贡献就是重新诠释了 3: 16：

> To the woman he said,
>
> "I will greatly increase your pangs in childbearing;
>
> in pain you shall bring forth children,

---

[1] Allice Ogden Bellis, *Helpmates, Harlots, and Heroes*, pp. 57–69.

[2] Ellen van Wolde, "A Semiotic Analysis of Genesis 2–3: A Semiotic Theory and Method of Analysis Applied to the Story of the Garden of Eden", *VT* 42 (1992): pp. 573–574.

[3] Ibid.

[4] Ibid.

[5] Carol Meyers, *Discovering Eve*, pp. 95–121.

yet your desire shall be for your husband,

and he shall rule over you."

——《新标准修订本》NRSV[①]

在第二行里，有主语—动词—不定式—两个宾语。主语—动词—不定式是"I will greatly multiply"，宾语是"pangs"和"childbearing"。这两个宾语既可以分开放置，也可以并列出现。并列出现时，语法上叫作重言法（hendiadys）。[②] 也就是说在第二行里，第一个词"pangs"修饰第二个词"childbearing"。这样就可以翻译成："I will greatly multiply your painful childbirths."然而，多数学者并不清楚第二个词是否可以修饰第一个词。因此，他们往往将这句话读成"I will greatly multiply your childbearing pains"，或者类似的意思。[③]

在决定是否要将这两个词看成重言词之前，迈耶斯首先研究了这两个词本身的意思。通常译作"childbirth"（生产）的 הֵרוֹן 一词，其实并不表达"childbirth"之意。相反，它表示"conception"或者"pregnancy"（怀孕）。这样就和另一个宾语"pain"（痛楚）联系不上了。因为痛楚总是和生产有关，而怀孕并没有多大的痛楚。[④]

迈耶斯细致考察了 עֶצֶב（pain）一词后，认为应该译作"toil"（辛劳，艰苦）。这个词在3：17里也出现了，亚当被告知必须终身劳苦 עִצָּבוֹן，才能从地里得吃的。[⑤] 因此，迈耶斯将第二行作如此翻译："I will greatly

---

① 这几行文字的体裁是诗，希伯来诗歌最基本的特征是平行。在这首诗里，1、2与3、4是一组平行关系（1、2//3、4）。平行可以采用许多形式，在这首诗里，后一行和前一行不仅在意思上重复，而且有相同的语法结构。然而，第二行决不是第一行的重复，它在某种程度上，是对第一行思想的发展。

② 希伯来语里有少许形容词和名词放在一起被理解成彼此有修饰关系，这叫重言法。例如《创世记》1：2 的 תֹהוּ וָבֹהוּ，《新标准修订本》译作"formlessness and emptiness"，意思是"formless void"。因此，大多数翻译者认为《创世记》3：16 第一行里的两个宾语构成一对重言词语。通常在一对重言词里，第一个词修饰第二个词。

③ Carol Meyers, *Discovering Eve*, pp. 99–101.

④ Ibid., pp. 101–103. 笔者在此并不完全赞同她的看法，因为怀孕时的痛苦不亚于分娩一刻所遭受的疼痛。

⑤ עִצָּבוֹן，阳性单数名词（pain, toil），词根是 עָצַב（to hurt, pain, grieve）。Francis Brown, S. R. Driver and Charles A. Briggs, eds., *The Brown-Driver-Briggs Hebrew and English Lexicon*, p. 781.

increase your toil and your pregnancies."① 这样，两个宾语就彼此分开，而不是一对重言词。也就是说，两人被逐出伊甸园后，夏娃承受的痛苦一点不比亚当少，她要经历多次生产的痛苦。因此，亚当没理由独自抱怨什么，每个人都有份。②

迈耶斯承认第二个宾语做这样的解释，也许并不被现在的西方人所了解，但是却道出了农业社会人们生活的实况：为了提供足够的劳动力，女人必须为家里生养许多孩子，尤其是将来能承担起重体力活的男孩。同时疾病的肆虐和战争的破坏也在客观上要求生养众多。亚当和夏娃被逐出伊甸园以后的生活，不过是早期希伯来文化对艰难现实生活的写照。③

第三行与第二行是平行的。迈耶斯翻译作："( Along ) with travail you shall beget children." 她认为 "travail" עֶצֶב 一词和第一行 "toil" 这个词的词根是相同的。两个词的意思联系紧密，不过前者的语气更为强烈。יְלַד ( to beget ) 一词的词根可能意味着孕育子女，以及更抽象的概念——成为父母。迈耶斯认为这里最好使用这个词的抽象意义；她试图将 "beget" 这个阳性动词用在夏娃身上，这样在第二行里夏娃的生活，将会由于辛劳工作和为人母这两种事务而变得更加沉重。④

对于四行和五行，迈耶斯的主要精力放在它们是如何与一、二行构成平行关系的。第四行说女人必须恋慕男人。但是迈耶斯认为由于前面两行的原因，女人是因为生活的原因依赖男人，而不是肉欲的原因而对男人充满爱慕。⑤

在她看来，最后一行是最难分析的。她将其译为："he shall predominate over you."⑥ 她认为这句话的意思不是要主宰女人、统治她，或者凌驾于女人之上。而是说，如果我们只认识到第五行和第四行是平行的，那就过于狭隘。⑦ 不过，在性关系的领域，男人想要交配的渴望总是超过女人的意愿。从这一层来讲，迈耶斯做得还不够彻底，第五行对男性沙文主义并没

---

① Carol Meyers, *Discovering Eve*, pp. 103–105.
② Ibid., p. 105.
③ Ibid., pp. 109–113.
④ Ibid., pp. 105–109.
⑤ Ibid., pp. 109–131.
⑥ Ibid., pp. 113–117.
⑦ Ibid.

有予以制止。

余莲秀研究《创世记》2—3章的女性主义进路和上述学者有很大区别。究其原因，笔者认为她并没有将研究的重点放在字义或者语法上，而是运用了历史批评法、社会科学批评法、意识形态批评法等多种方法对这两章经文加以研究。[①] 在《夏娃：那些被人遗忘的可怜孩子》一书里，她将自己的研究分成两部分，第一部分探索经文成书的历史背景；第二部分结合这样的历史背景阅读经文，找出和历史背景关联的经文，然后将两者对应起来。[②] 她最终的结论是，由于以色列社会出现的变化，导致现实社会里阶级之间的斗争，反映在经文里就转化为性别之间的矛盾冲突。[③]

余莲秀能够运用社会科学的方法和意识形态批评法分析经文，希望揭露性别压迫的深层原因。显然，她深受马克思主义生产力和生产关系、经济基础和上层建筑学说的影响。在西方资本主义世界，余莲秀引用马克思主义的学说分析经文，无疑是非常激进和革命的。但是，她力图找到经文和现实处境之间的平行，这种做法有些牵强。先不论《创世记》2—3章是否成书于以色列君主制时期，即使它的确是统一王国时候的产物，后来的祭司群体在编辑整理五经的时候，也会有被掳群体意识形态的投射。那么是否还要分析被掳社群对土地、男人和女人的态度才显完备呢？显然，余莲秀有意回避了这些问题。但是不论如何，她的著作比前人有重大突破。

综上所述，翠柏讨论亚当和夏娃的著作，打开了一个全新的视域。她对神圣惩罚观点的拒斥，只是走出传统基督教诠释的第一步。芭儿把伊甸园的叙事看成人类走向成熟的过程，是朝这个方向发展的继续。兰瑟和其他一些学者，批判翠柏和芭儿没有揭示文本里的男性中心主义特征。贝克特尔和沃尔德甚至比翠柏和芭儿走得更远。迈耶斯在反对"从恩典里堕落"的主题时，运用的证据最具说服力。说到方法论的运用，除了迈耶斯，其他学者运用的全是文学批评法。而迈耶斯把文学批评、哲学和历史考察都

---

① 事实上，在笔者看来，释经工作就应该运用多种方法，只有这样才不会使释经陷入困境或者走向极端。

② Gale A. Yee, *Poor Banished Children of Eve: Woman as Evil in the Hebrew Bible* (Minneapolis: Fortress Press, 2003), pp. 60–77.

③ Ibid., pp. 77–80.

结合在了一起。通过融合这几种方法，她比其他学者走得更远。弗雷德曼的著作没有被大量的女性主义学者使用。卡拉韦和布莱德斯坦的路径有一些游离于主流之外的女性主义的著作，她们的著作应当被小心对待。不过，她们的某些洞见补充了迈耶斯的观点。余莲秀的著作可能是这里面方法运用得最多的，尤其是意识形态批评法的运用，使她的著作比先前学者分析得更为深刻。最后，我们注意到在她们的研究里，缺少拉丁裔、亚裔、非裔等少数族裔的声音和地位，这无不使人感到遗憾。正因着这种遗憾，笔者认为将自己作为中国学者的身份带进《创世记》1—3章的诠释，是对女性主义方法和前面各种方法最好的补充和开新。[①] 接下来一节，笔者就要讨论跨文本诠释方法研究《创世记》1—3章。

## 第五节　跨文本诠释方法研究《创世记》1—3章

回顾我们在前面介绍的历史批评法、文学批评法、比较研究法，以及女性主义释经方法，历史批评法由于过多关注经文是由谁写成、为谁而写、为什么要这样写、采用什么形式书写，以及采用了什么素材书写等一系列和经文写作者息息相关的问题，属于以作者为中心的释经手法；而文学批评法由于关注经文本身的文学特点，关注经文作为一个整体传达的神学意义，尽量避免纠缠于经文的来源等历史问题，故而我们称这样的方法是以经文为中心的释经手法。

过去二十年来，释经学者从历史的方法转向文学的方法研究圣经，经历了由作者中心向经文中心发展的过程。但是，无论是以作者为中心，还是以经文为中心，它们都无法展示诠释活动中读者、经文，以及阅读本身的动态发展，也不能呈现互动过程中的张力。这一系列动态活动的引发者——读者（诠释者），她/他所身处的群体、生活态度、价值观念、教育背景、经济地位等因素，都将影响其对经文的理解。如果抛开或者忽视诠释者的背景，而一味强调对历史问题的追溯，或者对文本特征的分析，那么这样的诠释首先是对读者主体意识的轻蔑，是用作者或者文本的意志

---

① 女性主义释经方法其实是一种以读者为中心的阅读方法，笔者将要讨论的跨文本诠释方法，是将自己作为中国人的身份，带进《创世记》1—3章的诠释活动里。从这个意义上讲，笔者的跨文本诠释方法，也是以读者为中心的诠释方法。

压迫诠释者的意志。利科（Paul Ricoeur）发展出的文本诠释学，提出"文本一经产生，作者就死了"的观点，恰恰主张读者在阅读活动中有独立自主的意识，能够按照读者自身的立场、观点做出理解。[①] 事实上，在诠释活动中，根本就没有严格意义上的客观公正，对过往的解读在很大程度上受到读者现在身处的环境影响。因此，对诠释者身处的处境进行研究就成了当务之急。

这样，释经研究从笔者中心、经文中心一路发展到以读者为中心的第三个研究阶段。[②] 不同的读者，在解读《创世记》1—3章的时候，都会有不同的理解和关注。作为一名研究希伯来圣经的中国学者，笔者的中国文化背景注定了自己的阅读会和西方学者从西方学养出发的诠释有所不同。笔者阅读《创世记》1—3章时，不由自主就将上帝的创造和中国盘古开天地、女娲造人的故事结合起来。意识到这一点，有利于提高学术自觉。这样的身份、这样的兴趣，在诠释的时候，就必然需要将中华文化和希伯来圣经《创世记》1—3章放在一起进行考虑。但是特殊的身份，在诠释的时候就需要特别的方法，笔者采用跨文本诠释方法进行注释。

## 一、跨文本诠释方法

在导言部分已经涉及跨文本诠释方法，这里稍作补充。首先跨文本诠释方法的首倡者李炽昌将"文本"的意义扩大，这样做符合亚洲人在阅读圣经时候，处理自身文化传统和社会处境的基本精神。作为亚洲基督徒，无论她／他承认与否，身上总是有两个文本（texts），而且这两个文本都应该平等地被对待和解释。作为一名从事了多年希伯来圣经学习和研究的非基督徒，笔者本身的文本是中国的文化传统，包括儒、释、道三家。由于笔者在西北边陲的新疆长大，这个中国文化传统又多了一些伊斯兰社会的礼俗和禁忌。因此，笔者自身的文本，本来就是多元的、开放的，有时甚

---

① Paul Ricoeur, *Hermeneutics and the Human Sciences* (Cambridge: Cambridge University Press, 1981), p. 136.

② 在前一节讨论过的女性主义释经，可以看成读者回应的诠释方法。该方法承认经文的意义产生于读者和经文之间的互动；读者进入经文的世界，经文进入读者的世界，经文的意义就是读者的感受；读者由于他们特殊的社会、文化和宗教背景，对经文就产生特殊的意义。见苏基尔著，庄雅堂译：《经文与诸经文：亚洲圣经诠释的例子》，载李炽昌编著《亚洲处境与圣经诠释》，第 31 页。

至充满张力。总之，这个文本是一个富有创造力的、生机勃勃的东西。通过深入学习希伯来圣经，这个文本和笔者原来的那个文本，在某种意义上来说，已经交织在一起。因此，笔者虽然不是一名基督徒，但是在研习希伯来圣经的时候，无可避免地要处理李炽昌等学者提出的两个文本的问题。

其次，李炽昌把亚洲的资源也称作文本。[①] 以往研究亚洲神学的学者往往没有意识到这一点，虽然将圣经文本看成文本 A，但是他们习惯上将亚洲的资源看成一种处境性质的东西，他们称之为"context"。[②] 圣经文本和亚洲处境能发生互动，印度神学家纳勒斯（D. Preman Niles）对此有较详细的论述。首先，他认为处境并不是一件简单的事物，或"单单是众多亚洲现实的集聚"，而是"人民在这些现实中生活的具体实况"。更重要的是神学工作并不只是单方面地把经文关联于处境（text to context），它更是将处境关联于文本的努力（context to text）。这样一来，处境就能向文本说话。纳勒斯想要通过分析这样的反向跨越，让读者意识到：亚洲不仅被动接受圣经的讯息，亚洲对圣经的解释及神学的建构也能够做出积极的贡献。[③] 而李炽昌将亚洲的资源称作一种"社会文本"，而不纯粹是处境。[④] 在笔者看来，处境较之文本就是背景的、次等的事物，只能够影响而不能决定事物发展的因素。而社会文本就具有和圣经文本被同等阅读的可能，显然在重要性上就让圣经资源和亚洲资源平起平坐，为后来的平等跨越和对话打好基础。

在运用跨文本诠释方法分析希伯来圣经这方面，李炽昌自己已经做了大量工作。[⑤] 在这部专著里，笔者也将采用李炽昌首创的跨文本诠释方法，希望在汉文古籍创世神话的亮光下重新解读《创世记》1—3章。这样的诠释将不同于单独研究中国古代创世神话或者《创世记》1—3章。古希腊哲学家苏格拉底曾经提出"认识你自己"的哲学命题。如何认识自己？如果个体只是回忆和总结自己过去和现在的表现，是否就是对自己的认

---

① 李炽昌编著：《亚洲处境与圣经诠释》，第 6 页。

② 同上注。

③ D. Preman Niles, "The Word of God and the People of Asia", in *Understanding the Word: Essays in Honour of Bernhard W. Anderson*, eds. James T. Butler, Edgar W. Conrad and Ben C. Ollenburger (Sheffield: JSOT, 1985), pp. 282–283.

④ Archie C. C. Lee, "Identity, Reading Strategy and Doing Theology", *BI* 7/2 (1999): p. 199.

⑤ 请参阅本书《导言》。

识？不可否认，认识自己得首先从个体入手，先要由主体对自身做出评价，可是这样的认识是否全面？我们是否要倾听他人对自己的评价？一个人或者一件事物，只有把他／它放在和其他人或者事物的关系里，才能被人们所认识。伊甸园里有象征智慧的分别善恶树，知道／认知 יָדַע 的最初意义就是"辨别、区分"。[1] 只有将事物或者人放在关系里，才谈得上辨别和区分。因此，认识自己除了自己对自己做出评价，还要从他人的评价里进行甄别、筛选，然后和自己对自己的评价结合起来，达到这两种评价的融合。这样的评价既不是先前自己对自己的评价，也不是他人对自己的评价，更不是自己的评价和他人评价的简单相加，这中间牵涉到两种评价放在一起后发生的转化，个体认识上的提升，以及处理两种评价的能力和毅力。跨文本诠释方法研究两种文化下的创世神话，也要经历这样的过程。[2]

　　其实李炽昌的跨文本诠释方法，依赖历史批评法所做的工作。在他看来，历史批评法不只是一种释经方法，它更是一种理论。郭佩兰质疑我们是否还可以使用历史批评法，尤其是在以读者为中心的诠释潮流下，历史批评法的价值观并不是建立在中立客观的情况下。因为，她揭露历史批评法是伴随欧洲殖民狂潮来到学术界的，它基于比较神话学上的欧洲中心的偏见。[3] 后殖民的阅读，就必须批判性地考问这种方法的合法和适切性。学者不能只是一味地运用这种方法，而忽略这种方法带来的局限和危害。郭佩兰觉得李炽昌并没有对历史批评法给予意识形态上的批判，就像多数亚洲圣经研究学者一样，他把这一方法作为圣经研究的实践标准接受下来，虽然李炽昌也曾经说过要扩展和超越这种方法。[4] 作为亚洲圣经研究学者，运用历史批评法是否要有别于西方学者？究竟是这个方法不好，还是使用的有问题？

　　就在欧美学者开始对历史批评法的有效性感到失望的时候，一些亚洲

---

　　[1]　Francis Brown, S. R. Driver, and Charles A. Briggs, eds., *The Brown-Driver-Briggs Hebrew and English Lexicon* (Peabody: Hendrickson Publishers, 2003), p. 393.

　　[2]　两个文本跨越的具体讨论，请参阅本书《导言》。

　　[3]　Kwok Pui-lan, "Jesus/The Native: Biblical Studies from A Postcolonial Perspective", in *Teaching the Bible: Discourse and Politics of Biblical Pedagogy*, eds. Fernando F. Segovia and Mary Ann Tolbert (Maryknoll: Orbis Books, 1998), pp. 69–85.

　　[4]　Kwok Pui-lan, "Response to Archie Lee's Paper on 'Biblical Interpretation in Postcolonial Hong Kong'," *BI* 7/2 (1999): p. 185.

学者的努力却让这个方法的解放能力和创造力得以实现。[①] 米兰达认为圣经原本是一本改变世界、杜绝不义之书，但是欧美的释经学者利用历史批评法，却将它解释得面目全非，完全逃避现实的责任，而痴缠于所谓的历史重建工作；[②] 苏基尔将这些问题归结为"不是歌不好，而是唱的人不行"。真正的问题不在工具本身，而在使用工具的人。[③]

对于揭露圣经文本受历史文化所规限，历史批评法是很好的武器。为了达到对圣经文本的形式及其生活处境的理解，必须要以历史批判的观点来研读圣经，然后以当代处境为出发点，来应用及解释文本。重要的是要让圣经经文在我们的处境中得到解释，应用于我们的文化，并且让两个文本的张力呈现出来。[④] 因此，笔者认为，作为亚洲学者，我们不是要抛弃历史批评法，而是要发挥它的优势，让它和跨文本诠释方法真正结合起来。

## 二、跨文本诠释方法和其他一些方法

跨文本诠释方法是一种新生的方法，读者在刚开始接触它的时候，容易和其他一些方法混淆，例如互文阅读（Intertextual reading）、比较研究（Comparative studies）以及跨文化研究（Cross-cultural studies）。下面，笔者就上述方法一一给予解释和区分。

首先，互文阅读在圣经研究的范畴里是犹太拉比的传统释经方法。它指的是圣经里经文与经文之间的关系。拉比认为整部希伯来正典圣经是一个完整的有机体，不单前后一贯，而且经文是互相对照和解释的，不用假以外求，依靠圣经内部的经卷，其义自见。[⑤] 近代圣经学者也进一步发展了这样的释经方法，寻找圣经中书卷或章节之间的文学与神学关联。例如，和《创世记》第 1 章同时期写作的《以赛亚书》40 — 55 章，就有大量有关上帝创造宇宙以及巩固宇宙秩序的描写，学者将它们放在一起作历史批判的研究，整理出有关创造和救赎的神学思想。这样的方法，在研究一种

---

① 苏基尔著，庄雅堂译：《经文与诸经文：亚洲圣经诠释的例子》，第 32 页。
② Jose P. Miranda, *Communism in the Bible* (London: SCM Press, 1982), p. 30.
③ 苏基尔著，庄雅堂译：《经文与诸经文：亚洲圣经诠释的例子》，第 32 页。
④ 李炽昌、李凌翰译：《从亚洲观点作圣经诠释》，载李炽昌编著：《亚洲处境与圣经诠释》，第 66 — 67 页。
⑤ 李炽昌编著：《亚洲处境与圣经诠释》，第 6 页。

宗教圣典的时候，是非常必要的，笔者称其为"圣典内的跨越"。[①] 可是在和中国古代创世神话进行跨越的时候，显然这样的方法后劲不足，需要新的方法加以补充，而跨文本诠释方法正好弥补了这样的不足。

其次，我们来看比较研究。自穆勒（Max Müller）将宗教学视为一描述性、客观性的科学，甚至早在启蒙运动以来，宗教的比较研究就一直是受宗教学者青睐的研究方法。[②] 事实上，跨文本诠释方法，将两个文本放在一起进行阅读，本身就涉及了比较的成分。但是，比较向来不是跨文本诠释的最终目的和兴趣所在。比较是将两个类似的事物放在一起，通过设定某些准则，最后总结出两事物的相同或者不同方面。有时候，某些事物之间甚至根本没有可比之处，也要拿来进行比较。在比较中，获得对不同理论解释体系的转译与贯通。[③] 但是跨文本诠释并不是要将两个文本放在一起，看看哪些类似，哪些不同，尽管它们之间的确有某些相似的地方。[④] 跨文本诠释的精彩之处，就在于让两个文本之间实现创造性的互动和融合。如果说，比较是诠释者所为，而文本只是受支配的事物；那么跨文本诠释方法里，诠释者和文本都成了主角，诠释者在其中穿针引线，进行富有创造力的整合，而文本也因此有了生命力，可以彼此之间进行某种转化和改变，最终的结果甚至超出了诠释者自己的预期，而且这样的趋势还会继续进行下去。

最后，跨文化研究和跨文本诠释有什么样的关系？跨文化研究属于文化研究的学科范畴，而跨文本诠释是专门应对圣经研究的一种方法。不过，按照李炽昌对"文本"一词的理解，文化应该是文本的一种。跨文本诠释建立在历史批评的基础上，对经文写作的历史处境、作者所处的生活环境以及经文在当时要处理的问题都要进行深入细致的考察；而跨文化研究属

---

① 关于这个主题的互文阅读，可以参阅 Richard J. Clifford, "The Unity of the Book of Isaiah and Its Cosmogonic Language", *CBQ* 55 (1993): 5; Carroll Stuhlmueller, *Creative Redemption in Deutero-Isaiah* (Rome: Biblical Institute, 1970), 237; Hans Heinrich Schmid, "Creation, Righteousness and Salvation: Creation Theology as the Broad Horizon of Biblical Theology", in *Creation in the Old Testament*, ed. B. W. Anderson (Pliladephia: Fortress Press, 1984), p. 104.

② 详细论述，可以参阅 Friedrich Max Müller, *Introduction to the Science of Religion* (New York: Arno Press, 1978).

③ 克利福德·吉尔兹著，纳日碧力戈译:《文化的解释》，上海：上海人民出版社，1999，第 11 页。

④ Archie C. C. Lee, "Identity, Reading Strategy and Doing Theology", p. 198.

于文化研究的范畴，主要关注不同流行文化的趋势，让它们进行对话。跨文本诠释最初是为了解决两个文本的问题，处理身份认同的危机，最终要整合两个文本。跨文化研究不存在融合的问题，而是要让两种不同的文化进行对话，达到相互理解和尊重；当然这里面或有一些融合和渗透，但这都不是主要的。[①] 还有一点需要注意，李炽昌的跨文本诠释虽然将许多东西都称为"文本"，但是在他早期著作里，和希伯来圣经进行跨越的中国文本往往是一些文学或者宗教典籍，也就是我们在常规意义上理解的文本。从这一点来说，他的跨文本诠释比跨文化研究的范围就要小许多。但是最近几年，李炽昌也开始注意这个问题。他对文本的理解，比先前广泛和深刻得多。[②]

　　综上所述，单纯的历史批评法、文学批评法、女性主义方法，都不能处理亚洲圣经研究学者关心的问题。利用本土文化资源诠释圣经，成为我们这种拥有双重身份的圣经学者的最强音。跨文本诠释正是适应时代，适应我们这个身份的方法。当然，它还是新生事物，需要接受进一步的批评和检验，它的逐渐趋于完善，需要更多学者的参与。

---

　　① Anindita Niyogi Balslev, *Cross-Cultural Conversation* (Atlanta: Scholars Press, 1996), pp. 15–42.

　　② Archie C. C. Lee, "Reading Lamentations Cross–textually", pp. 1–12.

# 第二章

## 回顾先前学者对中国创世神话的研究

### 第一节　西方学者对中国创世神话的研究

在第一章，笔者已经批判地回顾了现代西方圣经学者对《创世记》1—3章的诠释历史。由于这部专著将采用跨文本诠释的方法，要在中国汉文古籍创世神话的亮光下重新解读《创世记》1—3章。所以在本章里，我们有必要转到中国创世神话的研究里来。[①] 笔者要首先回顾西方学者的研究，其次是五四时期中国学者的研究。这样的安排并非优待西方学者，而是因为西方学者在这方面的研究曾经启迪着五四学人，后者吸取和借鉴了西方学者在方法论上的长处。之所以选择五四时期这样一个断面，主要为了说明笔者认同的创世神话对民族精神的再造。需要指出的是，西方学者所说的中国创世神话，其实就是中国古籍里的创世神话。西方学者研究中国古代创世神话，主要可以归纳为这样几个方面：对中国古籍里有无创世神话的争论，对中国古代创世神话资料的匮乏和整理上的分歧，对中国古代创世神话在历史上是否影响汉族思想形成的疑惑。这三个问题其实都是一个问题的衍生，就是中国古籍里究竟有无真正意义上的创世神话。除此之外，笔者还要简要讨论日本学者的研究，以及女性主义神话学对中国古代创世神话里女神的研究。因为日本学者对中国古代创世神话的研究和西

---

[①]　本来笔者打算将这一章和下一章合在一起写，但是后来发现这样无助于将问题阐述清楚。遂决定另辟一章，先阐明学者研究中国古代创世神话时候遇到的问题，然后再集中精力进行跨文本阅读。这样安排，在整部专著的结构上，也和第一章，也就是笔者对《创世记》1—3章的回顾，形成对应关系。

方学者一样，极大地影响了中国学者；尤其是日本学者对伊利亚德神话理论的重视，也带动中国学者自觉运用相关理论和研究方法处理中国人自己的创世神话。本章讨论女性主义神话学，首先在篇章结构上就和第一章里用女性主义视角研究《创世记》1 — 3 章对应起来。同时，女神和创造的能力是分不开的，我们讨论创世神话，开掘男性意识形态背后被压抑和扭曲的女性意识和经验，讨论女性象征在创世神话内的作用，以体现对创世神话的全面探求。

## 一、中国古籍里有无创世神话 [①]

学界通常认为，在西方真正意义上的中国古代创世神话的研究，肇始于 20 世纪初叶。[②] 西方学者运用西方对神话的定义和研究神话的方法，对中国古代创世神话进行了深入细致的研究和分析。首先碰上的就是汉文古籍里有无创世神话的问题。

汉语中本无"神话"二字，这是个后来铸造的术语。白安妮（Anne Birrell）根据中西字源学，对它的内涵做了阐发。"神"的中文意思是"神灵""神圣"，"话"即"话语""口头讲述""口述故事"。这样，汉语的"话"字就和英语"mythology"的初始意义相当："myth"（神话）源于早期印欧语系的词根"mu"（喃喃低语），由此引出希腊语的词干"my"和名词"mythos"（词语或故事），而希腊语名词"logos"则指"词语"，"有序的议论"或"学说"。现在神话学者大体上一致同意"myth"的基本意思是"讲述""故事"或"叙述"。然而，神话是否总是述说圣迹或者局限于神灵的问题？对此，学者的看法莫衷一是。因为根据全世界的神话来看，其他成分，如超自然因素、民俗因素、陌生和奇异因素、自然现象、不可

---

① 在这一部分里，笔者将中国古代神话研究和中国古代创世神话的研究放在一起进行讨论。笔者认同伊利亚德的神话理论，认为神话作为和仪式连接在一起的宗教经验类型，在本质上是宇宙开创起源论的。因此，凡言一民族的神话，就一定有创世神话的类型产生。笔者在文中所举的例子，也基本上是第三章要引用的中国古代创世神话的例子。Mircea Eliade, *Myth and Reality* (New York: Harper & Row, 1963), pp. 21–38; Norman J. Girardot, "Problem of Creation Mythology in the Chinese Religion", *HR* 15 (1976): p. 291.

② 导言部分已经指出了西方学者在用词上的惯常用语，他们所说的"中国创世神话"，其实就是本书反复强调的"汉文古籍里的创世神话"。英文材料中通常使用的都是"Chinese creation myth"。所以，笔者偶尔也会使用"中国创世神话"的说法。

知因素，甚至人们在日常生活里操心的事情，都可以成为神话的主题。因此，用中文的"神话"作为定义，是不足够的，因为它从汉文古籍和世界其他神话中排除了许多有价值的材料。<sup>①</sup>

如果用"神话"一词不能涵盖西方的"myth"，那么至少它还有关于神的故事。可是有的西方学者甚至不承认汉文古籍里有自己的"神话"，因为在他们看来，"儒家中国神话"（myth of Confucian China）缺乏创世神话的内容。<sup>②</sup> 神话和宗教的关系非常紧密，"如果没有真正的神话，也就没有真正的宗教"。<sup>③</sup> "儒家中国神话"缺乏想象力和宗教精神，体现不出宗教的本质内涵。所以，这些学者认为汉文古籍里的神话既不是真正的神话，也算不上真正的宗教。<sup>④</sup>

面对这样的误解，无论是西方学者还是中国学者都对此提出了反驳。吉瑞德（Norman Girardot）是伊利亚德（Mircea Eliade）的学生，他认为这个问题牵涉到对神话和宗教以及神话和创世神话之间关系的理解。他依据伊利亚德、佩塔佐尼（R. Pettazzoni）和其他宗教史学家的理论理解神话。<sup>⑤</sup>首先，他强调神话的创世结构和意义：

---

① Anne Birrell, *Chinese Mythology: An Introduction* (Baltimore and London: The Johns Hopkins University Press, 1993), pp. 1–13. 相关的译文，参见周发祥：《西方的中国神话研究》，http://max.book118.com/html/2018/0423/162571254.shtm. 巴斯科姆（William Bascom）还区分了神话、传说和民间故事，可以加深人们对神话的认识。William Bascom, "The Forms of Folklore: Prose Narratives", in *Sacred Narrative: Readings in the Theory of Myth*, ed. Alan Dundes (Berkeley and Los Angeles: University of California Press, 1984), II, Table 2; Anne Birrell, *Chinese Mythology*, p. 5.

② "儒家中国神话"首先由汤普森（L. Thompson）提出，相关的讨论可以参阅 C. K. Yang, *Religion in Chinese Society* (Berkeley: University of California Press, 1967); H. Smith, "Transcendence in Traditional China", *RS* 2 (1969): pp. 185–196; A. Wright, "The Study of Chinese Civilization", *JHI* 21 (1960): pp. 232–255.

③ 这种见解首先由倭讷（E. T. C. Werner）提出。E. T. C. Werner, *Myths and Legends of China* (Singapore: Graham Brash, 1984); E. T. C. Werner, *A Dictionary of Chinese Mythology* (New York: Julian, 1961).

④ Anne Birrell, "Studies on Chinese Myth since 1970: An Appraisal", *HR* 33 (1994): 381; Norman J. Girardot, "Problem of Creation Mythology in the Chinese Religion", p. 290.

⑤ Norman J. Girardot, "Problem of Creation Mythology in the Chinese Religion", 291，注释7。Mircea Eliade, *Myth and Reality*; Mircea Eliade, "Structure et fonction du mythe cosmogonique", in *La Naissance du monde* (Paris: Editions du Seuil, 1959), pp. 469–495; Charles H. Long, *Alpha: The Myths of Creation* (New York: George Braziller, Inc., 1963); R. Pettazzoni, *Essays on the History of Religions* (Leiden: E. J. Brill, 1967), pp. 11–23.

　　无疑，古代中国的世界观与其他文明传统之间有重要的差异，但好像并不是因为没有创世神话才导致宇宙论的差异，而是由于中国人对神话的创世故事的解释方式和性质，是对"混沌"的不同态度所致。①

　　这样，在早期的汉文古籍里，不论是儒家经典还是道教文本，如果在叙述形式上不是神话的，在结构上也都是神话性的。②他既而断言，首先，神话，作为和仪式连接在一起的宗教经验类型，在本质上是宇宙开创起源论的。因此，凡言一民族的神话，就一定有创世神话的类型产生。③其次，与原型本质相关，这是宇宙开创起源神话的范式功能。也就是说，特定的故事讲述了开天辟地的活动，它对一切有意义的人类活动起到了范例的作用。伊利亚德和马林诺斯基（Bronislaw Malinowski）都认为上古的文化依据一个先在的神圣历史——神祇的时间，倾向于塑造、证明或者有效人们的行为。④再次，范式的功能使人们变成完善的人类。"人们只有通过模仿神话里诸神的行为，才可能成为真正的人"。⑤吉瑞德认为中国先秦思想里，哲学和宇宙生成论之间存在可能的结构关联。因此，真正的宗教价值和理念也许是中国文明意识形态体系内的核心。而神话所体现的创世结构和象征的主题又是宗教真正关注的东西。⑥

　　著名神话研究学者袁珂也曾为汉文古籍里拥有自己的神话正名。他在为白安妮的著作撰写前言时写道：

---

　　①　Norman J. Girardot, "Problem of Creation Mythology in the Chinese Religion", pp. 289–293.

　　②　Norman. J. Giradot, *Myth and Meaning in Early Taoism: The Theme of Chaos (Hun-tun)* (Berkeley: University of California Press, 1983), p. 14; Norman. J. Giradot, "Problem of Creation Mythology in the Chinese Religion", p. 291，注释6。

　　③　例如伊利亚德就解释，宇宙开创起源的原型本质是一切神话背后有意义的基本结构。笔者接受了伊利亚德关于神话和创世神话关系的理论，认为神话在本质上是宇宙创生型的，有关神话的理论也主要是研究创世神话的类型。Mircea Eliade, *Myth and Reality*, pp. 21–38; Norman J. Girardot, "Problem of Creation Mythology in the Chinese Religion", p. 291.

　　④　马林诺斯基和伊利亚德对这个问题在方法论上的贡献，可以参阅Robert D. Baird, *Category Formation in the History of Religions* (Paris: Mouton, 1971), pp. 69–71, pp. 79–91.

　　⑤　Mircea Eliade, *Myth and Reality*, p. 100.

　　⑥　Ibid., pp. 111–113. 吉瑞德以《庄子》为例，里面讲述的神话象征及其意义的产生，都和宇宙创生的主题息息相关，甚至就是根植于后者。见 Norman J. Girardot, "Problem of Creation Mythology in the Chinese Religion", p. 293.

　　　　长期以来，人们美慕古代希腊、罗马和北欧的神话，因为它
　　们丰富多彩，有着优美的形式和内容。与此同时，人们则以为中
　　国缺少神话，甚至以为中国根本就是没有神话的国家。这是个深
　　度的误解。[①]

　　这段话写在一个西方学者著作的前言，显然是要指出西方学者长期以
来对中国神话的误解。同时，袁珂还分析了产生这种误解的原因。[②] 由此，
袁珂是在为汉文古籍里有自己的神话正名。笔者从伊利亚德关于神话和创
世神话的关系，认为袁珂的努力也为汉文古籍里有自己的创世神话正名。

　　西方学者运用西方的神话学理论对中国古代神话进行度量，然后得出
中国古籍里没有创世神话的做法，在笔者看来有失公允。汉文古籍里的确
有汉族人自己的创世神话，但是这样的评判标准不应该只掌握在西方学者
的手里，不论这种标准是否有利于我们。中国古籍里有无创世神话的问题，
直接和中国古代创世神话资料的搜集有关。接下来笔者就要讨论西方学者
对中国古代创世神话相关资料的研究情况。

## 二、中国古籍里创世神话资料的性质

　　即使认为中国古籍里拥有西方学者所说的创世神话，多数学者也不得
不承认这样一个事实：中国古代典籍中关于创世神话的资料极端缺乏。即
使有，也只是一些碎片，缺乏连贯的神话叙事。卜德（Derk Bodde）指出
中国古代创世神话的片段性和零散性：就其构成而言，这种神话并不是千
篇一律之作，而颇似就地域乃至种族而论，各不相同的材料之融合；直至
最初为人们所记录时，其融合过程并未最终完成。[③] 即使有神话碎片保留

--------

　　① Anne Birrell, *Chinese Mythology*, pp. xi-xiii.
　　② 他认为"首先，中国没有像荷马、赫西奥德这样的天才诗人，以雄辩的文学形式来复述
古代神话。中国最初的神话资料散在而存，说法多样，晚近才有人做些整理。第二，在远古
时代，汉字笔画繁复，不足以表达古代神话体系的复杂内容。第三，更重要的是，中国早时
和历代帝国的学者所持的否定态度，尤其是儒家的信条，使中国神话得不到充分的发展。"出
处同上。
　　③ 卜德著，魏庆征译:《中国古代神话》，载塞·诺·克雷默著，魏庆征译:《世界古代神
话》，北京：华夏出版社，1989，第 375 页。

下来，大多也已经被前汉的儒生编者给历史化和道德化。[1] 有的学者将这两个问题分开讨论，前者被称为"片段性和语言的问题"，后者被称为"欧赫美尔说化（euhemerized）问题"。[2] 笔者认为这两个问题实际上都在说明汉文古籍创世神话资料的性质，所以就将它们合并在一起加以阐述。

中国古代创世神话资料的匮乏，西方学者往往引用屈原《天问》里的例子加以说明：

> 焉有石林？何兽能言？焉有虬龙，负熊以游？……彭铿斟雉，帝何飨？受寿永多，夫何久长？[3]

在这几句诗里，除彭铿似乎指中国的寿星彭祖外，其他东西已经不为后人所知了。本来这样的只言片语已经加深了解释的难度，中国古文里多意词和通假字的普遍运用，又使这样的解释难上加难。有关这一点，卜德有详细的论述。他说：

> 记述 A 中的象形文字 X，在记述 B 中似为象形文字 Y；而象形文字 Y 在记述 C 中似为象形文字 Z；这样一来，记述 A 中的 X 则可与记述 C 中的 Z 互换。[4]

通过这样的推演，许多研究中国古代创世神话的学者在看似没有关联的文本间找到了相关性。从积极的方面看，它带来了意想不到的解释效果；但是消极方面，它可能成为过度诠释的样板。

由于中国古代创世神话材料极其缺乏，一些研究中国古代创世神话的学者就开出书目，认为某些典籍里的神话材料是可用的，某些是没有价值

---

[1]　前汉大约在公元前 206 年至公元 8 年。Derk Bodde, "Myths of Ancient China," in *Mythologies of the Ancient World*, ed. S. N. Kramer (Garden City, N. Y.: Doubleday & Co., 1961), pp. 367–408.

[2]　卜德著，魏庆征译：《中国古代神话》，第 348 — 353 页。"欧赫美尔说化"问题，笔者在后文还会详细介绍。

[3]　屈原著，黄寿祺、梅桐生译注：《楚辞·天问》，台北市：台湾古籍出版有限公司，1998，第 60 页。

[4]　卜德著，魏庆征译：《中国古代神话》，第 352 页。

的，大可忽略不计。高本汉（Bernhard Karlgren）区分了汉代之前的文本和在汉代被编辑或者重构的文本。他认定只有前者才是研究中国古代创世神话的有效来源。这样，真正的中国古代创世神话似乎非常稀少了。在此基础上，高本汉提出"自由典籍"（free text）的概念，他认为周王朝时期的文本代表了不同地区祖先部落的文化，这样的文本也许具有参考价值。[①]

对于这个问题，吉瑞德也提出了自己的主张，基本上反对西方学者研究中国古代创世神话的传统看法。他并不认为中国古代创世神话材料支离破碎，缺乏系统，他列举了许多学者在整理中国古代创世神话材料方面所做的努力。[②] 吉瑞德认为许多学者敢于打破传统，成功运用历史学、社会学以及人类学的分析方法，重建连贯的神话主题，分析碎片背后流行的或者经典神话主题的来源。[③] 例如，顾颉刚试图纠正经典理论里尧舜禹的历史本质，认为他们是独立的古代神话传统里互不相干的神圣存在者。[④] 但是，高本汉严厉地批判了这样的努力，认为有点过头。因此，他在总体上就轻视了神话的重要性。尤其是考虑到这样的方法会使真正的古代神话浮出水面，而不是周代"自由典籍"表现出来的神话故事的时候，他就更加反对这样的做法。对他来说，处理汉代以后的神话经典和流行的文本没有什么价值，因为这些东西都是汉代笔者的想象和创作的传说故事，和汉文古籍里最早的创世神话形式没有真正的关联。[⑤] 对此，艾伯华（W.

---

[①]　高本汉的《古代中国的传说和崇拜》是研究中国古代创世神话有影响力的作品之一。Bernhard Karlgren, *Legends and Cults in Ancient China* (Stockholm, Sweden: Museum of Far Eastern Antiquities, 1946), pp. 199–201.

[②]　比如葛兰言（Marcel Granet）、马伯乐（Henry Maspero）、韩慈（Carl Hentze）、若罗－考斯特（Joëlle Rollo–Köster）以及艾伯华（Wolfram Eberhard）、顾颉刚早期的研究，还有较近的张光直的观点。笔者在这里将他们的法语重要文献罗列在此，供读者参考。M. Granet, *Danses et légendes and La Pensée chinoise* (Paris: Albin Michel, 1968); H. Maspero, "legends mythologiques dans le Chou king", *JA* 205 (1924): 1–100; K. Hentze, *Mythes et symbols lunaires* (Anvers: Editions de Sikkel, 1932); K. Hentze, *Das Haus als Weltort der Seele* (Stuttgart: Klett, 1961); H. Köster, *Symbolik des chinesischen Universismus* (Stuttgart: Hierseman, 1958); W. Eberhard, *Local Cultures and Typen chinesischen Volksmärchen* (Helsinki: Folklore Fellows Communications, 1941).

[③]　Norman J. Girardot, "Problem of Creation Mythology in the Chinese Religion", p. 296.

[④]　有关顾颉刚及其古史辨派的观点，请参阅本章第二节。

[⑤]　高本汉对葛兰言、马伯乐和韩慈的批判尤甚。Bernhard Karlgren, *Legends and Cults in Ancient China*, pp. 199–201; Norman J. Girardot, "Problem of Creation Mythology in the Chinese Religion", pp. 296–297.

Eberhard）就像在他之前的葛兰言（M. Granet）一样，指出在周代"自由典籍"里出现的创世神话碎片，并不一定表明这些碎片就早于汉代以后发现的文本里的神话故事。长期的口头传统也可能保有最古老的神话素材，只不过将它们编纂成书的年代晚于前者。[①] 也就是说，艾伯华假定许多汉朝的文本和其他后期的材料——尤其是正统儒家之外的文献——也许保持了真正的古代神话主题。这样的假定就使早期口传或者非正统的文学传统合法化。艾伯华着手从后期的民间传说来重构早期的神话，这样就解决了高本汉观点狭隘的毛病。对这样的争论，卜德在其《古代中国的神话》一书里谨慎地表达了对艾伯华的支持，但是并没有公开拒斥高本汉的"自由"和"丰富"的文本材料。[②]

白安妮认为中国古代创世神话资料匮乏的问题，经过学者长期的努力发掘，已经大为改观，甚至已经不是问题了。中国学者袁珂在这一方面做出了卓越的贡献。[③] 他搜集了大量不为人知的文献，和经典文本一起，成为中国神话学的资料来源。他的第一部作品《中国古代神话》，是用现代汉语重新讲述以古代汉语记载下来的神话，这样的意译经常会加进一些说明，以造成连贯的感觉，但被认为有造假之嫌，其方法也被严谨的学者所诟病。[④] 但是袁珂的著作是划时代的，神话学家头一次可以在袁珂的著作里寻找到主要的中国古代创世神话传统，而无须在传统文献里大海捞针。[⑤] 后来袁珂的著作尽量避免以前方法论上的局限，直接引用原来的古典中文而不是意译的现代中文；而且同一个神话主题提供了 1~5 个版本，表现出极大的丰富性。袁珂还出版了《中国神话传说词典》，它用简明的语言总结了神话主题和神话特征，是研究中国古代创世神话非常有用的参考书。[⑥] 袁珂是中国古代创世神话研究的开路先锋，他单枪匹马地搜集到如此丰富的中国古代创世神话素材，这些研究对该领域有奠基性的作用，对西方学

---

① W. Eberhard, *Local Cultures and Typen chinesischen Volksmärchen*；卜德著，魏庆征译：《中国古代神话》，第 375 页。

② 卜德著，魏庆征译：《中国古代神话》，第 375 页。

③ 白安妮对袁珂非常敬重，她的《中国神话导论》不仅请袁珂作序，甚至里面的有些观点就是翻译自袁珂的《中国古代神话》。

④ 袁珂：《中国古代神话》，北京：商务印书馆，1957。

⑤ Anne Birrell, "Studies on Chinese Myth since 1970: An Appraisal", p. 385.

⑥ 袁珂：《中国神话传说词典》，上海：上海辞书出版社，1985。

者研究中国古代创世神话大有助益。现在的问题已经不再是材料的短缺，而是如何对汗牛充栋的文献进行校对，推测年代了。

下面介绍有关欧赫美尔说化问题。欧赫美尔是古希腊无神论哲学家。在他看来，神话和宗教的产生，无非是古代声名显赫人士执着于把自己神话化，从而建立自身崇拜的结果。[①] 这种问题是说神话的根源应寻之于真实的历史，神话里的神和半神在历史上都是有迹可循的，都是真实的历史人物。然而，中国早期的神话论述者却将这一过程理解反了，他们把最初无非是神话的东西，改造成能够让正常的理性接受的事实，解释成可信的历史，给神披上人的外衣。[②] 这样，经历了一场场"造人运动"，我们所剩的神话材料，已经面目全非。[③] 先前中国学者涉及的欧赫美尔说化问题，例子非常多。例如对"黄帝四面"和"夔一足"的解释。[④] 儒家正统思想极力回避"怪力乱神"的主导思想，这对中国古代创世神话的保存而言，是巨大的损失。

西方学者通常追随高本汉的路径，重视儒家经典传统，而忽略了民间宗教和道家典籍里创世神话的素材。可是，翻看道家典籍《庄子》里关于夔的故事，我们发现庄子和孔子的旨趣大相径庭。在《庄子》一书里，夔已然是一个神话人物。他向蚿蚿诉苦，说他只能用一只足跳跃，行动十分

---

① 卜德著，魏庆征译：《中国古代神话》，第 378 页，注释 4。

② 也就是说，西方欧赫美尔说化问题，是从人到神的过程，而中国将这个过程颠倒过来，变成由神到人的过程。同上注，第 375 页。

③ 对于这个问题，马伯乐有精辟的见解："对神话传说加以阐释，除欧赫美尔说化外，中国学者别无其他途径。他们以恢复其历史真相为由，将那些他们认为无法接受的超自然成分加以摒除，只保留平淡无奇的渣滓……就此而论，所谓历史，实际上就是有其名无其实……凡此种种幻想，……它们只会掩盖中国历史的根源……我们不应执着于寻求以传说为外衣的，并不存在的历史基础，而应力求揭示以所谓伪历史叙说为外衣的神话基础或民间故事。"卜德著，魏庆征译：《中国古代神话》，第 348 — 349 页。

④ 孔子的一位弟子问孔子："古者黄帝四面，信乎？"孔子曰："黄帝取合己者四人，使治四方，不计而耦，不约而成，此之谓四面。"也就是说，孔子并不认为黄帝真有四张脸，而是黄帝有四个贤臣，替他管理四方，因而有"四面"之说。见宋·李昉：《太平御览》卷七十九引《尸子》，上海：上海古籍出版社，1987，第 755 页。在汉文古籍里还记述了一个名叫夔的异人。从零星的记述中可知他实际上是只有一只脚的神话人物。不过在正史上他是以贤君舜的乐师这一面目出现的。鲁国的国君问孔子："乐正夔一足，信乎？"孔子答道："夔，人也，何故一足？"也就是说，孔子不满意神话传说里将夔描述成只有一只脚的样子。孔子还说，舜对夔的音乐才能非常赏识，叹道："若夔者，一而足矣！"照孔子的话，像夔这样出色的乐师，一个就足够了。见吕不韦著，高诱注：《吕氏春秋》，上海：上海古籍出版社，1989，第 475 页。

不便，并向蚿蚿讨教何以能驾驭如此多的足。[1] 由此，卜德总结道：儒家较之中国思想界其他任何学派更富于历史思维，他们担负着保存古老典籍并将其公之于世的责任，而这些古老典籍最终成为汉文经典。但是，他们对超自然的东西漠不关心，或者试图用理性的概念加以阐释。中文的古老典籍本来应该是中国古代创世神话的储藏室，怎奈儒家这一"历史化"过程，使中国古代创世神话丧失殆尽，或者发生了更易。于是，卜德建议学者在研究中国古代创世神话时，大可将那些崇尚儒家思想的经典置之不顾，而专注于道家和民间宗教里的记录。[2] 葛兰言也持类似的观点。他主张要取消伟大与渺小、正统和异端、精英和流行之间的绝对对立。[3] 对葛兰言以及马伯乐来说，古代中国的仪式、象征和神话主题，才是研究中国古代创世神话的切入点，也是理解中国社会历史的意义和意义转换的重要方面。[4]

但是，我们应该看到卜德的观点是有问题的。首先，虽然道家典籍里的确有大量神话素材，但是这些内容通常是为了获得某种哲学目的而被言说。上面夔和蚿的对话，实际是要导引出道家的道德准则：万物都要顺应大自然的安排。至于夔的其他事情，庄子和道家其他文本里并没有更进一步的交代。这样，同样一段神话，在儒家这里，被历史化的意识形态改造；而到道家这里，又被哲学化的意识形态改造。神话如何以其本真面目出现的问题，在道家经典这里，还是没有得到解决。

神话历史化的问题，在希伯来圣经里，屡见不鲜。希伯来圣经里，在描写上帝和海怪争战后，紧接着就要说雅威在历史里的拯救行为。历史事件用神话语言表达出来，创造神话又被历史化。[5] 无论是儒家还是道家思想，如果能像希伯来圣经的作者那样，用历史的或者神学的眼光，真正拥

---

① 原文："夔谓蚿曰：'吾以一足趻踔而行，予无如矣！今子之使万足，独奈何？' 蚿曰：'不然。子不见夫唾者乎？喷则大者如珠，小者如雾，杂而下者不可胜数也。今予动吾天机，而不知其所以然。'" 庄子著，张耿光译注：《庄子·秋水第十七》，贵阳：贵州人民出版社，1991，第 290 — 291 页。

② Derk Bodde, "Myth of Ancient China", pp. 378–382.

③ M. Granet, *Danses et légendes and La Pensée chinoise*；卜德著，魏庆征译：《中国古代神话》，第 375 页。

④ 卜德著，魏庆征译：《中国古代神话》，第 350 页。

⑤ 例如《诗篇》74, 77: 9–10，《以赛亚书》51: 9–10。

抱创世神话，而不是狭隘地改造和忽视，笔者以为神话历史化在中国思想史上就不是悲剧，而是一出喜剧了。

## 三、中国古代创世神话和中国思想的形成

西方学者曾经普遍认为汉文古籍里，真正意义上的创世神话是盘古开天地的故事，但是它出现得太晚（约公元 3 世纪），因此对周代末年中国思想活跃时期没有什么影响。[①] 而且，据说盘古创世神话是西南少数民族迁徙中原时候带进来的，所以对中国思想的形成就更无助推作用了。[②]

盘古开天地的神话是否是汉文古籍里唯一的、真正意义上的创世神话？道家经典就给那些持肯定态度的西方学者以有力的驳斥。《道德经》里"道"是作为宇宙开始的原则。因此，相对晚出的盘古开天地的创世神话在结构上和早期道教文学里的创造主题有关联。[③] 有些学者，比如康德谟（Max Kaltenmark）、艾伯华、何可思（Eduard Erkes）以及张光直，都关注先秦时期宇宙创生的主题。何可思就指出在早期道教文学里有特定的宇宙创生的主题。他运用比较宗教学和人种学的方法，发现在混沌神话、宇宙蛋神话、夫妇神话和其他有关盘古巨人的神话之间的结构关联，而所有这一切都可以在道教材料里发现。这里的推论就是，神话的追溯似乎能够揭示早期道教意识形态和创世神话之间在结构和范式上的关联。[④]

张光直结合何可思的研究，认为尽管宇宙巨人盘古的主题没有以确定

---

① 富克（Alfred Forke）和晚近的卜德都持这样的看法。卜德在一篇启蒙性质的文章里说："中国没有真正的创造故事。在中国哲学里，我们也能看到类似的情况。从一开始，中国哲学就关注着人与人以及人与宇宙的和谐共处，很少有宇宙起源的兴趣。" Alfred Forke, *The World Conception of the Chinese* (London: Probsthain, 1925), p. 34; Derk Bodde, "Myth of Ancient China", p. 405; Norman J. Girardot, "Problem of Creation Mythology in the Chinese Religion", p. 299. 盘古开天地的故事最早出现在三国时吴国徐整所著《三五历记》，该书已佚。不过《艺文类聚》和《太平御览》里有引用。见唐·欧阳询撰，汪绍楹校校：《艺文类聚》，上海：中华书局，1965，第 2 — 3 页。

② Derk Bodde, "Myth of Ancient China", 383; Norman J. Girardot, "Problem of Creation Mythology in the Chinese Religion", p. 298.

③ 具体的讨论，请参阅本书第二章第二节。

④ 何可思对古代中国文明的研究，最著名的就是他试图区分北方儒家传统和南方道家传统，并且努力重现古代中国母系社会的样态。Norman J. Girardot, "Problem of Creation Mythology in the Chinese Religion", pp. 301–302; W. Eberhard, *The Local Cultures of South and East China*, trans. Alide Eberhard (Leiden: E. J. Brill, 1968), pp. 112–117.

的形式出现在早期汉文典籍里，但是该故事的结构和内容已经在前汉时期的文本里有所记录。① 最有说服力的是，他认为混沌主题反映了古代的宇宙创生主题。②

既然在盘古创世神话出现之前，中国古代典籍里就已经有创世主题了，那么确定记录这些创世内容的文本传统就显得非常重要。白安妮依据袁珂研究汉文古籍创世神话的贡献，认为中国古代决不是没有创世神话，而是呈现多元发展的趋势；而且没有哪个文本可以证明自己是最权威的版本。③ 她从六种不同的经典文本里归纳出四种宇宙创生传统。认为较晚的神话叙述获得了汉文古籍传统里的正统地位。④ 结合希伯来《圣经·创世记》第 1 章的研究，白安妮的推测符合《创世记》第 1 章的成书过程。祭司的作品是五经里最晚出现的传统来源，但是它却获得了希伯来圣经头一章的地位，而且这个创世版本，要比 J 版本拥有更多的权威。⑤ 这样理解，我们就能明白白安妮确定中国古代创世神话传统的合理之处。

对这样的问题，吉瑞德也有自己的研究。他确定了四种中国古代创世传统的文本，它们分别是《道德经》《庄子》《淮南子》和《列子》。⑥ 这四个文本传统里都有对混沌的表述，它们在内容和意义上彼此矛盾。"混沌"这个概念，在吉瑞德那里有五种表述，而且他和张光直一样，都认为混沌是先秦创世神话存在的标志。⑦

---

① Chang Guang-chi, "Chinese Creation Myths", 48; Giradot, *Myth and Meaning in Early Taoism*, pp. 192–196.

② Ibid.

③ Anne Birrell, "Studies on Chinese Myth since 1970: An Appraisal", p. 383.

④ 这四种传统里，最早的不是道教传统，而是源自公元前 4 世纪的南中楚文化，也就是《楚辞》里的《天问》篇；第二个传统，依据文本年代，来自公元前 2 世纪的道家文本，《道苑》和《淮南子》是其代表；接下来的两个来自较晚的文本，大约出现在公元 3 世纪。出处同上。

⑤ 有关《创世记》1 — 3 章里的 P 和 J 传统的讨论，请参阅本书第一章第一节。

⑥ 在讨论混沌神话的时候，吉瑞德也提到《尚书》和《山海经》，但是他认为应该对这些文本作一些说明。首先，并不是所有的文本都是道教的文献。《道德经》和《庄子》是，但是《淮南子》是折中的作品。其次，这些文本排列并非严格按照年代顺序。《道德经》是公元前 3 世纪的作品，比《庄子》晚了一个世纪，《道德经》通常被认为是公元 4 世纪有人假托公元前 3 世纪的作品。Norman J. Girardot, "Problem of Creation Mythology in the Chinese Religion", pp. 301–302.

⑦ 它们分别是：没有裂缝的神、没有脸部特征的鸟神、神人同形同性的人类反叛者、一个小神、一个抽象的宇宙概念。Norman J. Giradot, *Myth and Meaning in Early Taoism*.

盘古开天辟地的神话并不是汉文古籍里唯一的创世神话，先秦典籍里就有反映宇宙创生主题的神话结构和元素，这些东西被后来的道教继承下来，成为今天研究中国古代创世神话的主要来源。还有一些内容虽然没有被记录下来，但是作为口头传统影响着古人的思维和生活。因此，认为中国古代创世神话晚出，这样的观点本来就有问题，从一个错误的假设，既而推断创世神话对中国思想形成的活跃期没有什么贡献，显然是站不住脚的；再者，中国思想的形成不是到春秋战国时期就停滞不前了，在后来漫长的发展过程里，口传的或者笔录的创世神话，有足够的机会对中国思想产生影响。因此，中国古代创世神话和中国思想的关系非常密切，它已然是中国文化的一部分。

## 四、日本学者研究中国古代创世神话的贡献

日本学者高木敏雄于 1904 年出版了《比较神话学》一书，成为日本神话学的奠基性著作，也是东方汉文化圈中涉及中国古代创世神话研究的第一部著作。高木敏雄在书中详细介绍了西方神话学的理论流派和观点，同时结合日本和中国神话的比较研究，提出外国人研究日本和中国的神话传说多有不足。[①] 他将中国古代盘古神话划分为两种类型：尸体化身型与天地分离型，进而将盘古神话和印欧以及南洋神话中的同种类型加以比较，提出盘古神话的印度起源论。[②] 高木敏雄这个大胆的见解在古史辨派之前就提出来了，也就是说它在顾颉刚等人之前就将中国古帝王谱系的源头做了梳理，这为后来的疑古运动提供了重要的方法论启示。五四时期的中国学者吕思勉在《盘古考》里，不遗余力地论证盘古神话如何受印度影响，实际上就是对高木敏雄观点的补充。[③] 但是，另一方面，根据西方学者的研究，中国古代创世神话是中华民族本有的文化资源，这样的观念已经深入人心。因此，高木敏雄的研究不免带有那个时代意识形态和学术研究的局限性。[④]

---

① 高木敏雄:《比较神话学》，东京：博文馆，1905，第 149 页；叶舒宪:《中国神话学百年回眸》，《学术交流》1 (2005): 164，注释 3。

② 同上注。

③ 吕思勉:《盘古考》，载吕思勉、童书业编著:《古史辨》第七卷，香港：太平书局，1963，第 14 — 20 页。

④ 有关盘古神话是中国本有的创世神话资源的看法，笔者在本章第二节里还将详细说明。

　　高木敏雄之后，著名汉学家白鸟库吉、小川琢治先后研究了《尚书》《山海经》和《穆天子传》的神话内容。津田左右吉、藤田丰八、出石诚彦和森三树三朗等，也都发表了关于中国古代创世神话研究的专著，他们在中国本土之外，积累了丰厚的亚洲神话学传统。20 世纪后半期，日本对中国古代创世神话的研究有后来居上之势。① 这个时期，日本学者对中国古代创世神话所作的研究，也极大地影响了中国学者。夏曾佑在《中国古代史》一书里借鉴日本神话学界的观点，把历史上第一个时代命名为"传疑时代"，怀疑盘古之说"非汉族就有之说"，还把黄帝以上的包牺、女娲、神农诸帝皆视为神话人物。② 蔡元培花了很大功夫翻译日本学者井上圆了所著的《妖怪学讲义》，侧重从心理学方面解说神怪产生的原理。③ 后来，鲁迅提到的"神话"，也显然受日本和西欧神话学的启发，其《破恶声论》是 20 世纪率先涉及神话问题的少数文献之一。④

　　需要特别说明的是，日本的宗教学与神话学研究深受伊利亚德神话理论的影响，这一点和中国的宗教和神话研究非常不同。在日本，诸多学者合译出十三卷的《伊利亚德全集》，还包括他的其他一些重要著作。这项基本功使日本在研究中国古代创世神话时能够厚积薄发。铁井庆纪、御手洗胜、小南一郎，还有横山宏等学者很早已经开始运用伊利亚德的关键术语，比如运用"神圣与凡俗""中心象征""永恒回归"等概念解析中国古典文学。这些成绩后来又影响到台湾和香港学者。例如，御手洗胜的学生

---

　　① 这时期有林巳奈夫的《殷中期以来的鬼神》（1970）、《汉代的神祇》（1975），贝冢茂树的《中国的神话》（1971）、《中国神话的起源》（1973）、《英雄的诞生》（1976），伊藤清司的《中国神话》（1975）、《〈山海经〉中的鬼神世界》（1986），铁井庆纪的《中国古代的鬼神信仰》（1983）、《中国古代神话传说与思想》（1984）、《试论中国古代神话传说中的圣与俗对立》（1983），中钵雅量的《神话与老庄》（1979）、《中国的祭司与文学》（1985），白川静的《甲骨文的世界》（1972）、《中国古代民俗》（1980）等。关于日本学者对中国神话的研究，笔者主要参考了叶舒宪的《中国神话学百年回眸》一文，王孝廉的《中国的神话与传说》一书里的相关内容，以及白安妮的《中国神话》导言部分。
　　② 夏曾佑：《中国古代史》，上海：上海书店，1990，第 7－11 页。
　　③ 蔡元培译文如下："妖怪之生，则由智力之误用，是其所以为迷悟也。虽然，情意亦非全无关系者。妖怪之起，间有情意，而作用之影响，于情若恐怖心，于意若决断刀，大有关系于妖怪之原因者也。左传有怪由人兴之语，要之妖怪之起，物心二者中，心理之关系最多，心理中智其主音，而情意为之助音也。"井上圆了著，蔡元培译：《妖怪学讲义》，台北：东方文化书局，1974，第 6 页。
　　④ 关于五四时期中国学者研究神话的情况，笔者会在本章第二节详细讨论。

王孝廉（又名王璇）就应用伊利亚德的"原型回归"理论，研究中国神话呈现的圆形时间结构。他认为《说岳全传》《水浒传》《三国演义》《红楼梦》等文学作品里表现出"原始""历劫""回归"的三段循环正是"原型回归"的表现形式。① 在台湾，伊利亚德的两部著作——《圣与俗：宗教的本质》和《宇宙与历史：永恒回归的神话》被译成中文。② 香港中文大学的黎志添，毕业于美国芝加哥大学，他在讲授"宗教研究的方法和历史"一课时，非常注重运用伊利亚德的宗教学理论讲解宗教现象，而且对神话、仪式和象征之间关系的理解，也显然受到伊利亚德神话理论的影响。③

日本学者在中国古代创世神话领域所做的工作，给中国学者带来很多启发。日本学者能够从西方引进先进的神话学理论和方法，利用东方文化的背景做中日创世神话的跨文化比较，而且得到西方学界的认可，这本身就是一条成功经验。在日本学者的影响下，中国港台学者早已注重伊利亚德神话学的研究。反观大陆学界，对这样的宗教学和神话学理论的研究还非常不够，有待进一步译介和开掘。

## 五、女性主义与中国古代创世神话的研究 ④

就在西方女性主义释经学者开始从亚当和夏娃的故事着手，建构女性话事权的时候，西方神话学者对中国古代创世神话里的女神亦非常感兴趣。拉灵顿（C. Larrinton）主编的《女性主义神话指南》，则尝试完全让世界各地的知名女专家执笔，重新书写不同时期各个文明里的神话传说遗产，尤其注意女性形象和女神的作用。⑤ 中国神话部分由华裔学者刘涛涛（Tao Tao Liu）主笔。她从开天辟地的男性大神盘古讲起，历经皇帝、炎帝、颛顼、帝喾，一路到尧舜禹，这些神构成了汉文古籍里的众神谱系。她指出

---

① 王孝廉：《神话与小说》，台北：时代文化出版事业有限公司，1977。

② 这两本书为伊利亚德著、杨素娥译《圣与俗：宗教的本质》，台北市：桂冠图书股份有限公司，2001；伊利亚德著、杨儒宾译《宇宙与历史：永恒回归的神话》，台北市：联经出版事业公司，2000。

③ 黎志添：《宗教研究与诠释学：宗教学建立的思考》，香港：中文大学出版社，2003。

④ 女性主义与中国古代创世神话研究的问题，对笔者理解女神在中国古代创世神话里的地位和作用有重要意义。这一段的内容，笔者主要参考了叶舒宪《中国神话学百年回眸》一文，在此向他表示深深的谢意。

⑤ 叶舒宪：《中国神话学百年回眸》，第 154—164 页。

儒家思想是决定中国神话里性别地位的关键因素。一般而言，神话中有头有脸的女性扮演的总是母亲和妻子的角色。那么，为什么在中国古代创世神话里，女性神灵只有作为男神的配偶和亲属才得以存在和流传？[①] 刘涛涛提出了这样的问题。而且，儒家常常要树立一些女色亡国的反面教材，例如褒姒、妲姬和一些狐狸精，女人祸水论的父权制意识形态表露无疑。[②]

纳普（Bettina L. Knapp）研究中国古代创世神话里的女神女娲，提出了一个非常新颖的观点，认为女娲补天的行为是救赎百姓的行为，女娲这位人类的创造者同时也成了救赎主。[③] 这个思想和希伯来圣经中上帝作为创造主和救赎主是相似的。[④] 纳普分析女娲丧失至高无上地位的原因，在于自汉代以来不断强化的父权制及其意识形态。[⑤] 这样，女娲在汉代以后有了丈夫，而且补天的事迹也不是她的责任心的表现，反倒成了玉帝差派她到人间的一项任务。这样，女娲不仅丧失了至上神的地位，还丧失了独立的神格。

晚近的学者陈金樑（Alan K. L. Chan）研究中国古代创世神话里的女神信仰。在其《中国宗教中的女神》一文里，他指出中国上古有关神祇信仰和崇拜的资料，已经受到儒家历史化和道德化的戕害，有价值的所剩无多；可是女神信仰除了遭到这样的命运外，还受到男性执笔者的忽视和冷漠。这对于中国古代创世神话里的女神信仰的研究，无异于雪上加霜。[⑥] 尽管如此，陈金樑还是希望利用仅存的一些传世资料勾勒出女神崇拜的历史全景。在周代以前，男性巫师在国家祭祀活动中承担重要角色，但是在周代以后的文献里，记述女神崇拜的文字多了起来。直到汉代，女娲崇拜才成熟起来。女娲"置婚姻"的母题，反映了古代增殖仪式活动。汉代以降，女娲形象总是和伏羲联系在一起。对此，陈金樑的解释和纳普毫无二

---

① Carolyne Larrington, *The Feminist Companion to Mythology* (London: Pandora Press, 1992), p. 230.

② Ibid.

③ Bettina L. Knapp, *Woman in Myth* (Albany: State University of New York Press, 1997), p. 185.

④ 笔者在本书第二章第四节，对这个问题有详细讨论。

⑤ Bettina L. Knapp, *Woman in Myth*, p. 185.

⑥ Alan K. L. Chan, "Goddesses in Chinese Religion," in *Goddesses in Religion and Modern Debate* (University of Manitoba, 1990), p. 9; 叶舒宪：《中国神话学百年回眸》，第 154 — 164 页。

致，认为都是父权制强化的结果。[①] 不过他的独特之处在于，认为女娲和伏羲在一起，女娲保有像夏娃之于亚当的"配偶和助手"的角色。陈金樑似乎对这样的结果比较乐观，因为女娲"因此保持她在神灵世界的一席之地"。[②] 陈金樑的研究，尽管极力强调史料对重建女神信仰和崇拜的重要性，但是在研究的过程里，他并没有给出有说服力的材料，反倒是理论阐述的部分居多，其研究分量就打了折扣。[③]

日本学者谷口义介在《褒姒传说的形成》一书里，详细分析了上古关于褒姒的三种传说，试图找出"女色亡国"这类传说的社会心理原因。他在论文的结论部分，归纳出女神变身的规律线索——或为复仇神，或为鬼女、妖女。也就是说，周朝的父权制发展得相当完善，以大地母神为核心的女神信仰遭到全面解体，这是褒姒等妖女产生的社会心理原因。[④] 然而，一种信仰的改变，如果单借助心理原因，难免流于片面和肤浅，它多少会伴随仪式的变化，但是我们无法还原那个时代的原貌，这样的尝试没有更多证据的支持。

综上所述，早期西方学者对中国古代创世神话的研究主要从西方传统的神话理论入手，认为汉文古籍里没有真正意义上的创世神话；中国古代创世神话资料零散不全，没有形成丰满庞大的神话体系；中国古代创世神话即使有，也晚至三国时期，所以对春秋战国中国思想形成的关键时期没有什么影响。但是经过后来一些西方学者和中国学者的共同努力，驳斥了上述观点，认为汉文古籍里有自己的创世神话；资料的匮乏和零散，是因为没有良好的方法加以整理；创世神话记录的时间较晚，并不代表早期没有创世神话的元素和结构，更不要说口传的创世神话对中国思想的影响了。除此之外，笔者还要指出，西方汉学家习惯上使用"中国创世神话"，无形中忽略了中国少数民族的创世神话和汉族创世神话的口头文学遗产。在此基础上，西方学者批驳中国没有创世神话，首先就犯了一个概念上的错误。西方学者所指的"中国创世神话"，实际上就是笔者反复强调的"汉文古籍创世神话"。儒家经典里创世神话的缺失，却可以在道家典籍里找

---

① Alan K. L. Chan, "Goddesses in Chinese Religion", p. 9.

② Ibid.

③ 叶舒宪:《中国神话学百年回眸》，第 154 — 164 页。

④ 谷口义介:《褒姒传说的形成》；同上注，注释16。

到丰富的资源。因此，西方学者在汉文古籍的选择上面，也犯了以偏概全的错误。现在摆在面前的问题已经不是创世神话有无的问题，而是如何运用科学的方法，对这些创世神话的资料加以整理和研究的问题。当历史的、哲学的、文学的，以及民族学的方法已经被尝试过的时候，我们是否还能够拓宽思路，譬如进行跨文本诠释，运用希伯来圣经《创世记》1—3 章里创世神话的材料，与中国古代创世神话做一种全新的跨越解读呢？笔者认为这是个新颖和有待发展的方向。

## 第二节　五四学者对中国创世神话的研究

对中国学者研究中国古代创世神话的情况，笔者将要采取五四时期这个断面作为研究的切入点。因为，这一时期中国学者的研究，能够自觉运用西方神话学理论和方法，对汉文古籍里的神话资源进行考辨和梳理。其次，彼时中国正值内忧外患的特殊时期，中华民族产生前所未有的危亡感和对救亡的盼望。这样的时代背景下，出现了一股创世神话研究热潮。笔者认为此事绝非巧合，而是民族身份和民族认同感加强的时代产物。接下来，我们将围绕创世神话研究热潮出现的背景、研究的主要问题和成果、以及研究的意义这几方面进行讨论。其间，会将五四学者在研究中国古代创世神话时运用的方法，和希伯来圣经学者研究《创世记》1—3 章使用的方法进行比较，达到思想内容的贯通。在意义讨论的时候，笔者认为"五四"这个特殊的背景，使那些学者的研究，不可避免地带有某些政治目的。也正是这样的目的，激发了他们的研究，使后来的中国古代创世神话的研究较难超越那一时期的水平。

### 一、创世神话研究热潮出现的背景

众所周知，20 世纪上半叶的中国，是社会大动荡和大变革的时期。内忧外患的社会处境迫使中国的知识分子不得不思考让他们引以为傲的传统文化。中国的传统文化一向厚古薄今，总认为古圣先贤的时代是中国社会发展的黄金时期；自那以后，就一代不如一代。但是，整个中国近代史，中国落后于西方的痛苦经历，又如何解释古圣先王的道统？这些所谓的"夷狄"并没有接受中国传统文化的教化，但是他们却比我们强大，而且在许多地方都非常先进。在传统和现实的矛盾冲突下，中国的知识分子开始考察中国古史的可靠性，怀疑那些记载于经籍上古圣先王的圣言。这种探索古史真实性的学术兴趣很自然地引出对中国古代创世神话的研究。[①]

　　了解五四时期神话学者的学术背景，就不难发现这些学者的西学功底颇为深厚，尤其表现在运用各种西式方法处理中国古代创世神话材料，以及有意识地使用西方社会科学方法进行的文学创作中。胡适以传说中的古代制度和小说中的故事为例，说明许多伪史的背景和演变的线索；[②] 王国维在西方学者治东方学的影响下，对中国古代史重新认识和考订；[③] 罗振玉和李济受西方考古学影响而专门研究地下发掘出的古器物；[④] 茅盾的《中国神话研究 ABC》一书，运用比较研究和人类学的方法，对汉文古籍里的创世神话资料做了系统的梳理，认为中国古代的创世神话材料由北中南三部分组成；[⑤] 闻一多运用语言学的方法，研究伏羲在西南各少数民族创世神话故事里的角色，从而推断汉族典籍里的伏羲和女娲，即西南少数民族创世神话里再造人类的兄妹，同时盘古就是伏羲；[⑥] 顾颉刚及其他古史辨的学者深受西方历史学的影响，认为中国传说的古史系统，不是自古就有的，而是由不同时代"层累地造成的"；[⑦] 在文学创作方面，鲁迅曾运用弗洛伊德的心理学对女娲的心理进行了深入细致的描写。[⑧] 由于西方研究方法的介入，原本云遮雾罩的中国古代创世神话和传说古史，经这些先锋学者的考辨和梳理，最终赤裸裸地呈现在读者面前。

　　20 世纪初期，中国的考古工作取得了长足进步，一定数量的出土文物有力地支持了学者的某些假说，而且出土的文物越多，还原古史、尤其是

---

　　① 王孝廉：《中国的神话世界：各民族的创世神话及信仰》，台北：时报出版公司，1987，第 767 — 770 页。

　　② 胡适依据学者们不屑关注的坊间流传的水浒版本，对金圣叹的《水浒》第一百二十回提出疑问，并且考辨索源，给出自己的理解和修改意见。见胡适：《一百二十回的水浒》，上海：商务印书馆，1932，第 1 — 47 页。

　　③ 王国维：《古史新证：王国维最后的讲义》，北京：清华大学出版社，1994。

　　④ 罗振玉：《殷墟书契考释；殷商贞卜文字考；殷商书菁华》，北京：北京图书馆出版社，1999；李济：《李济考古学论文集》，台北：联经出版事业公司，1977。

　　⑤ 茅盾：《神话研究》，天津：百花文艺出版社，1981，第 139 页。

　　⑥ 闻一多：《伏羲考》，载《闻一多全集》第一卷，北京：生活·读书·新知三联书店，1947，第 3 — 69 页。

　　⑦ 顾颉刚：《古史辨》第一卷，上海：上海古籍出版社，1982，第 60 页。

　　⑧ 鲁迅：《补天》，载《故事新编》，北京：人民文学出版社，1979，第 1 — 12 页。

早期历史的可能性就越大。① 由于古文字的破译和考古实物的重见天日，极大地增强了这些学者研究古代创世神话的热情。②

五四创世神话研究的热潮就是在这样的社会背景和学术基础上兴起的，而内忧外患的社会局势是这股创世神话研究热潮出现的主要原因。正因如此，此时的创世神话研究具有强烈的使命感，救亡的意义压倒了启蒙的作用，也因此滋生了一些牵强附会的神话观点，和当初学者们秉持的疑古精神背道而驰。

## 二、研究的问题及成果

### 1."古史辨"派

顾颉刚是"古史辨"派的领袖，中国现代史学的奠基人。他于 1923 年发表了《与钱玄同先生论古史书》一文，对中国的传说古史进行怀疑，并将一个重要发现揭示出来，那就是中国传说的古史系统，不是自古就有的，而是从无到有，由简单到复杂，逐渐演化而成的，也就是"层累地造成中国古史"。③ 这里的传说古史其实就是我们讨论的汉文古籍里的创世神话。所谓"层累地造成中国古史"，表达的是一种进化的历史观，把历史和时代紧密联系起来。

傅斯年在赞同顾颉刚基本观点之余，又做了发挥。他认为以文本为单

---

① 例如，在早些时候，学者一直认为《山海经》上记录的四方风物都是无稽之谈，但是甲骨文的发现和破译，证实了《山海经》上的记录有很高的古史价值。又比如《山海经》里有记载王亥的文字，一直以来学者以为其并不是史料，而是古人杜撰的，但是在破译出来的甲骨文里，证实有王亥这个人。王国维也证实过在历史上确有王亥这个人，他是殷先祖。见王国维：《古史新证：王国维最后的讲义》，第 11 — 16 页。

② 王孝廉：《中国的神话世界：各民族的创世神话及信仰》，第 773 — 775 页。

③ 顾颉刚将这个古史观归结为三个方面：第一，"时代愈后，传说的古史期愈长"。例如，周代人心目中最古的圣贤是禹，到了孔子时代出现了尧舜，及至战国时代又出现了黄帝、神农，到了秦代又出现了"三皇"，汉朝以后则出现了盘古。第二，"时代愈后，传说中的中心人物愈放愈大"。例如，舜，在孔子时代只是一个"无为而治"的圣君，到了《尧典》就成了"家齐而后治国"的圣人，到了孟子时代又成了一个孝子的模范了。第三，我们对于古史，"即不能知道某一件事真确的状况，但可能知道某一件事在传说中的最早的状况"。例如，"我们即不能知道东周时的东周史，也至少能知道战国时的东周史；我们即不能知道夏、商时的夏、商史，也至少能知道东周时的夏、商史"。见顾颉刚：《与钱玄同先生论古史书》，载顾颉刚编著：《古史辨》第一卷，第 60 页；赵吉惠、毛曦：《顾颉刚"层累地造成中国古史"观的现代意义》，《史学理论研究》2（1999）：50 — 58。

位分析古史形成的过程，要比以人物为单位的分析来得更为可靠。[①] 傅斯年的看法颇有见地，毕竟这比质疑历史人物的真确性更有说服力。

后来杨宽在他的《中国上古史导论》中，引进傅斯年的民族史说理论，结合顾颉刚的理论，提出崭新的"民族神话史"理论。[②] 这样，顾颉刚的"神话演变说"，在杨宽这里就发展为"神话分化说"。[③]

童书业赞赏杨宽的做法："一定要懂得民俗学，才能研究古史传说！"[④] 童书业并没有将杨宽和顾颉刚分割开来，而是巧妙地将杨宽的"神话分化说"引入到顾颉刚的"古史层累形成说"里，为二者提供了学理上的连接。[⑤]

由此，在古史辨派看来，所谓古史和信史不是一个概念，"历史"不过是"分化演变"的结果，并不是什么真实事件的忠实记录，而是后人伪作的产物。

---

① 傅斯年主张"我们研究秦前问题，只能以书为单位，不能以人为单位。……今以《论语》为单位，尚可抽出一部分的孔子来，其余部分的孔子是不可恢复了。于墨子、庄子等等俱如此。俱以书为单位，而于分析之后，不勉强补苴罅漏。其有不能解决之问题，'及史之阙文'而已"。傅斯年：《评〈春秋时的孔子和汉代的孔子〉》，载顾颉刚编著：《古史辨》第二卷，第141页。

② 杨宽：《中国上古史导论》，载《古史辨》第七卷，香港：太平书局，1963，第65—76页。

③ 童书业介绍杨宽的神话分化说："所谓神话分化说者，就是主张古史上的人物和故事，会得在大众的传述中由一化二化三以至于无数。例如：一个上帝会得分化成黄帝、颛顼、帝喾、尧、舜等好几个人；一个水神会得分化成鲧、共工、玄冥、冯夷等好几个人；一个火神也会得分化成丹朱、驩兜、朱明、祝融等好几个人；一件上帝'遏绝苗民'的故事会得分化成黄帝伐蚩尤和尧、舜、禹窜征三苗的好几件故事；一件社神治水的故事也会得分化成女娲、颛顼、鲧禹等治水的好几件故事……"童书业：《自序二》，载吕思勉、童书业编著：《古史辨》第七卷，第3页。

④ 同上注，第5页。

⑤ 童书业说："……'累层地造成的古史观'……还有应该补充的。因为所谓'累层地造成的古史观'乃是一种积渐造伪的古史观，我们知道，古史传说固然一大部分不可信，但是有意造作古史的人究竟不多，那么古史传说怎样会'累层'起来呢？我以为这得用分化演变说去补充它。因为古史传说愈分化愈多，愈演变愈繁，这繁的多的，那里去安插呢？于是就'累层'起来了。举个例子来说：春秋以前的历史上最高最古的人物是上帝和禹，到了春秋战国间，禹之上又出现了尧舜，这尧舜便是上帝的分化演变，并不是随意造假。到了战国的末年，五帝之上又出现了三皇，这三皇的传说又都是皇帝等上帝传说和哲理中的名词的演变分化，也并不是完全伪造。大约演化出现愈后的人物，他们的地位也便愈高愈古；这便产生'累层地造成'的现象。所以有了分化说。'累层地造成的古史观'的真实性便越发显著：分化说是累层说的因，累层说则是分化说的果！"童书业：《自序二》，第5—6页。

笔者以为，希伯来圣经学者发展出来的历史批评法，尤其是来源批评法和传统—历史批评法，从某种角度讲，和古史辨派发展出来的疑古方法有诸多相似之处。[1] 希伯来圣经学者发展的传统—历史批评法，注重文本传递的过程，包括口传和有文字记载阶段，以及文本最后的形式。在研究《创世记》1—3 章的时候，学者研究两个创造故事在口传阶段各自的形式，研究它们和古代美索不达米亚乃至整个古代近东创世神话的渊源，五经成书时期祭司作者对它们进行的再编修过程等，这些和顾颉刚"层累地造成中国古史"的观念何其相似。"层累"就含有传递的过程，是一个动态变化的过程。"时代愈后，传说的古史期愈长"。五经成书的年代相对较晚，《创世记》1—3 章虽然被放在五经的卷首，但是越被放在前面的经卷，成书时间越晚；时代越后，编者越要表达太古时期的事情。"时代愈后，传说中的中心人物愈放愈大"。亚当和夏娃，从辞源上解释，只是表达"人类"和"众生之母"这样的统称，并不指代具体的人。但是，编者让他们成为具体的人，成了有自己名字的个体，是人类的始祖，位列以色列族长之前。这一点和中国孔子的命运有些相似，古史时代越靠后，他的重要性愈益得到凸显。

顾颉刚"层累观"的第三条——"我们对于古史，即不能知道某一件事真确的状况，但可能知道某一件事在传说中的最早的状况"，深得历史批评法的精髓。[2] 笔者结合多年研究历史批评法的感受，认为采用此种方法研究文本时可能遭遇五种"历史"。第一是经文反映的历史年代。一段经文表现的是太古时期的事情还是族长时期的事情，我们通过经文里的线索，可以做出大致判断。第二是作者创作经文的历史年代。一般而言，这时期作者的创作是以口传文学的形式流传的，因此研究者对这段历史充满了猜测。例如《创世记》2—3 章，有学者认为创作于统一王国时期，也有学者认为创作于被掳时期，学者见仁见智，没有指出绝对精确的历史年代。第三是编者所处的历史时期。《创世记》1—3 章，无论最初创作于何时，最后由祭司编者统一将它们纳入五经的范畴里，祭司作者的意识形态和神学主张就主导了这些故事的叙述倾向，将祭司创造故事放在开篇，而

---

① 有关历史批评法研究《创世记》1—3 章的讨论，请参阅本书第一章第一节。
② 顾颉刚：《与钱玄同先生论古史书》，第 60 页。

不是雅威创造叙事，这是祭司编者的用心。第四是文本传递的历史，从经文最初产生到编者的统一处理，这之间有一段相当长的历史。在这期间，经文发生了哪些变化？这个问题有待研究者的探讨和考古资料的支持和证明。第五是读者身处的历史。读者的前见极大地左右阅读的活动。同一段经文，古今中外的读者对它的解读和诠释是有差别的。这样的差异在当代释经活动里，已经越来越受到学者的重视。

"层累观"的第三条，其实点明了文本反映的历史和文本被创作出来的历史这两者之间的关系。不过，相比较而言，顾氏似乎对读者的阅读处境没有给予足够的重视，也许他认为这是个不言而喻的问题。但是西方学者方法论之严谨，往往就体现在这种中国学者看似不言而喻和没必要说明的地方。

再看希伯来圣经学者如何采用来源批评法分析《创世记》1—3章。两个创造故事，JP 两个不同的来源，外加受到古代近东创世神话的影响，因此有异质文化的介入。而杨宽在分析中国古史的时候，在顾颉刚的基础上提出了"分化说"，认为同一个故事或者人物在历史发展的过程里，可能会分化成好几个事件或者不同人所为的事件。[①] 比较而言，杨宽和希伯来圣经学者都认识到类似事件会有不同版本，因此从版本的比较可以发现许多不为人知的历史。但是，杨宽的"分化说"认为最初是有一个来源的，后来在历史的发展中逐渐演变成不同的版本。[②] 希伯来圣经学者认为《创世记》1—3章本来就有不同的来源。读者在阅读的时候，就是要从经文的蛛丝马迹里，判断哪些经文属于哪种来源。也就是说，杨宽的学术兴趣在于同一个故事和人物是如何分化的，而希伯来圣经学者的兴趣在于面对一段看似整全的经文，分析它们的来源，然后考察它们如何被编者熔铸在一起。这两种方法很难说谁更高深，只能说这种差异是由研究者面对的问题和研究兴趣不同使然。不过，两者的相似性和差异性对我们研究《创世记》1—3章和中国古代创世神话都有借鉴意义。

2. 茅盾的民族学的神话研究

五四时期，研究神话学卓有成效的先驱，除了顾颉刚和杨宽，还有茅

---

① 杨宽:《中国上古史导论》，第 65—76 页。

② 同上注。

盾。① 茅盾研究神话所采用的方法，也受到西方人类学和神话学的影响。他通过研究希腊神话、北欧神话，以及一些未开化民族的创世神话，对中国古代创世神话的理解更为深刻和广泛。这一点，笔者的旨趣与茅盾相仿：在中国古代创世神话的亮光下，解读《创世记》1—3章。这样，无疑要比单纯研究一种创世神话更有说服力。

　　对中国上古神话的零星和片段的特征，茅盾有自己的见解。他认为胡适用地缘论解释这个特征，将中国上古神话的匮乏归因于气候，令人难以信服。因为北欧地处寒带，却创造了光辉灿烂的神话。② 同时他也反对鲁迅关于神话仙话化，导致神话不能成系统地保存下来的解释。③ 茅盾认为尽管中国古代创世神话没有古希腊创世神话那样成系统地保存下来，不过中国古代的南方民族，到底替我们保留了若干神话。这只要看看现存古籍保留神话材料最多者，几乎全是南方人的作品，便足以说明问题。④ 魏尔豪森在研究《创世记》1—3章时，提出的南国传统（JP）和北国传统（E），在茅盾这里得到共鸣。⑤

　　茅盾还首先提出了"神话历史化"的观点。⑥ 这对后来的古史辨神话

---

　　① 1929年，茅盾出版的《中国神话研究ABC》一书，可以看成是中国人用汉语写成的探索中国古代创世神话的开山之作。茅盾原本和鲁迅一样也是一位文学家，后来受了西学风潮的影响，再加上个人兴趣，转而研究神话。他的转变带给读者一批高质量的学术著作，除了上面提到的《中国神话研究ABC》，《希腊神话》《北欧神话ABC》以及《神话杂论》也是在那个时候应运而生。叶舒宪：《神话与民间文学的理论建构》，《海南师范学报》1 (1998): 18。

　　② 胡适在书中这样写道："南方民族（指'沅湘之间'）曾有不少的神话"，而北方民族（指"汝汉之间"）则缺乏神话式的想象力，是因为"古代的中国民族是一种朴实而不富于想象力的民族。他们生在温带与寒带之间，天然的供给远没有南方民族的丰厚，他们须要时时对天然奋斗，不能像热带民族那样懒洋洋地睡在棕榈树下白日见鬼，白昼做梦"。胡适：《白话文学史》，长沙：岳麓书社，1986，第75页。

　　③ 鲁迅：《中国小说史略》，北京：人民文学出版社，1973，第25—26页。

　　④ 例如，《庄子》《列子》《淮南子》《楚辞》《山海经》《穆天子传》《十洲记》《神异经》《越绝书》《吴越春秋》《蜀王本纪》《华阳国志》和《述异记》等等，这些书里都可以找到一些神话故事，而且这些书的作者多半是中国南方人。参见茅盾：《神话研究》，南京：江苏文艺出版社，2008，第27页。

　　⑤ 魏尔豪森的底本理论，请参阅本书第一章第一节的讨论。

　　⑥ 这个观点最早来源于公元前四世纪希腊哲学家欧赫美尔。这个古希腊哲人认为，神话中的人物原来都是历史上的帝王或英雄。然而，那些论述中国神话的人通常把欧赫美尔的说法理解成相反的过程：最初的神话变成貌似可信的历史，貌似真实的人。杰克·波德著，程蔷译：《中国的古代神话》，《民间文艺集刊》第二辑，上海：上海文艺出版社，1982，第270页。也可以参阅本章第一节相关的讨论。

观有直接的启发意义，也对笔者研究《创世记》1 — 3 章里被历史化的创世神话，带来理解的亮光。[①] 不过，茅盾在中国古代创世神话的研究方面，属于开先河的人物，许多地方做得并不足够，需要后来的学者补充和发展。

3. 鲁迅的文艺学的神话研究

鲁迅可能是五四时期，最早有意识地使用神话素材进行创作的学者了。有关神话对于文学的重要性，他精辟地指出："故神话不特为宗教之萌芽，美学所由起，且实为文章之渊源。"[②] 鲁迅所写的《补天》，首先是女娲用黄土造人的情节。它是中国古籍里有关人类起源的创世神话，表现这个神话的最初文字可见《太平御览》的女娲造人的神话传说；[③] 关于补天的情节，一段取自《列子》的共工撞倒不周山，另一段则来自《淮南子》女娲补天的故事。[④]

女娲造人的那则神话，解释了为什么有人富裕，有人贫贱；并且这样的解释还有某种神圣的起源——自女娲造人时就决定了所有人的命运。因此，封建等级制度及其衍生出来的一整套权力体系，正是依靠了这样的话语得以建立起来。但是，鲁迅显然知道这套话语方式是被改造、扭曲过的。如果剥离附着在该神话上面的阶级符号，涤荡其中的意识形态色彩，那么它背后潜藏的东西就必然受到颠覆和消解。鲁迅创作《补天》的叙事策略，就是借助弗洛伊德的学说，把人的起源叙述成是因为女娲的性苦闷而创造出来的，那么人生来就有的高低贵贱之分这样的说法，也就凸显其荒谬了，

---

① 请参阅本书第三章第四节。

② 鲁迅：《神话与传说》，载《中国小说史略》，第 20 页。

③ 原文："俗说天地开辟，未有人民，女娲抟黄土作人，剧务，力不暇供，乃引绳緪于泥中，举以为人。故富贵者，黄土人也，贫贱凡庸者，引緪人也。"宋·李昉：《太平御览》，北京：中华书局，1960，第 365 页；清·马骕纂，刘晓东等点校：《绎史》卷二，济南：齐鲁书社，2000，第 19 页。

④ "昔者，女娲炼五色石补其阙，断鳌足以立四极。其后共工氏与颛顼争为帝，怒而触不周之山，折天柱，绝地维，故天倾西北，日月星辰就焉；地不满东南，故百川水潦归焉。"列御寇著，王强模译注：《列子·汤问》，台北：台湾古籍出版有限公司，1998，第 161 页。"往古之时，四极废，九州裂；天不兼覆，地不周载；火爁焱而不灭，水浩洋而不息；猛兽食颛民，鸷鸟攫老弱。于是女娲炼五色石补苍天，断鳌足以立四极，杀黑龙以济冀州，积芦灰以止淫水。苍天补，四极正，淫水涸，冀州平，狡虫死，颛民生。"西汉·刘安著，何宁撰：《淮南子·览冥训》，北京：中华书局，1998，第 492 页。

于是巧妙达到解构的目的。[①]

　　鲁迅对古史神话无情揭露的做法，也体现在对《列子》神话的改编上。《补天》中有一段共工和颛顼各派的争论。[②] 双方都在指责对方无道，标榜自己在替天行道，师出有名。值得注意的是，文中的共工和颛顼两方的话语都是对《尚书》一类古书的戏仿。[③]《尚书》是上古帝王之书。从汉朝以降，这部书就被视为中国封建社会的政治哲学经典，既是帝王的教科书，又是贵族子弟及其士大夫必遵的"大经大法"，在历史上影响很深。鲁迅让敌对的双方各陈己见，并且对之进行了戏谑的处理。这表明他对历史写作可靠性持怀疑态度。[④]《补天》里，这样的例子随处可见，例如女娲怕顺洪水漂来的山碰痛自己的脚，便顺手扯过，交给路过的巨鳌背走。随着时间的推移，顺手扯过的山莫名其妙被传说成仙山。更为荒唐的是，竟导致了中国历史土借此大规模的寻仙活动。这样的荒诞无稽，暴露了历史传说的虚假性。

　　在《补天》一文里，鲁迅除了使用调侃、戏谑的手法揭露古史的伪作和道貌岸然，还着力表现了作为独立自由精神的人的意识觉醒。也许有人会说，女娲是神，怎么会具有"人格"？其实，鲁迅塑造女娲这一形象时，就使她由"神"变成"人"，使"神"具有"人性"。[⑤] 鲁迅采用弗洛伊德的理论，处处渲染了女娲的懊恼、苦闷、无聊、欢快等情绪反映。因此，这个女神身上明显洋溢着人的气息，是人之觉醒的典型，这正是五四学人

---

　　① 鲁迅在介绍《不周山》时说："原意是在描写性的发动和创造，乃至衰亡"，"是取了弗洛特说，来解释创造——人和文学的——缘起的"。鲁迅：《故事新编》，人民文学出版社，1979，第1页。

　　② 共工一派说："颛顼不道，抗我后，我后躬行天讨，战于郊，天不佑德，我师反走……"颛顼一派则说："人心不古，康回实有豕心，觑天位，我后躬行天讨，战于郊，天实佑德，我师攻战无敌，殪康回于不周之山。"参见鲁迅著《补天》。

　　③《尚书·尧典》里有这样的记载："（舜）流共工于幽州……共工与颛顼争帝……"钱宗武、江灏译注：《尚书·尧典》，台北：台湾古籍出版有限公司，1998，第19、29页。

　　④ 转引自郑家建：《"油滑"新解》，《鲁迅研究月刊》1 (1997): 30。

　　⑤ 五四时期，新文化运动的先驱者们并不提倡把形象加以"神话"，不同意写"神话"的英雄。周作人的文章《人的文学》里，很明确地表达了这样的思想。因此，鲁迅在"人"这一时代的总主题下，也不愿写"神"，而要书写"人"。周葱秀：《女娲形象：人的价值观念的确立》，《鲁迅研究月刊》(1991. 11): 36。

高扬独立之精神和人格的必然归宿。[①]

　　鲁迅不仅强调女娲的"人性"，还要写她的"神性"。鲁迅着力表现女娲的"力"。这种力是由"性力"转移过来，升华而成的巨大创造力。在《补天》一开始，鲁迅就把生命的创造力作为思考的重心，他要为这个古老民族的血液里注入一种鲜活的生命力。无论是"造人"还是"补天"，一般的凡夫俗子无法做到，鲁迅将女娲又从"人"回归到"神"。如果说女娲创造人，是处于"无意识"状态，那么，她的"补天"，则是处于一种自觉的状态，这个活动表现了她创造的艰辛。看来，鲁迅对弗洛伊德的"无意识"理论还是持保留态度的。女娲这一女神形象，与郭沫若笔下的女神形象一样，有着"五四"时代的投影，她的创造精神，是时代的精神。

　　一个民族的精神面貌往往体现在这个民族的女性群体身上。鲁迅着力刻画一个女神形象，而不是垂死化身的盘古形象，一定是倾注了他对中国广大劳动妇女的深切关怀和敬意。《补天》一篇中的女娲形象，是性的伟大和母性的伟大的统一，那个肉红色浅玫瑰色的变奏，正加强了这一主题。性和母性的伟大，在历史的实现过程中，被异化的力量所侮辱和损坏，鲁迅对此有着深彻的洞察。[②] 在歌颂女娲的时候，他还不忘补充一些古衣冠的小丈夫，站在女娲的两腿之间向上看，攻击女娲"裸裎淫佚，失德蔑礼败度，禽兽行"，而且骂骂咧咧"国有常刑，惟禁"。[③] 后来，女娲为了创造人类和再造乾坤，力气耗尽，倒地而死的时候，却有一支禁军杀来，"他们就在死尸的肚皮上扎了寨，因为这一处最膏腴，他们拣选这些事是很伶俐的。然而他们却突然改了口风，说惟有他们是女娲的嫡派，同时也就改换了大旗上的蝌蚪字，写道'女娲氏之肠'"。[④] 即使是这样伟大的女神，生前也免不了人间小丈夫的性的侮辱，死后还被打着堂皇旗号的队伍在她的肚皮上

　　① 例如，"（伊）只是很懊恼，只是觉得有什么不足，又觉得有什么太多了""我从来没有这样无聊过""然而，这差异使伊喜欢"（鲁迅《补天》）。评论可参阅聂运伟：《"补天"新解》，《鲁迅研究月刊》（1992.12）：40。

　　② 舒芜：《母亲的颂歌：鲁迅妇女观略说》，《鲁迅研究月刊》(1990.9): 18 — 19。

　　③ 鲁迅：《故事新编》，人民文学出版社，1979，第12页。

　　④ 同上注。

安营扎寨。那么现实中的女性命运就更加悲惨了。①鲁迅对女性寄予深深的同情之余，也不忘对这些异化了的民族劣根性进行无情的揭露和批判。

这样，鲁迅揭露古史的虚伪和古史辨派是一脉相承的。和其他五四时期研究创世神话的学者相比，鲁迅的武器是文艺创作，重新改编中国古代的神话传说，注入五四学人高扬的时代精神。而且，鲁迅对创世神话之于民族精神的塑造格外关注，重视民族创造力的开掘，从文化源头的神话找寻民族重生和复兴的伟大动力；提倡独立的人格精神，尤其是对女性寄予了同情和厚望。鲁迅先生的这种文艺学的研究方法，让笔者联想到希伯来圣经学者发展出来的女性主义研究方法。女性主义方法诠释《创世记》1—3章，就是对圣经中男权传统做彻底的批判，然后重新解释圣经，建立新的、以女性为中心的诠释传统。只有剥离先前的性别意识，建立新的传统才有希望。女性主义释经就是要接纳女性，尊重她们的经验。鲁迅通过《补天》这篇小说也批判和揭露了中国千年道统的虚伪和压抑人性的方面，嘲讽了男性士大夫的道貌岸然，讴歌了以女娲为代表的女性形象。但是鲁迅并没有像女性主义学者那样，建立起自己的话语系统和言说方式。毕竟他所处的那个时代，女性主义浪潮还没有真正意义上席卷中华大地，重建的工作对鲁迅来说非常艰巨。不过，他的先锋精神为后来的学者提供了榜样的力量。

4. 闻一多的《伏羲考》

盘古创世神话不是汉族的瑰宝，而是西南少数民族的遗产，这样的观点在五四时期的神话研究领域非常流行。②但是，闻一多极力反对盘古神话来自印度的说法。为了说明盘古是中国本土的创造神祇，他努力寻找盘古和汉族文化英雄伏羲之间的某种关联，从而达到证明盘古起源于中国的目的。闻一多在《伏羲考》的"伏羲与葫芦"一节里，以大量古籍和民俗材料论证指出，盘瓠、伏羲乃谐音，显然是出于同一个词源，伏羲和盘古

---

① 鲁迅在不同的文学作品里，塑造了那个时代女性的不同侧面，有复仇的女鬼，有上班族的新式女子，还有带奴性传统的女人。参见鲁迅著《女吊》《我之节烈观》《娜拉走后怎样》等文。

② 盘古神话最早的文字记载是三国吴人徐整的《三五历记》，此书已佚。可参阅唐·欧阳询撰，汪绍楹校：《艺文类聚》，上海：中华书局，1965，第 2—3 页。关于"盘古印度起源说"，可参阅林声：《伏羲考：兼论对古代传说时代的研究》，《江苏社会科学》1 (1994): 79—84；常金仓：《伏羲女娲神话的历史考察》，《陕西师范大学学报》6 (2002): 50—57。

都是葫芦所生，或者说伏羲和盘古均为葫芦的拟人化。从音训上说，"混沌"与"葫芦"是对音关系，"混沌"也被称作"胡涂"，"胡涂"在俗言俚语中转为"葫芦"。"盘瓠"和"伏羲"是由一个读音转化而来，故盘古又是伏羲。这样，"混沌—葫芦—盘瓠—盘古—伏羲"转化演变的过程就清楚地呈现出来了。[①] 通过闻一多的考证，盘古就成为汉族的创造大神和神话英雄伏羲。

　　闻一多的观点最受学者批判的是，他有以政治代学术的倾向。那个年代的学者背负了太多振兴中华的使命，他们在研究的过程里，不大可能不受任何民族情绪的影响。除了救亡图存的时代需要，闻一多将少数民族的创世大神，一律归结为创世大神伏羲女娲。笔者认为西方学者从先秦时期找寻类似盘古创世的神话结构的研究方法较之闻一多的方法更加科学。[②]对于闻一多的研究，笔者钦佩他治学严谨的同时，也希望有更多的考古实物或者证据支持他的假设。[③]

### 三、五四神话研究和民族精神

　　五四时期的学者在研究中国古代创世神话的过程里，总有一种民族情结贯穿其中。现代中国学者由于谙熟西方的神话学理论，并且通过对"中国神话历史化"的去蔽，激发了自身的民族文化意识，满足了中国现代学者"希腊有，世界有，中国也有"的心理。[④] 于是，盘古女娲创世造人的故事，随着故纸堆的挖掘，浮出水面；于是，有了用神、仙、佛的合流解释中国古代神话的缺失，用地理环境解释神话的有无……有些观点和理论在后世看来都是非常荒谬牵强的，可是在那个时候却刺激了民族自尊心，民族团结的势头空前加强。及至抗日战争的爆发，"当'中华民族到了最危险的时候'，神话学研究也汇入了救亡图存的时代主旋律"[⑤]，救亡压倒了启蒙。"以顾颉刚为首的'古史辨派'从早先的辨析史料、怀疑古史转入中国地理沿革史和边疆史的研究，从地理沿革上证明华夏世界的族类同一性和

---

①　闻一多:《伏羲考》，上海：上海古籍出版社，2009，第 3 – 69 页。
②　请参阅本章第一节的讨论。
③　笔者认同盘古神话乃中国本土的创世神话，更详细的讨论，请参阅本书第三章第二节。
④　刘宗迪:《中国现代神话学：在思想与学术之间》,《民间文化论坛》2 (2005): 1 – 14。
⑤　同上注。

历史延续性"①，这无疑从对王道正统神话的摧毁又转向了对民族国家神话的建构，和先前的学术旨趣南辕北辙。"芮逸夫、闻一多、凌纯声在缺乏充分的文化影响史论证的情况下，就轻易地将南方少数民族洪水神话中的兄妹俩和傩戏仪式中的傩公傩母，比附于、甚至等同于中国古代典籍中的伏羲和女娲，用华夏古代典籍中的神话传说和相关记载作为解释少数民族风俗和神话的文献依据，神话研究因此成为证明华夏民族一体性和文化连续性的有力途径。"② 这样，神话研究又被学者批判的儒家"大一统"观念宰制，学术言说自觉不自觉地都已打上它的烙印。③

但是，也正是这样的神话研究，给那个时代中华民族的觉醒和复兴注入了创造性的生命力。20 世纪上半叶，中国神话资料的发掘与整理，无不令我们惊讶：没有哪个时代的人们对神话产生了如此浓厚的兴趣，也没有哪个时代有如此众多的学者参与神话资料的发掘与整理工作，取得如此之大的成就。④

一个民族，如果"失掉了神话，不论在哪里，即使在文明社会中，也总是一场道德灾难"。⑤ 20 世纪上半叶，中华民族面临历史的挑战，更需要以神话这个"根"来凝聚整个民族的精神。因此，五四时期的学者和有识之士对神话这个民族精神的源头，进行了由浅入深的理论研究，尤其对中国创世神话倾注了心血。无论是茅盾、闻一多的人类学的神话研究，还是顾颉刚、杨宽的古史辨派的神话观，还是鲁迅文学创作里的神话倾向，这种从众多领域对神话不约而同的关注，表明了人们对神话学理论研究在重建民族身份和民族精神家园中可以发挥独特作用的共识。⑥

"当我们回眸 20 世纪中国神话学的历程时，就发现一个民族的神话遗产，就像一个甩不掉的文化幽灵。每当人们在前进的道路上遇到艰难险阻，他们就会像成人渴望回归子宫一样，不自觉地回到神话中，去寻求新的勇

---

① 马长寿、马学良等学者对西南、东北等边疆地区的民族神话的研究，在为神话学开辟了田野研究的新领域之同时，也把神话学变成了现代华夏各民族认同的纽带。同上注，第 2 页。

② 同上注。

③ 同上注。

④ 陈建宪：《精神还乡的引魂之幡——20 世纪中国神话学回眸》。

⑤ 同上注；荣格著，马士沂译：《集体无意识和原型》，载《文艺理论译丛》1 (1983): 273 — 283。

⑥ 陈建宪：《精神还乡的引魂之幡——20 世纪中国神话学回眸》，第 133 页。

气和力量。"[1] 这一点笔者在研究《创世记》第 1 章时，也深有体会。从表面上看，《创世记》第 1 章是以色列人的创世神话，但是它创作于以色列被掳时期，里面贯穿着深刻的历史救赎的思想。被掳的诗人相信上帝作为创造者，他的创造和拯救是持续的、无止境的事业。他创造天地、万物和人，世间的一切都出自他的创造。他创造的事物遵循一定的秩序。自然界有规律，人间公义畅行。以色列掳民完全应该相信雅威仍然参与历史，爱护他的子民。创造者乃救赎者，这正是被掳子民的希望。[2] 因此，《创世记》第 1 章对于形成和坚定掳民的信仰，有非常重要的作用。这和五四学人重整中国创世神话，重塑民族精神，有异曲同工之处。

在全球化的处境下，我们有必要提出这样一个问题：在一个民族的奋斗历程中，她的灵魂要不要有一种永不枯竭的力量源泉，这里的力量源泉指的是创造、进取、勤劳、勇敢、正义的时代精神。如果需要的话，我们应该怎样去创造它？[3] 这是摆在我们中国人面前的一个严肃问题。

由于身处特殊的年代，五四时期的学者们的神话学研究带有"成也萧何，败也萧何"的悲情色彩，但是，在笔者看来，这样的悲情比述而不作来得更有意义。在经历了半个世纪的沉寂后，中国古代创世神话的研究再次得到复兴，后来的学者在这方面倾注了大量的心血和努力。但是，至少从目前的研究状况来看，后来的学者无论从方法论的运用，还是考据的功力，都很难超越五四时期的学者。笔者以为，为我们的研究注入新鲜的血液，在异质文化的比较和跨越下重新审视中国古代创世神话，也许能够为我们的研究带来转变的契机。所谓"他山之石，可以攻玉"，在另一个文化的亮光下，理解自己的文化传统，会收获意想不到的效果。在接下来的一章，我们就要将《创世记》1 — 3 章放在中国古代创世神话的亮光下重新解读，当然这个过程也是双向的。

---

① 陈建宪：《精神还乡的引魂之幡——20 世纪中国神话学回眸》，第 133 页。

② 请读者参阅 Richard J. Clifford, "The Unity of the Book of Isaiah and Its Cosmogonic Language", *CBQ* 55 (1993): p. 5; Carroll Stuhlmueller, *Creative Redemption in Deutero-Isaiah* (Rome: Biblical Institute, 1970), p. 237; Han Heinrich Schmid, "Creation, Righteousness and Salvation: Creation Theology as the Broad Horizon of Biblical Theology", in *Creation in the Old Testament*, ed. B. W. Anderson (Pliladephia: Fortress Press, 1984), p. 104；李炽昌：《古经解读：旧约经文的时代意义》，香港：香港基督徒学会，1997，第 63 — 75 页。

③ 赵永富：《我们需要构筑什么样的时代精神》，《中国青年研究》3 (1996): 37。

# 第三章

## 《创世记》1—3 章和中国创世神话的
## 跨文本诠释

### 第一节 《创世记》1—3 章和中国创世神话的宇宙观

第二章回顾了中西方学者对中国古代创世神话的研究，读者可以将它看成对这一章所做的铺垫。在这一章里，笔者要进入跨文本诠释的部分。跨文本诠释主要从创世神话的四个方面进行：宇宙观、宇宙起源论、人类的起源，以及神人关系。理解创世神话，如果只从宇宙起源（cosmogony）的角度考察，是远远不够的。原始人类往往从整体的角度考虑宇宙（cosmology）的样貌，思考宇宙和人类的密切关系。[①] 一般而言，宇宙起源论受制于宇宙观。[②]《创世记》1—3 章为我们展现了古代以色列人思考宇宙的方式，不过这样的宇宙观深受古代美索不达米亚宇宙论的影响。中国古代创世神话的宇宙观又会怎样？这一节里，笔者尝试将《创世记》1—3 章反映的古代以色列人的宇宙观看成文本 A，中国古代创世神话里的宇宙论看成文本 B，通过在两个

---

① Cosmogony（宇宙起源论）源自两个希腊词汇的组合，它们是 *kosmos* 以及 *genesis*。前者指有序的宇宙，后者意味着出现或者出生。Cosmology 是对宇宙观的研究，或者对宇宙的总体认识。见 Mircea Eliade, ed. *The Encyclopedia of Religion* (New York/London: Macmillan Publishing Company, 1987), p. 94, p. 100.

② 什么样的宇宙观影响着人们幻想出怎样的宇宙起源论。但是这并不意味着宇宙观就比宇宙起源论早，它们谁先谁后的问题比较复杂，不是这里讨论的重点。Jean Bottéro, *Religion in Ancient Mesopotamia*, trans. Teresa Lavender Fagan (Chicago and London: The University of Chicago Press, 2001), pp. 77–90.

文本之间的穿梭跨越，希望实现两个文本的丰富和转化，达到对中国古代创世神话和《创世记》1—3章里宇宙论的进一步认识。[①]

## 一、作为整体的宇宙观

古代以色列人的宇宙观和古代美索不达米亚的宇宙观几乎是一致的。[②]古代美索不达米亚人对作为整体的宇宙只有一些想象，并用神话的方式加以表达。因此，他们的想法对现在的人来说充满了矛盾和不连贯的地方。他们认为宇宙是一个硕大无朋的椭圆虚空的物体，它的上部是苍穹，构成我们所谓的天空。与天空对应的下方是冥界。中间部分被一个中央岛屿隔开，这个岛屿也就是大地。紧贴岛屿的下面是淡水层（Apsu），大地和淡水都被咸水（Tiamat）包围着。[③]东西两极全是巨峰，正是它们支撑着宇宙苍穹，才不至于垮塌。同时通过它们，上界的神和下界的人可以自由往来，不受限制。太阳早上从东方升起，穿越穹苍，傍晚向西沉落。夜间太阳逆向在阴间行走，到天快亮的时候，到达东方。于是新的一天来到。西峰毗连一块水域，被称作冥河。

《创世记》1—3章里有很多美索不达米亚宇宙观的影子。例如，这里提到大地隔开了天空和冥界；《创世记》1：1—1：8也说穹苍使水分成上下两部分，穹苍也就是天。这里还提到大地和淡水都被咸水包围着，创造就是要将大地和海水之间的界限廓清，不让海水越过大地。《创世记》第1章的祭司作者显然继承了这样的宇宙观：

　　　上帝说："天下的水要聚在一处，使旱地露出来。"事就这样成了。上帝称旱地为地，称水的聚处为海。

　　　　　　　　　　　　　　　　——《创世记》1：9—1：10

---

[①]　有的时候，笔者并没有严格按照从A到B，再到A的跨越顺序，反而依循从B到A，再到B的过程。视乎实际情况，笔者选择跨越的先后次序。有关跨文本诠释方法的详细讨论，可以参阅本书《导言》和第一章第五节。

[②]　Lawrence Boadt, *Reading the Old Testament: An Introduction* (New York: Paulist Press, 1984), p. 115.

[③]　这里的淡水和咸水分别代表了古代巴比伦创世神话里的阿普苏和提阿玛特。详细内容可以参阅本书第一章第三节。

上帝分开海水和大地，消除海水对创造的威胁；海水和上帝之间存在的冲突和争斗让希伯来圣经充满了张力。[1] 这一点我们可以和《诗篇》里的经文联系起来理解。《诗篇》里上帝和海水争战的例子，突出反映了这一主题：

> 你管辖海的狂傲，波浪翻腾，你就使它平静了。你打碎拉哈伯，似乎是已杀的人；你用有能的臂膀打散了你的仇敌。天属你，地也属你；世界和其中所充满的，都为你所建立。南北为你所创造，他泊和黑门都因你的名欢呼。
>
> ——《诗篇》89：9 — 89：12

上帝在历史里的创造，也是通过重温宇宙创生时上帝和海怪的争斗实现的：

> 上帝自古以来为我的王，在地上施行拯救。你曾用能力将海水分开，将水中大鱼的头打破。你曾砸碎鳄鱼的头，把它给旷野的禽兽为食物。
>
> ——《诗篇》74：12 — 74：14

上帝在宇宙和历史里的创造和再造，都离不开对海水控制的意象，海水不仅是威胁宇宙秩序建立的反对力量，也是人间不义的象征。[2]

《创世记》1—3 章以及相关经文反映的宇宙观认为，海水对大地的越界，破坏了上帝创造的秩序，海水和上帝之间的争斗似乎也就成了希伯来圣经宇宙论的主体。当笔者带着这样的看法来看汉文古籍创世神话，发现在汉文古籍里的宇宙观里，天往往就是超越者的化身，宇宙里并没有一个反对天的力量；大地和天遥相对应。由于没有创造和被造的关系，天和地是一体圆融的，它们相互和谐并存。中国古代创世神话宇宙和谐的观念，在《易经》那里，表现为对宇宙总规律提出这样的命题：

---

[1]　这一点往往被认为从巴比伦创世神话马杜克和提阿玛特之间的争斗借用过来。详细讨论，请参阅本书第一章第三节。

[2]　《诗篇》89: 14。

> 一阴一阳之谓道……生生之谓易。
>
> ——《系词上》[1]

天（阳）地（阴）是相反的，同时又是互补和互相依赖的。阴和阳这两股宇宙力量恒常地相互作用，导致宇宙处于一种持续的变化状态。[2] 宇宙并不是由一个外部高高在上的权威管理，它是一个自我管理、自足和自我创造的和谐体，它体现在道里面。

从这种和谐宇宙观的角度，反观希伯来圣经，笔者发现尽管希伯来圣经里存在上帝和海水冲突的方面，但是在《创世记》第 1 章里，祭司作者主要表达的是一种和谐的宇宙观。上帝的创造是合秩序、合目的的，他为宇宙万物颁定了秩序，他造出人类管理空海陆，这可以解释为什么上帝创造完毕，会认为所造是好的（טוב）。[3] 即使海水侵犯大地，威胁到上帝的创造，那也只是暂时的现象，上帝最终会让和谐的秩序得以恢复。洪水过后恢复了的秩序和上帝创造宇宙时的秩序一一对应，笔者也可以就此肯定和谐的宇宙才是祭司作者希望实现的。下表是这两种秩序之间的对照：

| 创造时的秩序（《创世记》第 1 章） | | 洪水后的秩序（《创世记》第 8 — 9 章） | |
|---|---|---|---|
| 1: 20 | 水要多多滋生有生命的物……滋生繁多，充满海中的水。 | 8: 17 | 叫它在地上多多滋生，大大兴旺。 |
| 1: 24 | 地要生出活物来，各从其类；牲畜、昆虫、野兽，各从其类。 | 8: 18 | 一切走兽、昆虫、飞鸟，和地上所有的动物，各从其类…… |
| 1: 26 | 我们要照着我们的形象，按着我们的样式造人。 | 9: 6 | 因为神造人，是照自己的形象造的。 |
| 1: 28 | 要生养众多，遍满地面。 | 9: 1<br>9: 7 | 你们要生养众多，遍满了地；<br>你们要生养众多，在地上昌盛繁茂。 |

---

① 清·纪昀撰修:《文渊阁四库全书》第七册，台北：台湾商务印书馆，1986，第543页。

② Derk Bodde, "Harmony and Conflict in Chinese Philosophy," in *Studies in Chinese Thought*, ed. A. F. Wright (Chicago: University of Chicago Press; 1953), p. 21.

③ 《创世记》第 1 章共使用了七次 "好"。טוב，形容词，阳性（to be pleasant, agreeable, good). Francis Brown, S. R. Driver and Charles A. Briggs, eds. *The Brown-Driver-Briggs Hebrew and English Lexicon* (Peabody: Hendrickson, 2003), p. 373.

续表

| 创造时的秩序（《创世记》第 1 章） | | 洪水后的秩序（《创世记》第 8—9 章） | |
|---|---|---|---|
| 1：28 | 治理这地；也要管理海里的鱼，空中的鸟，和地上各样行动的活物。 | 9：2 | 凡地上的走兽和空中的飞鸟，都必惊恐、惧怕你们；连地上一切的昆虫并海里的鱼，都交付你们的手。 |
| 1：29 | 我将遍地上一切结种子的菜蔬，和一切树上所结有核的果子，全赐给你们作食物。 | 9：3 | 凡活着的动物，都可以作你们的食物，这一切我都赐给你们，如同菜蔬一样。 |

在希伯来人的观念里，宇宙的秩序对应人间的秩序。因此，和谐的宇宙观还要求地上人间秩序的和谐。君王是上帝在人间的代表，替上帝秉行公义：

> 我耶和华所膏的古列，我搀扶他的右手，使列国降服在他面前。我也要放松列王的腰带，使城门在他面前敞开，不得关闭。
>
> ——《以赛亚书》45：1

以色列民被掳，这在当时的希伯来圣经作者看来，就是地上没了秩序，公义不在。耶和华创造主在历史里的救赎行为，通过膏立波斯王古列，扫除以色列的敌人来实现。不过，有时君王由耶和华自己充当：

> 耶和华必做王，直到永永远远。
>
> ——《出埃及记》15：18

作为君王，创造主雅威在公义和公平的根基上建立其宝座。① 他与其子民立约，通过自己的拯救行为使他们得以存活。他拣选尘世的君王作为其头生子。② 这样，王权的作用就被恰当地理解为维持公平与公正的保证。③ 与上帝立约的子民，他们的职责就是要通过实践公平与公义来支持并强化

---

① 《诗篇》89：14。
② 《诗篇》89：26—27。
③ 《诗篇》72：1—4。

秩序。很明显，希伯来圣经里的创造观念和秩序观念紧密相联。[①] 通过中国古代创世神话的亮光，笔者认为《创世记》第 1 章里的"秩序"，就是中国古代创世神话强调的"和谐"。这样，《创世记》1—3 章及其相关经文反映的宇宙观，不只是上帝和海水等敌对力量的冲突和争斗，更是上帝创造的和谐世界，它既有宇宙的维度，又有社会的层面，它们作为一个整体，缺一不可。

## 二、时间和空间

中国古籍里的宇宙观，除了阴阳和谐的基本模式，还表现出时空相合的特性。战国时期著名政治家商鞅的老师尸佼，曾对"宇""宙"下过严格的定义："四方上下曰宇，往古来今曰宙"。[②] 宇指空间，宙指时间，时空放在一起才称得上"宇宙"。以下这则神话，着力表现中国古代创世神话里，时间和空间的关系：

> 东方木也，其帝太皞，其佐句芒，执规而治春；南方火也，其帝炎帝，其佐朱明，执衡而治夏；中央土也，其帝黄帝，其佐后土，执绳而治四方；西方金也，其帝少昊，其佐蓐收，执矩而治秋；北方水也，其帝颛顼，其佐玄冥，执权而治冬。
>
> ——《淮南子·天文训》[③]

黄帝及其臣的神话，充分表达了中国古代创世神话里，时间和空间相

---

① Archie C. C. Lee, "The Dragon, the Deluge, and Creation Theology", in *Doing Theology with People's Symbols and Images*, eds. Yeow Choo Lak and John C. England (Singapore: ATESEA, 1989), pp. 110–123.

② 尸佼撰，谢希深注：《尸子》卷上，台北：台湾中华书局，1966，第 5 页。

③ 何宁撰：《淮南子集释》，北京：中华书局，1998，第 183—188 页。这一段古文是说东方的天地是太皞（伏羲），辅佐他的是木神句芒，手里拿了一个圆规，掌管春天；南方的天帝是炎帝，辅佐他的是火神祝融，手里拿了一支秤杆，掌管夏天；西方的天地是少昊，辅佐他的是金神蓐收，手里拿了一把曲尺，掌管秋天；北方的天地是颛顼，辅佐他的是水神玄冥，也就是海神兼风神的禺强，手里拿了一个秤锤，掌管冬天。黄帝本人则住在天庭的中央，辅佐他的是土神后土，手里拿了一根绳子，四面八方都管。以上解释的文字可以参阅袁珂：《中国神话传说》，北京：人民文学出版社，1998，第 176 页。黄帝和其大臣的职司，还可参见 Robert Shanmu Chen, *A Comparative Study of Chinese and Western Cyclic Myths* (New York: Peter Lang Publishing, 1992), pp. 30–31.

合的观念。孙福万指出，中国古代创世神话里设想的神话宇宙观模式，是以四季和四方为时间坐标，在太阳神崇拜的基础上，提出的关于宇宙的四种象征模式系统：即东方（春季）模式系统；南方（夏季）模式系统；西方（秋季）模式系统；北方（冬季）模式系统。这种时空相合的观念，它的基本特征是：四季和四方互相认同，时空意识浑然一体。其次，由于观察太阳的运行来描述自然，这样的宇宙观便呈现出循环往复的特征。①

从中国古代创世神话的时空相合看《创世记》1—3章，后者也提到六天的创造次序，和空海陆不同层次的创造。《创世记》第一句就以一个时间观念"起初"（בְּרֵאשִׁית）开启全篇。② 祭司作者以高超的文学技巧，将上帝创造的活动安排进七天的结构内。③

就空间而言，祭司作者将六天的创造分成两个部分，每一部分包括四个创造行为，其中第三天和第六天各自包括了两个创造行为。④ 第二天，上帝通过分开诸水，创造了穹苍（1:6—1:8）。到了第三天，上帝分开水和旱地（1:9—1:10）。结果，海的创造是上帝第二天和第三天创造行为的副产品。笔者以图表的形式将六天的创造结构表示如下：

| 空间场合 | | 被造物 | |
|---|---|---|---|
| 第一天 | 光 | 第四天 | 光体 |
| 第二天 | 穹苍 | 第五天 | 水里的鱼，飞鸟 |
| 第三天 | 旱地；青草、菜蔬、树木 | 第六天 | 野兽、牲畜、昆虫；人类 |

从中国古代创世神话时空相合的特性，笔者意识到《创世记》1—3章提到六天的创造和空海陆不同层次的创造。但是否可以就此说古代以色列人的宇宙模式，也是建立在时空相合的基础上？笔者认为不能做这种简

---

① 杨宽：《楚帛书的四季神像及其创世神话》，载《杨宽古史论文选集》，上海：上海人民出版社，2003，第354—372页；孙福万：《原始神话：中国哲学的起源》，《北京教育学院学报》1 (1999): 44。

② Walther Eichrodt, "In the Beginning: A Contribution to the Interpretation of the First Word of the Bible", in *Israel's Prophetic Heritage: Essays in Honor of James Muilenburge*, ed. B. W. Anderson and W. Harrelson (New York: Harper & Row, 1962), pp. 1–10.

③ 具体讨论，请参阅本书第一章第二节。

④ 不过，在这个几乎对称的创造模式里，有些许不一致的地方，这是因为水自始至终都不是上帝的造物，而是本身就有的。

单机械的理解。祭司作者在《创世记》第 1 章里展现的七天顺序，并不意味着真正的时间，它是一种框架，一种叙事的顺序。就像在舞台上或者在电影艺术里通过展现春夏秋冬四季的变化，来说明时间的流动一样，六天的顺序只是要说明上帝的创造依循严谨的秩序。"神造万物，各按其时成为美好"（《传道书》3: 11），创造不是随心所欲的任意胡为。所以，尽管中国古代创世神话为我们提供了理解《创世记》第 1 章的亮光，但是我们不能用中国古代创世神话里时空相合的观念去理解《创世记》第 1 章里结构严谨的创世秩序。因为，祭司作者的兴趣不是要表达时间的进程，而是要强调秩序的井然。

从中国古代神话看《创世记》1 — 3 章反映的宇宙观，后者没有时空相合的特性，笔者认为这是要突出上帝创造的能力。因为时空相合，意味着宇宙自成一体。但是古代以色列人是要表达上帝创造了宇宙，宇宙不是自生的。上帝是神，创造主和被造物之间的分野非常明显。以《创世记》1 — 3 章反观中国古代创世神话的宇宙观，中国古代创世神话里的时空相合，却导致别样的神人关系。长沙马王堆三号汉墓出土的战国佚书四种，其中《十六经·立命》明确记载着黄帝的奇特面貌："昔者黄宗（帝）质始好信，作自为象（像），方四面，傅一心。四达自中，前参后参，左参右参，贱立履参，是以能为天下宗。"[1] 中国古代先民本来认为是太阳神创造了空间方位（四方），后来在将这一朴素观念人格化的过程中，太阳神变成了半人半神的黄帝，四个空间方位也随之变成了黄帝的四张面孔。何新曾说："上古时代的中国曾经广泛流行着对太阳的崇拜。这些崇拜太阳神的部落，也许并非来源于同一个祖系，但他们都把太阳神看成自身的始祖神，并且其酋长常有以太阳神为自己命名的风俗。"[2] 也许正是因为各个部落的酋长常常以太阳神为自己命名，再加上中国人固有的始祖神崇拜。所以后来，太阳神也就逐渐与中华民族最大的酋长——始祖神——黄帝合为一体了。因此，我们看到神话传说中的黄帝往往兼具双重身份：既是天神，又是人王。[3] 因此，根据《创世记》1 — 3 章创造和被造的关系，再看中国

---

① 孙福万：《原始神话：中国哲学的起源》，《北京教育学院学报》1(1999): 44。

② 何新：《诸神的起源：中国远古神话与历史》，北京：民主与建设出版社，2018，第46 —
47 页。

③ 袁珂：《中国神话传说》，第 43 — 45 页。

古代创世神话里时空相合的宇宙观，笔者发现后者呈现出神人无间的状态。因为后者的神人无间，笔者将《创世记》1—3 章里上帝和人类创造和被造的关系，理解成神人分野的状态。① 可见，这样的跨越解读，无论对理解中国古代创世神话，还是《创世记》1—3 章，都能产生新的认识。

　　如果说《创世记》第 1 章中七天的时间构架，并没有真正反映希伯来人的时间观念，那么真正的时间观念，在《创世记》1—3 章里如何体现？在希伯来语里，普通意义上的"时间"由 עֵת 表示。② 它可以表示"许多次"，③ 不过，多数情况下表示短暂的处境，译成"那个时候"；还有一种含义是"霉运"，表示持续一段时间的糟糕状况；④ 另一个经常被使用的含义是"适合的时机""恰当的时候"，例如，《传道书》里罗列的在什么时间做哪些具体事情。⑤ 在恰当的时间做恰当的事情，就被认为是有智慧的。最后，这个词的复数形式，往往表示经历或者命运。⑥

　　在中国古代创世神话里，因为时间的流动，使得人们对时间的理解，不仅停留在宇宙创造的层面，也唤起人们对生命久暂的思考。尽管天地被盘古分开，但是它们之间依然相互交通。通过宇宙山和宇宙树的连接，神人之间能够自由往来。但是神人和谐的局面不久就被蚩尤反叛的神话事件打乱了。⑦

　　在中国古代创世神话里，初民把宇宙间人的存在，看成是从持续的现

---

　　① 关于希伯来圣经和中国古代创世神话各自表达的神人关系，笔者在本章第四节还会详细讨论。

　　② 《创世记》1：14 里有表示时间的词 מוֹעֵד（appointed time）。但是笔者并不确定 עֵת 和 מוֹעֵד 之间有什么词源上的关联。所以，这里只提 עֵת，并不涉及 מוֹעֵד。Francis Brown, S. R. Driver and Charles A. Briggs, eds., *The Brown-Driver-Briggs Hebrew and English Lexicon*, p. 417.

　　③ 前者例如《尼希米记》9：28 里提到，"屡次（עִתִּים）照你的怜悯拯救他们"。

　　④ 例如《阿摩斯书》5：13，《诗篇》9：10；37：39。

　　⑤ 经文："凡事都有定期，天下万物都有定时。生有时，死有时；栽种有时，拔出所栽种的也有时；杀戮有时，医治有时；拆毁有时，建造有时；哭有时，笑有时；哀恸有时，跳舞有时；抛掷石头有时，堆聚石头有时；怀抱有时，不怀抱有时；寻找有时，失落有时；保守有时，舍弃有时；撕裂有时，缝补有时；静默有时，言语有时；喜爱有时，恨恶有时；争战有时，和好有时。"（《传道书》3：1—3：9）

　　⑥ 例如《历代志上》29：30，《以赛亚书》33：6，《诗篇》31：16。

　　⑦ 蚩尤，实际上是一个勇猛的巨人族的名称。这一族人住在南方，据说是炎帝的子孙后代。人身牛头，是介乎神人之间的不平凡族类。唐君毅对中国文化的特质有精辟的见解，他认为中国文化是神人不分或者少分的状况，这样天人合一才有了连贯的基础。参见唐君毅：《中国文化之精神价值》，台北：正中书局，1959，第 22—24 页。

在之坠落。① 平定蚩尤叛乱后，为了杜绝类似反叛的发生，黄帝派重黎二神分开天地，隔绝神人之间的交通。蚩尤的反叛最终导致时间的经验作为支持存在的根据和有限性，这是对永生的剥夺和否定。神人隔绝，生命有限。陈山木（Robert Shanmu Chen）的观点非常新颖，他认为此刻太阳不再是从盘古的左眼化身出来的，也不再是向人间广施光热的恩惠之神，它已经成为计量时间流逝、见证生命衰老的事物。更何况在中国古代创世神话里记录着曾经有十个太阳，这说明人们对时间的一去不返已经有了彻骨的感受。② 十日神话里，每个太阳穿越天空的不同区域，代表了一天的确切时期：

> 汤谷上有扶桑，十日所浴，在黑齿国北。居水中，有大木，九日居下枝，一日居上枝。
>
> ——《山海经·海外东经》③

余英时指出，在西周时期，人们念诵祷文，向祖先或者上天祈求长生是最流行的做法，但是到了春秋时期，永生的概念出现，和传统观念在根本上有了区别。在战国末期，祈求永生成了非常普遍的崇拜仪式。这种转变说明人们开始反抗生命的有限。④ 反映在神话里，"夸父逐日"的故事非常能够说明这一点：

> 大荒之中，有山名曰成都载天，有人珥两黄蛇，把两黄蛇，名曰夸父。夸父不量力，欲追日景，逮之于禺谷。
>
> ——《山海经·大荒北经》⑤

---

① Mircea Eliade, *Cosmos and History: The Myth of the Eternal Return*, trans. Willard R. Trask (Harper: New York, 1959), p. 75.

② Robert Shanmu Chen, *A Comparative Study of Chinese and Western Cyclic Myths*, 34.

③ 袁珂译注：《山海经》，台北：台湾古籍出版有限公司，1998，第308页。相关的十日神话："汤谷上有扶木，一日方至，一日方出。"（《山海经》，第375页。）

④ Yu Ying-shih, "Life and Immortality in the Mind of Han China", *HJAS* 25 (1964–1965): pp. 87–90.

⑤ 袁珂译注：《山海经》，第434页。夸父逐日的相关神话："（夸父）渴欲得饮，饮于河渭，河渭不足，北饮大泽，未至，道渴而死。弃其杖，化为邓林。"（《山海经》，第434页。）

禺谷是太阳落下的地方，邓林（桃林）是永生的象征。夸父令人难以置信的口渴则说明人类意识到天地隔绝造成人类生命的短暂，手杖变成桃林可以看成是人类不倦的反抗意志，这样多少缓和了人类对生命终点的厌恶感。①

在中国古代创世神话里，人类对时间的抗拒甚至获得了某些神祇的同情和参与，后羿和十日的神话能够说明这一点：

> 羿焉弹日？乌焉解羽？
>
> ——《楚辞·天问》②

后羿对完全由太阳（时间）主宰的局面非常气愤，他要摧毁它们。由于他的反叛，他遭到了严厉的惩罚，不过人类对这位神射手还是充满敬意的。③

由于反抗时间最终都会失败，因此中国古人没有沉湎于对时间的抗拒而不能自拔，最终他们还是通过神话表达了自己和时间和好的愿望。④ 嫦娥奔月正是这样的神话类型：

> 羿请不死之药于西王母，姮娥窃以奔月，怅然有丧，无以续之。
>
> ——《淮南子·览冥训》⑤

在陈山木看来，嫦娥被放逐到月亮上，说明在俗世，要超越时间的樊篱是不容易的。因此，只有回归彼岸世界，与时间的张力才能缓和下来。⑥

---

① Robert Shanmu Chen, *A Comparative Study of Chinese and Western Cyclic Myths*, p. 34.
② 屈原著，黄寿祺、梅桐生译注：《楚辞·天问》，台北：台湾古籍出版有限公司，1998，第68页。
③ Robert Shanmu Chen, *A Comparative Study of Chinese and Western Cyclic Myths*, p. 36.
④ Ibid.
⑤ 何宁撰：《淮南子集释》，第501页。
⑥ Robert Shanmu Chen, *A Comparative Study of Chinese and Western Cyclic Myths*, p. 36.

月亮象征了生命的循环和更新。[①] 因此，嫦娥奔月的神话就蕴涵了古人渴望回到时间之初，渴望和时间达成和解的意义。[②]

　　陈山木在众多研究中国古代创世神话的学者里面，可以说独树一帜。在所有学者一概认为十日神话是灾难神话的时候，他能够将十日神话、夸父逐日，以及嫦娥奔月的神话串联起来，整合出中国古人对时间和生命的态度。从十日神话里，他看到古人深刻地认识到生命的有限；从夸父逐日的神话里，他感受到人们反抗生命有限所作的努力；在嫦娥奔月的神话里，他认识到人类从反抗时间的失败里走出来，最终与时间达成和解。陈山木对这三个神话作如此理解，对于我们把握中国古代神话里的时间观念有很大帮助。[③]

　　中国古代创世神话里，时间代表了人类生命的有限，在《创世记》3:22 里，עוֹלָם 被用来指遥远的时间，译为"亘古""永恒"。[④] 通常，这个词描述上帝的本质或者他建立的制度，决不会用在有限的人类或者存在物上面。[⑤] 这样，从中国古代创世神话有限的时间观念看 עֵת 和 עוֹלָם 这两个表示时间的词，首先 עֵת 不是一个抽象的时间观念，它总是和事物联系在一起。其次，时间既是短暂的 עֵת，又是恒长的 עוֹלָם。当它表示短暂的时间，往往和人类的生活以及命运息息相关。而且，短暂的时间运用到人类，也暗示人生的短暂和无常。当它表示恒长时间时，也就表达了上帝永恒的属

---

　　① 由于古人渴望回归乐园，渴望更新自身，最初的神话编辑就将人的生命节律和月亮的周期循环融合在一起。"重要的是，人类感觉到必须重建宇宙生成的过程，而无论这种重建的本质是怎样的；这样的重生使得他在当下，体验到宇宙开始的神圣时刻，他也觉得有必要返回到这样的时刻，这样可以使自己的生命得到更新。"Mircea Eliade, *Cosmos and History*, pp. 76—77.

　　② Robert Shanmu Chen, *A Comparative Study of Chinese and Western Cyclic Myths*, p. 36.

　　③ 显然，他的观点受到伊利亚德神话理论的启发，认为神话都有原型回归的特点，创世神话经历"创造—堕落—再造"的过程，初民对时间的理解也经历了从抗拒到和解的过程。但是，我们要问这是否是中国古代神话表达的本意。其实，在笔者看来，陈山木的研究似乎已经违背了伊利亚德神话理论当初所具有的科学性。尽管他将这三个神话和时间联系起来理解是有价值的，但是否它们遵循了一个从抗拒到和解的过程，有待商榷。见米恰尔·伊利亚德著，杨儒宾译：《宇宙与历史：永恒回归的神话》，台北：联经出版事业公司，2000.

　　④ 表示遥远的过去，通常译作"亘古"，如果表示遥远的将来，就译作"永远"。见James Barr, *Biblical Words for Time* (London: SCM Press, 1962), p. 117.

　　⑤ Ibid.

性。<sup>①</sup> 通过《创世记》1—3章里的时间观念和中国古代创世神话之间的跨越解读，笔者认识到时间总是和人类生命的有限联系在一起。不论中希，道理都一样。从《创世记》1—3章看中国古代创世神话，人类最终接受了时间的易逝和生命的有限，他们认识到没有永恒的时间；从中国古代创世神话再反观《创世记》1—3章，永恒的时间属于上帝，人类还是有限的存在者。无限和有限，成就神人之间的分野。

综上所述，笔者运用跨文本诠释的方法，考察了《创世记》1—3章和汉文古籍里的宇宙观。以前，笔者一直认为古代以色列人的宇宙观受古代美索不达米亚创世神话的影响，强调上帝和海水之间的冲突。首先，通过考察中国古代创世神话里阴阳和谐的宇宙观，反观《创世记》第1章，笔者发现后者的祭司作者有自己的神学贡献，他们强调和谐的宇宙观，具体表现在让宇宙的秩序和人间秩序对应。其次，宇宙论里两个基本元素——时间和空间，在中国古代创世神话里呈现合一特质。由此，笔者反观《创世记》1—3章的时间和空间，最终发现那并不是真正意义上的时空相合，甚至时间也不是中国古代创世神话里表达的观念。在《创世记》1—3章及其相关经文里，时间既有短暂的含义，适用于普通人；同时它也有永恒的涵义，表达上帝的属性。中国古代创世神话里的时间，正好体现了古代以色列人短暂、易逝的时间观念。而《创世记》1—3章里表达的永恒时间观念，恰恰体现了古代以色列人关于神人分野的神学思想。

我们讨论两种神话里的宇宙观，如果没有涉及宇宙创造的内容，这样的宇宙观就是干瘪的。接下来的一节，我们重点讨论两种创世神话下，宇宙起源的内容。借助跨文本诠释的方法，笔者希望进一步加深对这两种宇宙论的认识。

## 第二节　《创世记》1—3章和中国古代创世神话的宇宙起源论

《创世记》1—3章反映出希伯来人"通过话语的创造"和"通过行为

---

① 这就像希伯来语בָּרָא的主语是上帝一样。从用词上的差异，表明主体的属性和身份。详细讨论，可以参阅本章第二节。

的创造"观念。[①] 这两种创造类型多少受到古代美索不达米亚宇宙创造方式的影响。[②] 那么中国古代创世神话，表现出怎样的宇宙生成类型？这一节里，笔者将《创世记》1—3章反映的宇宙创造类型看成文本 A，中国古代创世神话里的宇宙生成类型看作文本 B。[③] 将文本 A 和文本 B 作跨文本阅读，探讨它们之间可能出现的丰富和转化。

## 一、בָּרָא/"创造"

古代以色列人的宇宙起源论是以创造论为基础，并且继承古代近东其他地区的创造观而成的复合品。因此，要考察《创世记》1—3章里的创造观念，首先就要对他们使用的"创造"一词的词源有所了解，探索古代以色列人在何种程度上，对"创造"做了比古代近东更进一步的理解。

在阿卡德语里，"创造"一词是 banû，除了有创造的意思，它还表示"建造"（一座房屋或者城市）、"制造"（一座雕像或者小船）、"生养"等众多含义。在宇宙起源的背景下，这个词的主语往往是神祇。它的反面意思是"毁灭"（abâtu）。[④] 不过，在《埃努玛·埃利什》里，和创造发生关联的还有其他动词，例如 epēšu（to make），它的宾语可以是人类、地区，

---

① 有的学者，例如冯拉德，主张应该将《创世纪》1划分成 P^A（通过行为的创造叙事）和 P^B（通过命令的创造叙事）。诺思（Martin Noth）虽然认为这种纯粹的来源划分不成功，应该用传统—历史方法加以弥补，但是在划分的观念下，他和冯拉德达成一致见解。安德森（Bernhard W. Anderson）从纯粹的文学批判角度认为，这样的划分没有必要。笔者认为和《创世纪》2—3章相比，通过命令的创造叙事依然是《创世纪》第1章的特色。与其强行划分，不如承认它们之间存在合一的特征；而且这样的合一，也暗含着《创世纪》第1章和《创世纪》2—3章合一的可能。G. von Rad, *Genesis: A Commentary*, trans. J. H. Marks (London: SCM Press, 1963), 64; Martin Noth, *A History of Pentateuchal Traditions*, trans. Bernhard W. Anderson (New York: Prentice-Hall, 1972), 10–12, 235; Bernhard W. Anderson, *From Creation to New Creation: Old Testament Perspectives* (Minneapolis: Fortress Press, 1994), p. 44.

② 请参阅本书第一章第三节。

③ 笔者特意选择了宇宙创造类型和宇宙生成类型这两种说法。因为在笔者看来，希伯来宇宙起源方式从根本上说是创造论的，而中国古代创世神话是生成论的。无论是创造论还是生成论，它们都在言说宇宙是怎么来的，也就是表达一种宇宙起源观。

④ 例如《埃努玛·埃利什》里，马杜克获得了通过话语进行创造和毁坏的能力。James Bennett Pritchard, *Ancient Near Eastern Texts Relating to the Old Testament*, trans. W. F. Albright (Princeton, N. J.: Princeton University Press, 1969), pp. 64–65.

也可是风暴；[1] 还有 *bašāmu D*（to form），它的宾语有神祇的居所等；[2] 另外就是 *izuzzu š*（to set up，bring into being），它的宾语有龙、人类，还有众星。[3]

希伯来语用 בָּרָא（to create）表示创造。[4] 这个词的基本意思还有"建造"（to build）和"生出"（to give birth to）。[5] 就这个词语的意思来说，它和闪语词根 בנה（to build）有紧密的联系。然而，从语言的历史来看，בנה 又不可能来自词根 ברא。[6] 因此，希伯来词语 בָּרָא 最初的意思可能不是"建造"和"生出"。

在中文和合本圣经里，בָּרָא 被翻译成"创造"。但是中文里这个词，最初并没有宇宙起源上的意义。汉语大词典对"创造"的理解，主要有三层意思。[7] 第一个意思就是"发明"："后汉张衡始复创造。"（《宋书·礼志五》），第二层意思是"制造""建造"："诸葛诞创造凶乱。"（《三国志·曹髦传》），第三种意思是"创作"："其见《汉书》二十五……其二十七，臣所创造。"（《后汉书·应劭传》）。

因此，汉语"创造"一词的最初意思，类似《创世记》2—3 章里的 עָשָׂה（to do, make），或者 יָצַר（to form, fashion）。[8] 后来，和合本圣经使用这个词，却是在宇宙起源意义上的，成为 בָּרָא 的中文译名，而且它的主语是上帝，不是雅威。[9] 这样，在翻译的过程里，希伯来语 בָּרָא 赋予了古

---

① Ibid., VII, 90, 89; I, 126.

② Ibid., V, 1.

③ Ibid., I, 141; VI, 5; V, 2, 4; G. Johannes Botterweck and Helmer Ringgren, *Theological Dictionary of the Old Testament*, trans. John T. Willis (Grand Rapids, Mich.: Eerdmans, 1974), p. 244.

④ Francis Brown, S. R. Driver and Charles A. Briggs, eds., *The Brown-Driver-Briggs Hebrew and English Lexicon* (Peabody: Hendrickson, 2003), p. 135.

⑤ 它的词根在希伯来圣经以外的其他较为古老的闪族语言里都找不到，可能它和古老的南部阿拉伯语有关联。Ernst Jenni and Claus Westermann, *Theological Lexicon of the Old Testament*, trans. Mark E. Biddle (Peabody, Mass.: Hendrickson Publishers, 1997), p. 253.

⑥ Ibid.

⑦ 《汉语大词典简编》上卷，上海：汉语大词典出版社，1998，第 253 页。

⑧ Francis Brown, S. R. Driver and Charles A. Briggs, eds., *The Brown-Driver-Briggs Hebrew and English Lexi- con*, p. 427, p. 793.

⑨ 需要注意的是，《创世纪》1:21 和 27 节里的 בָּרָא 在和合本里被译成"造出"，而不是"创造"。但是这并不影响笔者的观点。因为在 2:4b—3:24 里的 עָשָׂה 或者 יָצַר，一律没有翻译成"创造"。"创造"是专属于 בָּרָא 的。从动词的翻译差别，也可以看出主语使用的不同。

代汉语"创造"一词新的内涵。从这个例子可以看出，文本之间的跨越和交流所带来的丰富和转化，在笔者之前就有人实践着。

带着对汉语"创造"一词的理解，笔者进一步认识到希伯来语 בָּרָא，它绝无例外地指神圣的创造，而且这个动词常常以 Qal 的形式出现（38次），较少以 Niphal 这样的被动形式出现（10 次）。[1] 在《创世记》第 1 章里，בָּרָא 被单独使用，而且只适用于上帝。[2] 作为一个特殊的神学词语，בָּרָא 表达了上帝创造的工作和人类制作能力之间的失衡和冲突，这种张力在汉语"创造"的古代含义里很难见到。

既然"创造"在汉文古籍里，并没有宇宙起源意义，那么汉文古籍表现宇宙起源，使用的词语是怎样的？这个问题涉及中国古代创世神话里宇宙生成的方式。通过和《创世记》1 — 3 章宇宙创造方式所做的跨文本诠释，笔者希望在下文得到对两种宇宙起源方式更为丰富的理解。

## 二、希中宇宙起源方式

几乎所有的学者都认为《创世记》1 — 3 章可以分成两个来源，它们分别是《创世记》1: 1 — 2: 4a，这是祭司典的创造故事；另外一个就是《创世记》2: 4b — 3: 24，这是雅威典的创造故事。祭司典的创造故事写自被掳巴比伦的祭司之手，虽然它被编排在圣经的开篇，但是成书时间较迟。其次是雅威典的创造故事，一般认为《创世记》2: 4b — 3: 24 写于以色列的君主制时期。它们表现了不同的宇宙创造方式，前者是上帝通过话语的创

---

① 然而，在诗歌的文本处境里，בָּרָא 和 עָשָׂה（to do, make）平行使用过。例如，《以赛亚书》41: 1, 7; 45: 7, 18，以及《阿摩司书》4: 13。בָּרָא 也和 יָצַר（to form）一起使用。例如《以赛亚书》43: 1, 7; 45: 7, 18, 和《阿摩司书》4: 13。בָּרָא 也和 כּוּן（to establish）一起使用过。例如《以赛亚书》45: 18。בָּרָא 也和 יָסַד（to found）一起使用过。例如《诗篇》89: 12。最后，这个词还和 חָדַשׁ（to renew）一起使用过。G. Johannes Botterweck and Helmer Ringgren, *Theological Dictionary of the Old Testament*, p. 246.

② 希伯来圣经对"创造"的理解，拥有如此众多的含义，这种情况和英语世界是一样的。翻开英文近义词词典，我们看到对"创造"一词的解释也可以使用其他动词。其中大多数和希伯来人对"创造"的理解是一致的，不过英文对这个词语的理解，似乎意义更为丰富。例如 produce, make, originate, invent, innovate, set up, establish, constitute, cause, beget, give birth to, develop, formulate, perform, provide, reproduce 等等，几乎有三十五种之多。Fran Alexander, ed., *Bloomsbury Thesaurus* (London: Bloomsbury, 1997), pp. 361–362.

造，后者是雅威采用的具体行为的创造。①

中国古代创世神话里的宇宙创造方式，又呈现怎样的特色？纵观中国古籍里的创世神话，大致有以下几种类型：②

1. 蛋生型

普遍为人所知的蛋生型的宇宙起源神话当数三国时吴国的徐整所编盘古神话：

> 天地混沌如鸡子，盘古生其中，万八千岁，天地开辟，阳清为天，阴浊为地，盘古在其中，一日九变，神于天，圣于地。天日高一丈，地日厚一丈，盘古日长一丈。如此万八千岁，天数极高，地数极深，盘古极长，后乃有三皇。
>
> ——《艺文类聚》引《三五历记》③

这里把天地浑然一体的状态比喻成一个鸡蛋，盘古巨人就是这枚鸡蛋里孕育的生命，他是天地的头生子。④ 宇宙蛋的意象和《创世记》第 1 章里上帝创造前的状态 תהו ובהו 有参照理解的可能。⑤

---

① 古代美索不达米亚创世神话除了上述两个特征以外，还有通过争战或者孕育而来的创造。创造从一系列生育而来的观念，要早于从争斗而来的创造观念。请参阅本书第一章第三节的讨论。

② 关于中国古代创世神话里的创世方式的分类，参见了 Mircea Eliade, *The Encyclopedia of Religion*, 4 vol. (New York: Macmillan Publishing Company, 1987), p. 94；陶阳、钟秀：《中国创世神话》，上海：上海人民出版社，1989，第 146 – 165 页。

③ 唐·欧阳询撰，汪绍楹校：《艺文类聚》，上海：中华书局，1965，第 2 – 3 页。《三五历记》一书已佚。"三五历记"意指言三王五帝之史。

④ 其实，宇宙卵的神话原型在世界各地都普遍流传，不是中国古代创世神话里的盘古神话，或者任何其他民族创世神话的专利。韩湖初就认为，每个文明的原始人，都有可能独立地创造出卵生宇宙的神话。因此，中国完全有可能产生出自己的盘古神话，这一点并不奇怪。详细讨论可以参阅本书第二章，亦可参阅韩湖初：《盘古之根在中华——驳盘古神话"外来说"》，《广西师院学报·社会科学版》19. 2(1998): 21 – 29；朱心怡，《盘古神话探源》，《华东人文学报》6 (2004. 7): 1 – 24；摩奴一世著，迭朗善译，马香雪转译：《摩奴法典》，台北：台湾商务印书馆股份有限公司，1998，第 2 – 3 页；侍桁译：《卡勒瓦拉：芬兰民族史诗》，上海：上海译文出版社，1985，第 1 – 15 页；屈万里：《诗经释意》，台北：中国文化大学出版社，1988，第 432 页；司马迁：《史记》上册，北京：中华书局，1969，第 71 页；袁珂译注：《山海经》，台北：台湾古籍出版有限公司，1998，第 386 页；Marie-Louise von Franz, *Creation Myths* (Boston: Shambhala, 1995), pp. 224–232.

⑤ 笔者将在后面详细讨论。

由于这个宇宙起源神话出现得太晚，有学者认为它不具有代表性。[①]
那么在先秦时期，也就是盘古神话有明确记载之前，中国有没有类似的蛋
生宇宙的神话结构？这个问题牵涉到中国古代神话里，另外一种宇宙生成
的方式，也就是自生型的宇宙起源论。

2. 自生型

天地自生型是说天地原本就存在，宇宙万物是自然形成的。[②] 这样的
观念在《淮南子》里，表现得非常突出：

> 古未有天地之时，惟象无形，窈窈冥冥，芒芠漠闵，鸿蒙鸿
> 洞，莫知其门。有二神混生，经天营地。孔乎莫知其所终极，滔
> 乎莫知其所止息。于是乃别为阴阳，离为八极；刚柔相成，万物
> 乃形；烦气为虫，精气为人。
>
> ——《淮南子·精神训》）[③]

这是中国古代创世神话里对宇宙自生型的描述。"二神混生"，据高诱
注，是阴阳混生之意。[④] 阴阳总是互补的，缺一不可。它们不是固定不变
的，而是相互转换成彼此的相应面，因此它们总是处于变动的过程。如果
没有这样恒常的运动和交互转换的力，生命就不可能存在。宇宙就是阴阳
交合而化育出来的，是自己生成的；宇宙有它自己的生机，生生不息地繁
育而成。万物都有自己的生命力，生命的本质就是自我生长，而不是静止

---

① 请参阅本书第二章第一节的讨论。

② 陶阳、牟钟秀：《中国创世神话》，第 146 — 165 页。

③ 何宁撰：《淮南子集释》，北京：中华书局，1998，第 503 — 504 页。其实，宇宙自生
的观念，最初可追溯到《天问》："曰遂古之初，谁传道之？上下未形，何由考之？冥昭瞢
暗，谁能极之？冯翼惟象，何以识之？明明暗暗，惟时何为？阴阳三合，何本何化？"（《楚
辞·天问》）。屈原著，黄寿祺、梅桐生译注：《楚辞》，台北：台湾古籍出版有限公司，1998，
第 63 页。

④ 所谓"阴"最初是指山脉的北面，也就是太阳照不到的一面，后来引申为宇宙的负面、
反面。它拥有大地、月亮以及水等物质特性。相应地，所谓"阳"也就是太阳能照到的山的
那一面，后来引申为宇宙的积极面、正面。它通常和天空、太阳以及火等物质联系在一起。
后来"阴阳"的观念融入了性别的区分，阴代表女性，阳则表示男性。何宁撰：《淮南子集
释》，第 504 页。

不动的死物。[①]

从这则阴阳生宇宙的中国古代创世神话看《创世记》第 1 章，上帝用六天的工夫创造了一个与自己对应的外在于他的宇宙世界，世界万物不过是他想象的产物。这样造物主和被造物从一开始就是分离的，宇宙的秩序也是上帝颁定的，如果上帝不干预，世界随时都有堕入混乱无序的可能。

再从《创世记》第 1 章反观这则中国古代创世神话，宇宙及其万物既是造物者，又是被造者。它们之间没有绝对的区分。没必要追问是谁赋予了秩序，宇宙的秩序是自然生成的，不可能有一个外在于世界的创造主颁布秩序。

在这样跨越理解的基础上，笔者追溯中国古代创世神话阴阳化育天地万物的观念，早在道家创始人老子那里就有：

> 道生一，一生二，二生三，三生万物。万物负阴而抱阳，冲气以为和。
>
> ——《道德经》[②]

这段话的大意是说，浑然一体的"道"禀赋着阴阳二气，阴阳二气的交汇产生出一种融合状态，这种融合状态就化生为天地万物；天地万物又在阴阳二气的激荡下繁衍周流，汇聚为混一的宇宙。[③] 在此，我们可以清楚地看到，创造作为一种分开的行为，暗含了一个二元和增值的过程。这样理解创造有助于我们理解《创世记》第 1 章表现出来的创造观念，从一

---

① 需要指出的是，中国的阴阳观念和西方基督教传统下的道德二元论完全不同。"阴"和"阳"不像善与恶那样，是彼此不相容、敌对的两极，竞相征服和控制宇宙，而是像文中所说的，是相互转换的。Monica Sjöö and Barbara Mor, *The Great Cosmic Mother: Rediscovering the Religion of the Earth* (San Francisco: Harper, 1987), p. 64; Derk Bodde, "Harmony and Conflict in Chinese Philosophy", in *Studies in Chinese Thought*, ed. A. F. Wright (Chicago: University of Chicago Press: 1953), p. 21.

② 沙少海、徐子宏译注：《老子全译》，贵阳：贵州人民出版社，1989，第 84 页。

③ 成复旺：《"盈天地间只是一个大生"：重谈中国古代的宇宙观》，《东南学术》3 (2001): p. 74，卜德（Derk Bodde）将"一"解释为"无分别的存在"，"二"是指这种存在被分开，形成天与地。参照盘古神话，"三"指天、地以及万千事物。阴阳可以在万千事物里找到，气（风，呼吸或者能量）起到和谐协调的作用。塞·诺·克雷默著，魏庆征译：《世界古代神话》，北京：华夏出版社，1989，第 345 — 381 页。

到二级再到多元：光／暗，天／地，陆地／海水，白昼／黑夜，以及各从其类。从中国古代创世神话对创造的理解看《创世记》第1章，带给笔者很多启发。[1]

无论是蛋生型还是自生型，其实都有一个关键词："生"。"生"的基本前提是混沌的存在。混沌在中国古代宇宙起源神话里的作用，可以通过开辟型创世神话体现出来。

3. 开辟型

开辟型的宇宙观，认为宇宙原是混混沌沌的，天地粘连在一起，像一团迷雾。后来有神祇将天地分开，才有了现在这样的世界和滋生万物的大地。[2] 最著名的开辟神话要数盘古大神分开天地的事迹了：

> 天地混沌如鸡子，盘古生其中，万八千岁，天地开辟，阳清为天，阴浊为地，盘古在其中，一日九变，神于天，圣于地。天日高一丈，地日厚一丈，盘古日长一丈。如此万八千岁，天数极高，地数极深，盘古极长，后乃有三皇。
>
> ——《三五历记》[3]

这段话是说，当盘古在混沌里面活动的时候，创造也就开始了。在一万八千年以后，混沌被撕开，盘古站立于阴阳之间，推开天地。如果说这里开辟主题还不十分明显，那么下面这一则神话就明白无误地表达了开辟（分开）的宇宙创造观念。

> 盘古将身一伸，天即渐高，地便坠下。而天地更有相连者，左手执凿，右手执斧，或用斧劈，或以凿开。自是神力，久而天地乃分。二气升降，清者上为天，浊者下为地，自是而混沌开矣。
>
> ——《开辟衍绎通俗志传》[4]

---

① Archie C. C. Lee, "Genesis 1 from the Perspective of A Chinese Creation Myth", in *Understanding Poets and Prophets: Essays in Honour of George Wishart Anderson*, ed. A. Graeme Auld (Sheffield: JSOT, 1993): pp. 186–198.

② 陶阳、牟钟秀：《中国创世神话》，第 146 — 165 页。

③ 唐·欧阳询撰，汪绍楹校：《艺文类聚》，第 2 — 3 页。

④ 明·周游：《开辟衍绎通俗志传》，成都：巴蜀书社，1999，第 4 — 5 页。

这一则神话里的盘古，较《三五历记》里的那个盘古更加人性化，他的创造活动也更具体。"左手执凿，右手执斧"，想必也是后人在徐整的基础上所作的演绎。不过，它倒是更加清楚地表达了宇宙由开辟而来的创造方式。

在盘古开天辟地神话的启发下，笔者意识到希伯来圣经里，祭司表达创造观念就是以"分开"（בָּדַל）这样的动作实现的。创造通过一系列"分开"的行为：分开光暗（1:3），将水分为上下（1:6—1:7），旱地与水分开（1:9）。于是，导致空间（天和地）和时间（日与夜）的分开。在此基础上，仔细考察希伯来语"创造"（בָּרָא）一词，笔者发现它不只是一般意义上的 create，还有"分开"（to cut, separate）的意思。① 这样，在《创世记》第 1 章里，话语的创造和"分开"的动作结合起来。因此，通过和盘古开天地神话的跨文本诠释，笔者认为《创世记》第 1 章并不只是一般学者认为的通过话语的创造方式，它清楚地表明创造就是通过"分开"这样的行为而来。这样，《创世记》第 1 章和 2—3 章的创造叙事，一方面显示了希伯来创世神话里创造的多样性，另一方面又暗含着合一的精神。

另外，笔者在盘古开天地的神话和《创世记》第 1 章之外，发现这个主题在美索不达米亚神话里就有，可以追溯到苏美尔创造传统。② 巴比伦神话《埃努玛·埃利什》里，玛杜克将提阿玛特的尸体撕成两半，天和地就是由女神被撕碎的尸体演化成的。③ "分开"的行为成为创造的基础，它在各地创世神话里如此普遍，已然成为一种创世神话的母题。④ 单独分析《创世记》第 1 章或者盘古开天地神话，无法得出这种认识。

但是《创世记》第 1 章分开的是什么？祭司作者使用 תֹהוּ וָבֹהוּ 描述上帝创造前的状态。⑤ 笔者以为仅凭这里出现这样一个词语，看不出祭司作者有任何积极或者负面的情感在里面。但是当笔者走进"混沌七窍"的中

---

① 在《约书亚记》17:15, 18；《以西结书》23:47 里，这个动词意味着"切割"或者"割成碎片"。在同义词词典 Thesaurus 里提出了从具体的"分开"（separate, divide），到更为抽象的"创造"（create）。Francis Brown, S. R. Driver and Charles A. Briggs, eds., The Brown-Driver-Briggs Hebrew and English Lexicon, 135; Fran Alexander, ed., Bloomsbury Thesaurus, pp. 361–362.

② Samuel N. Kramer, Sumerian Mythology: A Study of Spiritual and Literary Achievement in the Third Millenniu- m B. C. (Philadelphia: University of Pennsylvania Press, 1972), p. 37.

③ James Bennett Pritchard, Ancient Near Eastern Texts Relating to the Old Testament, p. 67.

④ C. H. Long, Alpha: The Myths of Creation (Chico, CA: Scholars Press, 1963), pp. 64–88.

⑤ 对这个词语的详细解释，可以参阅本书第一章第三节。

国古代创世神话故事，发现在 תהו ובהו 背后，潜藏的是深刻的神学关怀。道家著作《庄子》所说的混沌七凿的神话故事，虽然被归列在开辟类型里，却是联系以上各种类型的纽带。可以说，中国古代创世神话的基础，就在于对混沌的理解：

> 南海之帝为儵，北海之帝为忽，中央之帝为浑沌，儵与忽时相与遇于浑沌之地，浑沌待之甚善。儵与忽谋报浑沌之德，曰："人皆有七窍，以视听食息，此独无有，尝试凿之。"日凿一窍，而浑沌死。
>
> ——《庄子·应帝王》[1]

庄子以拟人手法表明：创造的开始是以凿开混沌为前提的；混沌死后，一个有秩序的宇宙随之诞生。但是道家对混沌是怀有感情的，混沌象征了简约和自然的风格。在老子的《道德经》里，可以看到对混沌的礼赞：

> 敦兮，其若朴；……混（浑）兮，其若浊。
>
> ——《道德经》[2]

庄子对"儵"和"忽"的所作所为多少有负面看法：当混沌受到肤浅的人为的破坏时，简约、自发、自由和创造力也就消失了，他呼吁要回归事物的原始自然状态。因此，秩序在道家那里并不是好东西。[3]

许慎这样解释混沌："混，丰流也，从水，昆声"、"浑，流声也，从水，军声"。[4] 古代汉语对混沌的解释主要从水流的丰茂和流水的声音等物理现象着眼，并没有关于神祇、创造之类的神话解说。但是后来的多数学

---

① 庄子著，张耿光译注：《庄子》，贵阳：贵州人民出版社，1991，第137页。有关混沌对中国古代创世神话的重要意义，笔者的看法受张光直和吉拉多特（N. J. Girardot）等学者的启发。具体讨论，请参阅本书第二章第一节。

② 沙少海、徐子宏译注：《老子全译》，第25页。

③ Anne Birrell, *Chinese Mythology: An Introduction* (Baltimore and London: The Johns Hopkins University Press, 1993), p. 98.

④ 许慎撰，崔枢华、何宗慧校点：《标点注音说文解字》，北京：北京师范大学出版社，2000，第6818、6872页。

者却认为，中国的"混沌"，最大特点就是大水、深渊，指未被创造的和还未形成的最初状态。这个事先存在的混沌以宇宙蛋的形式表现出来，蛋代表了完全、无分别和潜能。① 英文里的"chaos（混乱，混沌）"是"the confused unorganized state of primordial matter before the creation of distinct and orderly forms——contrasted with cosmos（原始物质在形成清晰有序的形式之前的混乱无序状态——与宇宙形成鲜明对比）"，它指的是没有区别，没有分开的状态，而且是混生融合的状态。② 这样，无论是中文里的"混沌"，还是英文里的"chaos"，都可以和希伯来语的 תהו וָבֹהוּ 进行转译，它描述宇宙在诞生以前的状态。庄子对混沌的死表示惋惜，这种态度让笔者留意《创世记》第 1 章对 תהו וָבֹהוּ 的看法。在《创世记》第 1 章里，上帝从空海陆三个层次创造了生命，造出人类后要让其"生养众多，遍满地面"，并且管理其他生命。生命的出现就是对无生命状态 תהו וָבֹהוּ 的否定；上帝分开 תהו וָבֹהוּ，创造万物，各从其类，他为事物颁定秩序，秩序的产生也是对 תהו וָבֹהוּ 的否定。因此，祭司作者对生命和秩序的渴望贯穿了《创世记》1 — 3 章，混沌被看成是创造的对立面，是对创造的威胁。

混沌对创造的威胁，不仅存在于宇宙创造时，它还有现实的社会意义。③ 在《以赛亚书》24 章里，混沌之城就是一个道德上被污染的城市，一个已经失去存在理由的城市，充满无目的的混乱和无序：

地被其上的居民污秽，因为他们犯了律法，废了律例，背了永约。……荒凉的城拆毁（נִשְׁבְּרָה קִרְיַת־תֹהוּ）了，④ 各家关门闭户，

---

① David Yu, "The Creation Myth and its Symbolism in Classical Taoism", *PEW* 31 (1980): p. 481.

② P. B. Gove and the Merriam–Webster, eds., *Webster's Third New International Dictionary of the English Unabridged Language* (Springfield, Mass.: Merriam, 1976), p. 375.

③ 冯拉德认为混沌是一个曾经存在于太古，而且可能永远存在的实体。人们总是觉得在所有的创造背后，存在着混沌、没有任何秩序的深渊；因此混沌简单地意指对被造物的威胁。这样的威胁不仅针对创造，而且还影响到现实社会里公义的实施。G. von Rad, *Genesis: A Commentary*, trans. J. H. Marks (London: SCM Press, 1963), p. 48.

④ נִשְׁבְּרָה，形式是 Niphal，Participle，第三人称，阴性，单数，词根是 שָׁבַר（to break, break in pieces）。קִרְיַת־תֹהוּ 是 construct 结构，קִרְיַת 是 קִרְיָה 的 construct 形式，קִרְיָה 是阴性，单数名词（town, city）；תֹהוּ 是 absolute 形式。Francis Brown, S. R. Driver and Charles A. Briggs, eds., *The Brown-Driver-Briggs Hebrew and English Lexicon*, p. 900, p. 990, p. 1062.

使人都不得进去。

——《以赛亚书》24：5 — 24：10

先知以赛亚对以东的审判也威胁到这个地区恢复到创造时的样子：

> 耶和华必将空虚的准绳（קַו־תֹהוּ）、混沌的线砣（וְאַבְנֵי־בֹהוּ）
> 拉在其上。①

——《以赛亚书》34：11

准绳和线砣通常用在建筑上。这里，它们却是以相反的意义被使用的，是为了还原到混沌的状态。届时，以东将没有国王，变成一片废墟，而这正是上帝不可能创出的大地的样貌，因为：

> 创造诸天的耶和华，制造成全大地的上帝，他创造坚定大
> 地，并非使地荒凉（לֹא־תֹהוּ בְרָאָהּ），②是要给人居住的。

——《以赛亚书》45：18

一个有秩序的世界和适合人类居住的场所，才是创造主创造大地的目的。上帝和他的子民沟通的时候也不会在一个没有秩序的混沌环境里进行：

> 我没有在隐密黑暗之地说话，我没有对雅各的后裔说："你们
> 寻求我是徒然的。"（תֹהוּ בַקְּשׁוּנִי）③ 我耶和华所讲的是公义，所说的
> 是正直。

——《以赛亚书》45：19

上帝的话语维持着创造（《创世记》第1章），使得宇宙从最初的混沌

---

① קַו־תֹהוּ，也是construct结构，קַו 是construct形式，阳性名词（line）；וְאַבְנֵי־בֹהוּ，אַבְנֵי 是construct形式，复数阴性，原形是אֶבֶן，阴性，单数名词（stone）。Ibid., p. 876.

② לֹא־תֹהוּ בְרָאָהּ，לֹא 是否定词（not），בְרָאָהּ，形式是Qal，第三人称，阳性，单数，词根是בָּרָא（to create, shape），跟着一个阴性单数后缀 הּ，指代 the earth。Ibid., p. 135.

③ תֹהוּ בַקְּשׁוּנִי，בַקְּשׁוּנִי 是Peal形式，第二人称，阳性动词，词根是בָּקַשׁ（to seek），跟着第一人称单数后缀 נִי（me）。Ibid., p. 134.

里被释放出来，上帝的话语又继续给历史以秩序和意义。① 因着道家思想对混沌的好感，笔者认识到《创世记》第 1 章里，混沌不纯粹是一种客观的物理状态，它代表着创造的反面力量，不仅从宇宙论上讲，而且混沌也是威胁人间实施公义的邪恶因素。"混沌七凿"的神话，让笔者从反向实现了对 תהו ובהו 的进一步理解。

同时，通过跨越两种宇宙观对混沌的认识，笔者很难得出基督教"从无中创造"（creatio ex nihilo）的神学立场。② 在中国古代创世神话里，天和地并不是从无中创造的。作为宇宙的存在者的盘古是从无分别的物质里分开天和地；中央之帝的混沌，也是拟人化的存在。这样，在中国古代创世神话里，无中不能生有。在《创世记》第 1 章里，混沌作为创造的背景出现，并非一无所有的状态。③ 在中国古代创世神话对混沌的理解，有助于笔者撇开早期基督教神学为了强调上帝的全能，而提出的上帝"从无中创造"的信条。④

无论是蛋生型、自生型，还是开辟型的宇宙生成模式，混沌都是它们的基础。因此，盘古大神成为混沌的头生子；阴阳是从混沌中自生出来的，然后宇宙从它们中间产生；混沌被开辟出来，就形成了宇宙及其秩序。这几种类型都因为混沌而发生关联，如果没有混沌作为基础，划分这些类型，也就没有任何意义。学者通常认为在主要的几个古代文明里，中国是个例外，因为中国没有描述独立于宇宙的来自外部的人格神。⑤ 一些学者，比如吉拉多特（N. J. Girardot）和埃兰（S. Allan），已经指出和讨论了中国创世神话的问题。⑥ 梅耶（John S. Major）断言中国的确有重要的宇宙起源神

---

① G. von Rad, *Genesis: A Commentary*; Bernhard W. Anderson, *Creation Versus Chaos: The Reinterpretation of Mythical Symbolism in the Bible* (Philadelphia: Fortress Press, 1987); Christopher R. North, *Second Isaiah* (Oxford: Clarendon Press, 1964).

② 参阅《罗马书》4: 17,《希伯来书》11: 3。

③ 详细讨论，还可以参阅 Bernhard W. Anderson, *From Creation to New Creation*, 29–30.

④ 早期基督教关于"上帝从无中创造"的讨论，可以参阅 Gerhard May, *Creatio ex nihilo: The Doctrine of 'Creation out of Nothing' in Early Christian Thought*, trans. A. S. Worrall (Edinburgh: T & T Clark, 1994), pp. 148–178.

⑤ Derk Bodde, "Harmony and Conflict in Chinese Philosophy", p. 19.

⑥ N. J. Girardot, "The Problem of Creation Mythology in the Study of Chinese Religion", *HR* 15 (1976): 289–318; S. Allan, *The Shape of the Turtle: Myth, Art and Cosmos in Early China* (Albany: State University of New York Press, 1991), pp. 19–20. 相关的讨论，可以参阅本书第二章第一节。

话，也就是现象世界和最初的混沌区分开来的神话。[①] 这样看来，混沌神话是中国古代创世神话的核心，一切试图破译中国古代创世神话的努力都需要从这里入手。《创世记》第 1 章里，混沌的重要性已然降至上帝创造以下。笔者正是在《创世记》第 1 章里 תהו וָבהו 的基础上，认识到汉籍神话里混沌的基础作用，同时反过来加强了对 תהו וָבהו 在《创世记》第 1 章创造叙事里的理解。

4. 化身型

化身型神话是指某物通过神巨人的力量或神气变成世界万物的故事，其中最突出的是神巨人的身躯化身为万物。[②] 在中国古代创世神话里，盘古的身躯化身为日月江河的神话最为出名：

> 昔盘古氏之死也，头为四岳，目为日月，膏脂为江海，毛发为草木。秦汉间俗说：盘古氏头为东岳，腹为中岳，左臂为南岳，右臂为北岳，足为西岳。先儒说：盘古泣为江河，气为风，声为雷，目瞳为电。古说：盘古氏喜为晴，怒为阴。吴楚间说：盘古氏夫妻，阴阳之始也。
>
> ——《述异记》[③]

笔者以为生育、分开和化身是盘古创世神话里的主题，这最后一个主题业已成为其他版本的盘古故事的主题。[④] 也就是说，上面三种宇宙起源的方式通过混沌连接在一起，而盘古化身的宇宙起源方式和混沌神话是统一的。宇宙巨人盘古化身为宇宙和万千事物，在中国古代创世神话传统里，

---

① J. S. Major, "Myth Cosmology and the Origins of Chinese Science", *JCP* 5 (1978): pp. 1–20.

② 陶阳、牟钟秀:《中国创世神话》, 第 162 页。

③ 任昉撰:《述异记》, 成都: 四川人民出版社, 1997, 第 876 页。对"垂死化身"神话母题的神话－仪式分析, 陈建宪认为它和最初的人祭巫术有关。具体内容, 请参阅陈建宪:《垂死化身与人祭巫术: 盘古神话再探》,《华中师范大学学报》1 (1996): 94; 朱天顺:《中国古代宗教初探》, 上海: 上海人民出版社, 1982, 第 217 页; 肖兵:《楚辞与神话》, 南京: 江苏古籍出版社, 1987, 第 347、352 页; 维科著, 朱光潜译:《新科学》, 北京: 商务印书馆, 1989, 第 98 – 99 页; 列维－布留尔著, 丁由译:《原始思维》, 北京: 商务印书馆, 1985, 第 69 – 70 页; 马昌仪编:《中国神话学文论选粹》上册, 北京: 中国广播电视出版社, 1994, 第 204 页。

④ Archie C. C. Lee, "Genesis 1 from the Perspective of A Chinese Creation Myth", pp. 186–198.

这是个基本的主题。从神学上来讲，盘古的死是自身的消亡、一种牺牲，它被理解成一种创造和建构的力量。世界上的每一个事物都来自他的躯体。因此，我们可以恰当地说，宇宙是盘古的身体，他的死亡使得一切生命的诞生成为可能，这样的牺牲成就了一个有序的创造。盘古被认为是宇宙的头生子，这个第一位死去的巨人使造物圆满了。①

从盘古化身的宇宙起源类型看《创世记》1—3章，上帝用六天最终创造了一个和自己对应的，外在于他的宇宙世界，万有不过是他通过话语命令的结果。耶和华是天神，超越了生死（《创世记》3: 22）。再从《创世记》1—3章回看盘古创世记，它是一次完成的，这之后的人类历史，并没有留下盘古的足迹。宇宙世界就是盘古的血肉生命，是他的人格化身。在此，我们可以深切地体会到中国哲学"天人合一"的思想。盘古创造的世界，其实是华夏古国。盘古是神人同形同性的巨人，他不免一死。

同时反观《创世记》1—3章上帝通过话语和行为的创造方式，它们对中国古代创世神话的独特性，丝毫不亚于化身类型之于《创世记》1—3章。在《创世记》第1章里，这个主题有巨大的神学意义，同时仔细检视它的历史背景也是必须的。葛瑞勒（O. Grether）认为 דָּבָר 话语—思想被使用只是后来的事情，雅威和历史的关系发生在这之前。②只有在《申命记》8: 3，才首次出现了雅威通过话语介入的经文。除了《创世记》第1章使用上帝话语的力量，其他经文也有表现话语的创造力量。③葛瑞勒认为将话语和自然联系起来，是典型的古代以色列人思考的方式，它的重要性在于"承认先知话语在历史里具有形式的权力。"④赫德尔（A. Heidel）的观点和葛瑞勒的类似。他指出马杜克通过话语毁坏或者修复一件袍子，以此要求众神说明他的权力。这在巴比伦创世神话里是唯一对如此权力有所说明的

---

① W. D. Ding, *100 Chinese Myths and Fantasies* (Hong Kong: The Commercial Press, 1985), p. 5.

② O. Grether, *Name und Wort Gottes im Alten Testament*, 135–144; Claus Westermann, *Genesis 1-11: A Commentary*, trans. John J. Scullion (Minneapolis: Augsburg Pub. House, 1984), p. 38. דָּבָר 是动词（to speak），同词根的 דָּבָר 是阳性名词（speech, word）。Francis Brown, S. R. Driver and Charles A. Briggs, eds., *The Brown-Driver-Briggs Hebrew and English Lexicon*, pp. 180–182.

③ 例如《以赛亚书》40: 26; 44: 24; 48: 13; 50: 2; 55: 10,《以西结书》37: 4,《诗篇》33: 6, 9; 147: 15–18; 148: 3–5。

④ O. Grether, *Name und Wort Gottes im Alten Testament*, 135–144; S. J. Tambiah, "The Magical Power of Words", in *Culture, Thought, and Social Action: An Anthropological Perspective*, ed., Stanley Jeyaraja Tambiah (Cambridge, Mass.: Harvard University Press, 1985), pp. 17–59.

地方，而巴比伦其他神祇的话语是没有权能的。①《创世记》第 1 章里，创造主的话语有权能：他命令，于是结果和他的命令有完美的一致。② 这样，话语即权能，话语即行动，《创世记》第 1 章和《创世记》2 — 3 章又一次达到统一。③

因着盘古化身型宇宙起源的特性，笔者认识到《创世记》1 — 3 章里通过话语和行为的创造与众不同。这里的跨文本诠释，是从各自的不同点出发，通过极端的差异，增进对各自宇宙起源的了解。借着中国古代创世神话，四种宇宙起源方式能够在盘古神话里达到统一，笔者认识到《创世记》1 — 3 章里，通过话语的创造和通过行为的创造也是一致的。

综上所述，通过对两种不同文化的宇宙起源论进行跨文本阅读，笔者认为《创世记》1 — 3 章反映的是一种创造论的宇宙起源模式，这种模式以动词 בָּרָא 和 עָשָׂה 等词语表达出来；追溯中文"创造"的含义，它最初没有宇宙起源的意思。因此，考察汉文古籍里表达宇宙起源的方式，就变得非常重要。通过考察中国古代创世神话里的蛋生型、自生型和开辟型的宇宙起源方式，笔者得出它们都以混沌神话为基础的观点。通过对《创世记》第 1 章理解的混沌和中国古代创世神话的混沌所作的跨文本诠释，笔者认识到对混沌的不同态度，暗含着某种神学立场；两种创世神话下的混沌，都否定了"从无中创造"的观念。通过将汉籍创世神话的化身型宇宙起源模式，和《创世记》1 — 3 章里的通过话语和行为的创造进行跨文本阅读，笔者认识到盘古神话将混沌和化身宇宙起源类型统一起来；因着这样的统一，笔者反观《创世记》1 — 3 章，发现通过话语的创造和通过行为的创造，也是可以统一起来的。话语即权力，话语即行动。在这种观念的支配下，祭司作者将通过话语的创造和通过行为的创造编辑在了一起。这样的跨文本诠释，使《创世记》1 — 3 章两种不同的创造方式，在此达到统一。笔者认为这才是《创世记》第 1 章里通过话语创造的真正意义所在，而不

---

① A. Heidel, *The Baylonian Genesis*, 126; Claus Westermann, *Genesis 1-11*, p. 38.

② 例如，和合本《诗篇》33: 9："因为他说有，就有；命立，就立。"

③ S. J. Tambiah, "The Magical Power of Words", pp. 17–59.

是一般读者认为的创造的难易与否。①

## 第三节　《创世记》1—3章和中国古代创世神话的
## 人类起源

　　人类起源神话在创世神话里有着特殊的地位。它和宇宙起源神话，共同构成创世神话的两大基本主题。宇宙起源神话虽然被放在创世神话的开头，但是人类起源神话，却有着非比寻常的意义。因为，人类在创作创世神话的时候，总是从自身的角度出发，考虑和观察周围的事物。一切创世神话也都是为了人类能够理解，并且对人们的生活起到引导和规范作用。而人类起源的神话，就有性别差异、人类结合、生育繁殖，以及生老病死这样一系列的神话。在这一节里，笔者将《创世记》1—3章的人类创造故事看成文本 A，将中国古代创世神话里的人类起源神话看成文本 B，在它们之间进行跨文本阅读，在彼此的亮光下，达到对自身以及对方有关人类起源问题的进一步认识。②

### 一、希中人类起源说

　　《创世记》1—3章里，人类的创造有两个版本。一个是祭司作者对上帝造人的描述：

　　　　上帝说："我们要照着我们的形象（צֶלֶם），按照我们的样式（דְּמוּת）造人，使他们管理海里的鱼、空中的鸟、地上的牲畜和全地，并地上所爬的一切昆虫。"③上帝就按着自己的形象造人，乃

---

　　①　笔者先前认为《创世记》第1章通过话语创造的方式，反映了希伯来的上帝创造时不需要出力，既而可以看出神人关系没有多少感情基础；而中国古代创世神话往往伴随着创造主流汗流血，最后化身牺牲的过程。因此，从难易程度上来说，中国古代创世神话里反映的神人关系更为紧密。现在笔者已经修正了这样的看法。

　　②　和宇宙起源论一样，笔者依旧认为希伯来人的人类起源观也是建立在上帝造人的创造论基础上，而中国古代创世神话里人类的起源，既有创造的成分，又有自生的方面。所以，笔者在用词的时候，尽量将前者称作人类的创造，将后者称为人类的起源。

　　③　דְּמוּת 是阴性名词（likeness, similitude），צֶלֶם 是阳性名词（image）。Francis Brown, S. R. Driver and Charles A. Briggs, eds., *The Brown-Driver-Briggs Hebrew and English Lexicon* (Peabody: Hendrickson, 2003), p. 198, p. 853.

是照着他的形象造男造女。

——《创世记》1: 26 — 1: 27

这里的"人"（אָדָם）是指"人类"（humankind），有男有女。无论男女，都是按照上帝的形象和样式被创造出来，他们都分享上帝的荣耀，管理人以外的其他生命。①

第二个造人神话出自雅威典的创造叙事：

耶和华上帝用地上的尘土造人，将生气（נְשָׁמָה）吹在他的鼻孔里，他就成了有灵的活人，名叫亚当。②……耶和华上帝使他沉睡，他就睡了；于是取下他的一条肋骨，又把肉合起来。耶和华上帝就用那人身上所取的肋骨造成一个女人，领他到那人跟前。

——《创世记》2: 7, 2: 21 — 2: 22

耶和华像个陶匠，亲自造人，他对着他吹了一口"生气"。这一方面强调了气息和生命之间的关联；另一方面，它和上帝的"形象""样式"一样，都使人分享了上帝的神性特质，分享了创造的好处。③而"形象"和"样式"，又使人类的生命和其他动物的生命有所不同。

《创世记》1—3章里，耶和华从男人的肋骨造出女人，性别随之出现。在古代苏美尔语里，肋骨和生命表达了双关的含义。古代以色列人继承了这样的文化传统，也认可肋骨和生命之间的关联。但是由于古代苏美尔语和希伯来语是两种完全不同的语言，将原来的双关涵义用希伯来语表达时，原先的生命 חַוָּה 和肋骨 צֵלָע 之间，因着语音相近的双关成分就丧失了。④早期基督教会，依据女人由男人肋骨里造出的经文，从而断定女人比男人

---

①　请参阅本书第一章第四节，有关女性主义诠释《创世记》1—3章的讨论。

②　原文是 נִשְׁמַת，是 construct 形式。נְשָׁמָה 是阴性单数名词（breath）。Francis Brown, S. R. Driver and Charles A. Briggs, eds., *The Brown-Driver-Briggs Hebrew and English Lexicon*, p. 675.

③　这一点在古代美索不达米亚创世神话里，也有所表现。《阿特拉哈希斯》和《埃努玛·埃利什》都讲述了造人时如何使用叛神血液合着泥土的情节。详细讨论，可以参阅本书第一章第三节。

④　חַוָּה，阴性专有名词，指"夏娃"，众生之母。צֵלָע，阴性名词（rib, side）。Francis Brown, S. R. Driver and Charles A. Briggs, eds., *The Brown-Driver-Briggs Hebrew and English Lexicon*, p. 295, p. 854. 详细内容，可以参阅本书第一章第三节的讨论。

的地位低下。[①] 这样的推断，从和古代美索不达米亚创世神话比较研究的角度讲，是没有根据的。

中国古代创世神话造人的版本有许多。[②] 较早的说法，认为阴阳二神造就了人类：

> 有二神混生，经天营地，……烦气为虫，精气为人。
> ——《淮南子·精神训》[③]

这句话的意思是，当阴阳二神开创天地，浑浊的空气变成了虫鱼鸟兽等低等生物，而清新的空气变作人类。总之，这是一种气体变化人类的说法。[④]

三国时期，人类的起源和本章第一节提到的那位创造天地的盘古大神联系在了一起：

> （盘古）身之诸虫，因风所感，化为黎氓。
> ——《绎史》卷一引《五运历年记》[⑤]

这是说盘古"垂死化身"的时候，身上各种各样的寄生虫，"因风所感"，变化成人类。无论世界，还是人类，都是盘古巨人身体的一部分。世界和人类，共享一个盘古身躯，天人的关系被古人概括为"天人合一"，非常贴切。但是我们也要看到，这则创世神话里的人类，由盘古身上的寄生虫变化而来，其出身似乎过于卑微。

由盘古身上的寄生虫化身人类的说法，经过演绎，变成盘古和妻子一

---

① 例如《哥林多前书》11:8:"起初，男人不是由女人而出，女人乃是由男人而出。"意指女人由男人的肋骨被创造出来，因此，女人被认为"是男人的荣耀"（《哥林多前书》11:7）。

② 关于中国古代创世神话里造人的版本，亦可参见 Anne Birrell, *Chinese Myths* (Austin: University of Texas Press, 2000), p. 20.

③ 何宁撰:《淮南子集释》，北京：中华书局，1998，第305页。

④ 袁珂认为是阴阳二神将浊气变为虫，将清气变为人类。笔者认为这二气是自然生成虫和人的，而不是一个外力促成的这种结果。见袁珂:《中国神话传说》，北京：人民文学出版社，1998，第77页。

⑤ 马骕纂，刘晓东等点校:《绎史》卷二，济南：齐鲁书社，2000，第2页。

起生育人类的故事：

> 盘古氏夫妇，阴阳之始也。
>
> ——《述异记》卷上 ①

　　人类是从盘古氏夫妇那里滋生繁衍下来的，而且这种生育人类的观念，和我们在本章第二节分析的阴阳生宇宙万物的观念衔接起来。因此，笔者认为中国古代创世神话里，夫妇生育宇宙或者人类的神话类型，实则可以追溯到阴阳化育宇宙万物的神话原型。②

　　还有一种人类起源的神话，有些类似古代美索不达米亚诸神共造人类的故事③：

> 黄帝生阴阳，上骈生耳目，桑林生臂手，此女娲所以七十化也。
>
> ——《淮南子·说林训》④

　　按照袁珂的说法，黄帝创造了人类的阴阳性器官，上骈创造了人类的耳目口鼻，桑林创造了人类的手足四肢。⑤ 不过，笔者认为钟年的解释比较合理，他认为"上骈"说的是女娲制造泥人耳目的方式："上"指耳朵眼睛在人体的部位，"骈"乃并列，对称之义；"桑林"说的是女娲造人时用作骨骼的材料，意即桑树的枝干。⑥ 因此，《淮南子》女娲造人这一片段，并不是诸神造人的神话，而是女娲抟土造人神话中的一部分。

---

① 任昉撰：《述异记》，成都：四川人民出版社，1997，第 876 页。
② 相关的讨论可以参阅本章第二节。
③ 有关诸神共造人类的美索不达米亚神话，请参阅本书第一章第三节。
④ 何宁撰：《淮南子集释》，第 1186 页。
⑤ 袁珂：《中国神话传说》，第 185 页。
⑥ 钟年认为袁珂之所以将这个造人神话归结为"诸神共造人类"，是受了东汉高诱注释的影响。高诱曾经这样解释那段文献："黄帝，古天神也。始造人类之时，化生阴阳。上骈、桑林，皆神名。女娲，王天下者也。七十变造化，此言造化治世非一人之功也。"高诱的这个注释，后世视作定论。笔者认为钟年对袁珂的质疑是有道理的，因为如果是众神创造了人类，那么女娲的"七十化"又和前者有何关系？这是袁珂先生对这段文献解释疏漏的地方。同时，女娲在这里"化"万物，和我们所熟知的她抟黄土造人之间有什么关系，袁珂似乎没有对此做出解释和说明。钟年：《女娲抟土造人神话的复原》，《寻根》（1995）：11。

　　还有一种"人日"创世神话。按照有些学者的解释，它也述说了人类的起源：

> 正月一日为鸡，二日为狗，三日为羊，四日为猪，五日为牛，六日为马，七日为人。
>
> 　　　　　　　　　　——《北史·魏收传》①

　　袁珂依此认为，这和耶和华第六天造出人类是类似的。② 叶舒宪也持这样的观点，认为"人日"就是创造出人的日子。③ 笔者认同傅光宇的看法：它可能不是造人神话，而是祝愿人畜兴旺的占卜之词。初一至初七，通过不杀的禁忌，从消极的方面避免人畜的衰耗。④ "七日造人"解释的出炉，也许是依据圣经故事所作的演绎。

　　最为人知的中国古代造人神话，是女娲抟土作人的神话。⑤ 这个神话说人类原是女娲独立创造出来的：

> 俗说天地开辟，未有人类，女娲抟黄土作人，剧务，力不暇供，乃引绳絚于泥中，举以为人。故富贵者，黄土人也；贫贱凡庸者，引絚人也。
>
> 　　　　　——《太平御览》卷七十八引《风俗通义》⑥

---

　　① 李延寿撰：《北史》，上海：上海古籍出版社，1987，第187—188页。相关的文献有"一说，天地初开，以一日作鸡，七日作人。"（《太平御览》卷三十引《谈薮》注云）。见宋·李昉：《太平御览》，北京：中华书局，1960，第140页。

　　② 袁珂：《中国神话传说》，第69页。

　　③ 叶舒宪：《人日之谜：中国上古创世神话发掘》，载马昌仪编：《中国神话学文论选粹》下册，北京：中国广播电视出版社，1994。

　　④ 傅光宇：《"人日创世神话"献疑》，《楚雄师专学报》14.4 (1999): pp. 84 — 89。

　　⑤ "女娲"这个名字最早出现在《楚辞·天问》里："女娲有体，孰制匠之？"这句话的大意是说女娲的身体，是谁做成的？袁珂先生推断，这里可能是要表达女娲做成了别人的身体，那么她的身体又是谁做成的？这一提问则意味着：女娲化育万物的活动，在周代便已为人知晓。屈原著，黄寿祺、梅桐生译注：《楚辞》，台北：台湾古籍出版有限公司，1998，第72页；Derk Bodde, "Myths of Ancient China", in *Mytho– logies of the Ancient World*, ed. Samuel Noah Kramer (New York: Doubleday, 1961), p. 389.

　　⑥ 李昉：《太平御览》，第365页；马骕纂，刘晓东等点校：《绎史》卷二，济南：齐鲁书社，2000，第19页。这里的句读依据黎志添的标点，在此感谢他开设"神话、仪式和象征"一课。

　　女娲这个女性创造主，在此被描写成和雅威一样的陶匠。女娲抟黄土造人的神话，使笔者注意到《创世记》第 2 章里造人的叙事，《创世记》第 2 章强调人类是从泥土中被创造出来。希伯来语"人类"אָדָם 和"泥土"אֲדָמָה 是一对同源词语。而且在伊甸园的故事里，它们构成双关语。[①]
אָדָם 最初和 אֲדָמָה 是一体的，创造它的时候前者才从后者中分离出来，这表明人和泥土亲密的关系以及创造通过"分离"（בָּדַל / בָּרָא）而来的本质。[②] 最终人死后仍要归于尘土（3:19），因此人最终仍要和泥土成为一体。而且人和土地的关系在以后也是伴随一生的：人要耕种地土，终生劳作（3:19）。在女娲造人的神话里，人是从黄土里被造的；不过泥土和人之间没有希伯来语 אָדָם 和 אֲדָמָה 语音或者语意上的关联，但是中国人通常会认为自己的黄皮肤和黄土的颜色是一样的。通过这种跨文本阅读，笔者意识到人和土地紧密的关系，通常被看成古人，无论是古代以色列人还是古代中国人，存在的一种本质元素。[③]

　　女娲还具有化育万物、创造生命的特质。许慎在《说文》里对"女娲"一词的解释是："娲，古之神圣女，化万物者也。"[④]

　　这个解释和《淮南子·说林训》"此女娲所以七十化也"的主题相应，都表达了女娲是（或者参与）化育万物的女性造物者。从女娲化育万物的特质，来看《创世记》2—3 章里的夏娃，"夏娃"的希伯来语是 חַוָּה。女人是"众生之母"（Eve），她是所有 חַי（living being）的母亲。这两个词

---

　　① 尽管 אָדָם 这个词是阳性名词，但是它在经文里不表示性别，而是人类的总称。אֲדָמָה 和 אָדָם 的词根都是 אדם，前者是阴性名词。Francis Brown, S. R. Driver and Charles A. Briggs, eds., *The Brown-Driver-Briggs Hebrew and English Lexicon*, p. 9.

　　② 这一观念集中体现在《创世记》1:1—2:4a，上帝通过分开光暗，水和陆地，光体等实施创造。详细的讨论，可以参阅本章第二节。

　　③ Archie C. C. Lee, "The Chinese Creation Myth of Nu Kua and the Biblical Narrative in Genesis 1-11", *BI* 2, 3 (1994): pp. 312-324. 在世界各民族神话里，"泥土造人"是最常见的母题之一。对于这个母题相当普遍地存在于世界各地的神话里，冯天瑜从社会心理层面对此给予解释。但是笔者认为陈建宪将神话和仪式连接起来的观点比较合理。不过，陈建宪在证明地母就是女娲，以及"地"和"帝"的一致性时候，论据不足。德蒙·范·奥费著，毛天祜译：《太阳之歌：世界各地创世神话》，北京：中国人民大学出版社，1989；冯天瑜：《上古神话纵横谈》，上海：上海文艺出版社，1983，第 74 页；陈建宪：《女人与土地：女娲泥土造人神话新解》，《华中师范大学学报》（哲社版）2 (1994): p. 78.

　　④ 许慎撰，崔枢华、何宗慧校点：《标点注音说文解字》，北京：北京师范大学出版社，2000，第 522 页。

הָיָה 和 חַי，从词源上讲都源自动词 הָיָה。[1] 这说明《创世记》1 — 3 章亦强调女人和生命之间的关系。[2]

陈建宪认为，女娲就是掌管妇女生殖的地母神灵，女娲化育万物，其实就是大地生出生命之意。既然是大地生育生命，那么从泥土造人的神话也就找到理解的根源了。[3] 这样的解释，照亮了笔者对夏娃和泥土之间关系的考虑。《创世记》2 — 3 章里，夏娃和泥土之间的关联，似乎没有亚当和泥土之间的关系来得直接。但是，我们不要忘记 אָדָם 有"人类"之意，女性也被包括在内。既然雅威从泥土中创造出 אָדָם，那么，女人也就和泥土 אֲדָמָה 有关，更何况孕育众生的母亲。因此，笔者从女娲作为地母的形象，认识到在《创世记》2 — 3 章里的夏娃，作为众生之母，她和泥土之间可能的关联。但是《创世记》1 — 3 章的编著者并没有表现出这种兴趣。笔者猜测，也许编著者在编辑那些神话材料的时候，把一些非常有价值的内容做了选择性的删减。

由《创世记》1 — 3 章的编著者存在选择性地删减经文的可能，笔者猜测女娲造人神话的最后一句，也许是后来的编者加上去的。因为《太平御览》本身就是写给皇帝看的书，一些符合帝王将相口味的内容是少不了的。于是编者以女娲造出富贵者和贫贱者，为世俗统治寻找合法依据。这种人为加做的痕迹，让这段神话蒙上世俗主义的阴影。反观《创世记》1 — 3 章，上帝按照自己的形象和样式造男造女，并且将生气吹进人的鼻孔，人类从被造之时就享受着创造的好处，上帝在人类创造完毕后，才认为创造是圆满的。它从一开始就强调造人的神圣维度。通过这样的跨文本阅读，笔者认为神圣维度的缺失，恰是中国古代人类起源神话的特点。人和神的界限在中国古人看来并不明显。[4]

---

　　[1]　Francis Brown, S. R. Driver and Charles A. Briggs, eds., *The Brown-Driver-Briggs Hebrew and English Lexicon*, 310–312.

　　[2]　Lyn M. Bechtel, "Rethinking the Interpretation of Genesis 2: 4–3: 24", in *A Feminist Companion to Genesis*, ed. Athalya Brenner (Sheffield: Sheffield Academic Press, 1993), p. 97. 其实这个传统在古代美索不达米亚的创世神话里就有，请参阅本书第一章第三节。

　　[3]　陈建宪引证了大量的例子来说明，大地像个妇人那样有生殖器官而且能够孕育生命。例如在古代近东发掘的大地女神伊西斯的形象，就是以女阴作为其象征物；《道德经》第六章有"谷神不死，是为玄牝。玄牝之门，是谓天地根"。陈建宪解释"玄牝"就是大地女神的生殖器官。陈建宪:《女人与土地——女娲泥土造人神话新解》，华中师范大学学报（哲学社会科学版），2 (1994): 78 — 79。

　　[4]　有关中国古代创世神话里的神人关系，下一节还会详细论述。

## 二、婚姻和爱情

中国古人对生命的理解比较现实，他们能够接受死亡是人类最终的命运。反映在创世神话里就是，即使女娲创造的人类也会死亡。为了克服死亡，使人类的生命延续下去，就要使人类中的男性和女性生活在一起，让他们自己生育，繁衍后代。因此，女娲就把男人和女人们配合起来，叫他们自己去生育后代：

> 女娲祷祠神，祈而为女媒，因置婚姻。
>
> ——《绎史》卷三引《风俗通义》[1]

女娲因为替人类建立了婚姻制度，使男女们互相配合，做了人类最早的媒人，所以后世的人把女娲奉为高禖，高禖就是神禖，也就是婚姻之神的意思：

> 女娲……少佐太昊，祷于神祇，而为女妇正姓氏，职婚姻，通行媒，以重万民之则，是曰神媒……以其载媒，是以后世有国，是祀为皋禖之神。
>
> ——《路史·后纪二》[2]

女娲除了创制婚姻，让人类自行配合、繁衍后代，还和她的丈夫（兄长）伏羲一起，亲身为人类提供婚姻好合的例子：

> 昔宇宙初开之时，有女娲兄妹二人，在昆仑山，而天下未有人民。议以为夫妻，又自羞耻。兄即于妹上昆仑山，咒约："天若遣我二人为夫妻，而烟悉合；若不，使烟散。"于烟即合，其妹

---

① 马骕纂，刘晓东等点校：《绎史》卷二，第20页。

② 罗泌撰：《路史》，台北：台湾中华书局，1966。古时人们祭祀这位婚姻之神的典礼都非常隆重。要在郊野建坛立庙，用太牢的大礼来侍奉女娲。"仲春之月，以太牢祀于高禖。"每年春二月，人们在神庙附近举行庙会。这时候，青年男女在野外可以自由结合，任何人都不得干涉。人们把这种结合称作"天作之合"。钱玄等注译：《礼记·月令》，长沙：岳麓书社，2001，第196页。

即来就兄，乃结草为扇，以障其面，今时取妇执扇，象其事也。

——《独异志》下卷①

女娲和伏羲是生育人类的始祖，他们共同实践了婚姻的含义。②他们的神婚，让笔者想起《创世记》第 2 章里的一句话："因此，人要离开父母，与妻子连合，二人成为一体。"在女娲和伏羲婚姻关系的启发下，笔者认为这一句话含蓄地对人类的婚姻做了推源性质的解释。妻子是丈夫"骨中的骨，肉中的肉"，二人是一体的，亚当和夏娃的夫妻关系，也让我们看到类似女娲和伏羲之间兄妹血缘关系。这样的结合使得婚姻更为牢固。③从亚当夏娃的婚姻看伏羲女娲的婚姻，笔者发现生殖和丰产是后者结婚的唯一合法理由。在《创世记》第 2 章里，这时候的亚当和夏娃还没有生育观念。④再从伏羲女娲的婚姻看亚当夏娃的婚姻，我们发现后者结为夫妇，基于和父母分开的自然需要，是真正的成人仪式。显然，在性别和婚姻的主题上，汉籍创世神话已明显经过"消毒"和"过滤"。⑤

反映男女之爱的神话，在汉文古籍里不是没有。白帝之子和姮娥之间的爱情，多少算中国古代创世神话里未经仔细过滤的漏网之鱼。这个神话表达了男女之间真挚的感情：

少昊母曰皇娥，处璇宫而夜织，或乘桴木而昼游，历经穷桑苍茫之浦。时有神童，容貌绝俗，称为白帝之子，降乎水际，与

---

① 李冗撰：《独异志》，上海：上海古籍出版社，1995，第464页。黎志添认为在这段经文里，只出现了"女娲兄妹"的字样，而没有说女娲的哥哥到底是不是伏羲。但是笔者认为其他地方明确说明女娲的哥哥就是伏羲："女娲，伏希（羲）之妹"。见罗泌撰：《路史》，台北：台湾中华书局，1966。

② 有的学者从女娲和伏羲手里分别拿了曲尺和圆规，来说明他们也参与了创造天地的业绩。因为，黄帝的四方之臣手里就拿着这样的工具。见塞·诺·克雷默著，魏庆征译：《世界古代神话》，北京：华夏出版社，1989，第 360 页。

③ 相关的讨论，还可以参阅本书第一章第二节。

④ Phyllis Trible, *God and the Rhetoric of Sexuality* (Philadelphia: Fortress Press, 1980), pp. 80–137.

⑤ Anne Birrell, *Chinese Mythology: An Introduction* (Baltimore: Johns Hopkins University Press, 1993), p. 201.

皇娥宴戏，奏埙娟之乐，游漾忘归……帝子与皇娥泛于海上……
帝子与皇娥并坐，抚桐峰梓瑟，皇娥倚瑟而清歌，白帝子答歌。
及皇娥生少昊，号曰穷桑氏，亦曰桑丘氏。

——《拾遗记》①

在这个神话里，我们可以看到一些代表性爱的符号，例如"宴戏""奏乐""游漾忘归""清歌""答歌"等。白帝之子和姮娥之间是自由恋爱，他们的孩子——西方天帝，是他们爱情的结晶。在希伯来圣经《雅歌》里，我们也能够看到一些象征情爱的事物，例如，"园子""没药""香料""蜜房"和"奶"等。通过在两个文本之间所作的跨越，笔者意识到两个古老民族从来没有彻底放逐人类的情感。只是在《创世记》1—3章里，爱情的色彩体现得不够充分。不仅如此，男人和女人的关系，还由"骨中的骨，肉中的肉"转化成"你必恋慕你丈夫，你丈夫必管辖你"的对立关系。

《创世记》1—3章里，男性和女性由亲密无间，发展为对立冲突的过程，可以通过一则汉文古籍神话提供理解的亮光。有一个叫廪君的英雄，他和盐神之间发生了一段因爱情而起的悲剧：

（廪君）乃乘土船从夷水至盐阳。盐水有神女谓廪君曰："此地广大，鱼盐所出，留愿共居。"廪君不许。盐神暮辄来取宿，旦即化为虫，与诸虫群飞，掩蔽日光。天地晦冥，积十余日。廪君不知东西所向七日七夜。使人操青缕以遗盐神，曰："缨此即相宜，云与女俱生，宜将去。"盐神受而缨之。廪君即立阳石上，应青缕而射之，中盐神。盐神死，天乃大开。

——《世本·氏姓篇》②

廪君和盐神，从名称上来看，他们和人类的日常饮食有关，廪君射死盐神的悲剧，比勒尔猜测可能最初是两个部落争夺一块物产丰富之地的故

---

① 王嘉撰，萧绮录，齐治平校注：《拾遗记》，北京：中华书局，1981，第12—13页。
② 佚名撰，周渭卿点校：《世本》，济南：齐鲁书社，2000，第53—54页。

事。这个神话里的性别之争，也是母系和父系社会争夺领导权的反映。[①]

女性主义释经学者余莲秀也认为社会出现阶层分化，是导致男女关系发生改变的深层原因。[②]《创世记》2 — 3 章正是封建生产方式下的产物。因此，经文里描述的性别也具有这样的意识形态：出于国家控制人口的需要，军事结合代替原有的亲族结合；让妻子对丈夫的服从关系合法化，而丈夫（农民）又得服从一个更大的社会统治阶层。[③] 这样的社会处境反映在《创世记》第 3 章里，就是男女关系虽然不像廪君和盐神之间的敌对，但是也没有了往日的亲密无间。通过和廪君与盐神这个中国古代神话所做的跨文本阅读，笔者对《创世记》第 3 章里的男女关系有了更深入的认识：笔者的理解和比勒尔、余莲秀的观点都不相同。与其说《创世记》2 — 3 章的男女关系经历了一个从亲密无间到对立的过程，不如说男性和女性之间本身就存在相互吸引和彼此冲突的关系，这是自然的力量，而非社会的养成。[④]

## 三、超越死亡和必死的命运

人之所以为人的两大基本特征就是男女和生死。男女解决的是人类的爱、婚姻和繁衍的问题，生死是人的生命本质。神话关注人类的起源，生命的开端。做为人类的思维习惯，神话又必然关注人类的死亡和延年益寿的大事。[⑤] 对不死的向往和追求，一直以来都是人类不变的梦想。[⑥]

---

① Anne Birrell, *Chinese Mythology*, p. 205.

② Gale A. Yee, *Poor Banished Children of Eve: Woman as Evil in the Hebrew Bible* (Minneapolis: Fortress Press, 2003), pp. 60–67.

③ Gale A. Yee, *Poor Banished Children of Eve*, pp. 60–67.

④ 笔者的这个理解，是基于动物世界里雄性动物和雌性动物之间的关系。在交配期，雄性动物和雌性动物相互吸引。但是在非交配期，雄性和雌性会为了争夺食物或者地盘，相互撕咬。从动物世界里的雄性和雌性，来看人类社会男女之间的关系，带给笔者理解人类的许多启发。因此，笔者才会认为男人和女人本来就存在爱慕和冲突的关系。理解这一点，对解读生命有非常重要的意义。

⑤ 詹姆士曾说："事实上，宗教对我们这个种族的多数来说，就意味着永生，除此之外，别无他物。" Ralph W. Hood, JR and Ronald J. Morris, "Toward a Theory of Death Transcendence", 353; W. James, *The Varieties of Religious Experience: A Study in Human Nature* (New York: Collier Books, 1961), p. 397.

⑥ 胡万川：《失乐园：中国乐园神话探讨之一》，载李亦圆、王秋桂编著：《中国神话与传说学术研讨会论文集》，台北：汉学研究中心，1996，第 103 — 124 页。

笔者认为《创世记》1—3章对生死问题的看法，和生命树以及分别善恶树有关。《创世记》2: 9里，生命（חַיִּים）是对生命树עֵץ הַחַיִּים 最初也是最直接的解释。① 随后的 "永生" עוֹלָם 意义（3: 22）在此并未提及。因此，חַיִּים 象征了纯粹的没有被限制的生命，这里没有关于死亡的意识。生命树指示伊甸园的生命本质。这也是为什么它被置于园中央的原因。

第二棵树是分别善恶树עֵץ הַדַּעַת טוֹב וָרָע。② טוֹב וָרָע 它们在这里是一组意义平凡的词，不做任何伦理或者道德上的解释。因此英文最好将其译为 good and bad，而不是 good and evil；中文的翻译 "善恶" 体现不出这种差异。③ Good and bad 是一个整体的两极，它们互为补充，相反相成。④ Good and bad 不应该用严格的理性加以解释，而应该从实际生活的意义出发去理解：good 表示有用或者有益的活动；而 bad 是有害的、不利的事物。⑤ דַּעַת 并不指理性的认知活动，而是实践的和生存意义上的 "知道" "了解"，它是以经验为基础的。现实生活里的感觉和经验促成这种知道、分辨能力的形成和发展。其动词 יָדַע 不仅有对自然事物的认识，而且包括对人的了解。这时候的 יָדַע，含蓄地讲，是对异性肉体上的了解，说白了就是发生性行为的意思。⑥ 最显见的例子就是亚当和夏娃被逐出伊甸园后生出该隐：

有一日，那人和他妻子夏娃同房（יָדַע），夏娃就怀孕，生了

---

① עֵץ הַחַיִּים 是一个 construct 结构，עֵץ 是 construct 形式，阳性名词（tree, trees, wood），הַחַיִּים 是阳性复数名词，absolute 形式，词根是 חָיָה（to live）。Francis Brown, S. R. Driver and Charles A. Briggs, eds., *The Brown-Driver-Briggs Hebrew and English Lexicon*, pp. 310–313, p. 781.

② 在 עֵץ הַדַּעַת 关系里，הַדַּעַת 是分词的主动形式，作名词使用（knowledge）。因此，עֵץ הַדַּעַת 就是一个名词所属格结构，译为 "知识树"。在 הַדַּעַת טוֹב וָרָע 的关系里，הַדַּעַת 作分词使用（knowing），此时 טוֹב וָרָע 就是该动词的两个语法上的宾语。也就是说，הַדַּעַת 在这一组关系里，既有名词的成分，又有动词的功能。这个词的词根为 יָדַע（to know）。Ibid., p. 393, p. 781.

③ 中文里有 "不识好歹" 这个词语，可能比较接近英文 good and bad 的意思。中文里的 "善恶"，很容易和道德伦理发生关系。究竟哪种翻译比较妥当，还值得商榷。

④ Lyn M. Bechtel, "Rethinking the Interpretation of Genesis 2:4–3:24", p. 37.

⑤ Lothar Coenen, Erich Beyreuther, and Hans Bietenhard, eds., *New International Dictionary of New Testament*, trans. Colin Brown (Exeter: Paternoster Press, 1975–78), p. 696.

⑥ 同样的解释亦可见《创世记》4: 17, 25; 19: 5, 8; 24: 16; 38: 26。

该隐……

——《创世记》4: 1

这里的"同房"居然使用了和"知道"同义的词，因此，性行为和知识具有非常密切的关系。回到 הַדַּעַת טוֹב וָרָע 这个短语，它强调一种分辨的能力，一种基于感觉经验的知识。因此它应该是"知道一切"（know everything），不仅识物，同时也知人。①

在 2: 9b 里，两棵树一起被提及。由于希伯来原文的模糊性，读者无法判断分别善恶树是否在园子中央。② 因为将"分别善恶树"和"生命树"放在一起翻译也是可以的。③ 但是有一点是确定的，雅威不允许人和神一样拥有智慧，但是并不阻止人和神一样永远不朽，可是女人却认为生命树是致人于死命的。就像阿达巴故事的讽刺效果，人类得到了智慧，却由于误会而错失了永生的机会。④

上帝按照自己的形象和样式创造了人类，但是圣经并没有就此肯定人在被逐出伊甸园之前和上帝一样永生。亚当所生之子，其形象样式也和他相似：

亚当的后代记在下面。当上帝造人的日子，是照着自己的样式造的；并且造男造女。在他们被造的日子，上帝赐福给他们，称他们为人。亚当活到一百三十岁，生了一个儿子，形象样式和自己相似，就给他起名叫赛特。

——《创世记》5: 1 — 5: 3

---

① 参考《撒母耳记下》19: 36，《申命记》1: 39。对于分别善恶的解释，贝克特尔认为是人类认识有缺陷，不完美状态的智慧，而不是人类超越自身有限性的能力。见 Lyn M. Bechtel, "Rethinking the Interpretation of Genesis 2:4–3:24", p. 88; Coenen, Beyreuther, and Bietenhard, eds., *New International Dictionary of New Testa- ment*, p. 696.

② Walter Brueggemann, *Genesis: A Bible Commentary for Teaching and Preaching* (Atlanta: John Knox Press, 1982), p. 48.

③ 两种译法：'and the tree of life and the tree of the knowledge of good and bad were in the middle of the garden'；'and the tree of life was in the middle of the garden, and the tree of the knowledge of good and bad.' 笔者译。详细讨论，请参阅本书第一章第三节。

④ 阿达巴丧失永生的故事，也可以参阅本书第一章第三节。

因此，人类按照上帝的形象和样式被造，并不能成为他获得永生的筹码。《创世记》2—3章想表达的是人曾经有机会得着永生，但最终没有获取。因此，人的限制就是人一定会死，而上帝是永恒不朽的。[1] 这样，讨论人的死生问题，在《创世记》1—3章里，其实与神人关系分不开。

《创世记》1—3章里，对上帝和人类的生命在本质上的差异，通过和中国古代创世神话进行跨文本阅读会加深理解。在中国早期创世神话里，人们往往假设伟大的神祇都是不死的，但是黄帝的哥哥炎帝，以及蚩尤和夸父，他们要么被杀害，要么自然死亡，或者肉体干脆转化成其他东西。化形是某些神话人物的最终命运。[2] 还有一些神话人物介于生与死的边缘。[3] 因此，在中国古代创世神话里，死亡和不死的区别，对神祇或者妖魔鬼怪的分别不是很大。他们能够超越生死，活在生与死的边缘；而人类只有一个命运，活到老就得死去。

中国古人非常清楚人生来就不具备永生的能力，但是他们并不放弃对永生的渴求。中国古代创世神话里，最早提出不死观念的是《庄子》，书中描写了这样一个神人：

> 藐姑射之山，有神人居焉。肌肤若冰雪，淖约若处子，不食五谷，吸风饮露，乘云气，御飞龙，而游乎四海之外；其神凝，使物不疵疠而年谷熟。
>
> ——《庄子·逍遥游》[4]

---

① 李炽昌：《"人算什么！"希伯来圣经中神、人、世界之关系》，载卓新平、许志伟主编：《基督宗教研究》第5辑，北京：社会科学文献出版社，1999，第191页。

② 例如治水的鲧，他变成了一条黄龙："鲧死三岁不腐，剖之以吴刀，化为黄龙。"（《山海经·海内经》郭璞注引《开筮》即归藏启筮）；精卫淹死后，变作一只小鸟："……有鸟焉，……名曰精卫……是炎帝之少女，名曰女娃。女娃游于东海，溺而不返，故为精卫，常衔西山之木石以湮于东海。"（《山海经·北次三经》）我们在前面已经讨论过的盘古巨人，他的身体全部化作华夏大地的山川江河。见袁珂译注：《山海经》，台北：台湾古籍出版有限公司，1998。

③ 例如刑天，被黄帝削去头颅后，依然坚持作战，拿乳头当眼睛，肚脐当嘴巴："刑天与帝争，帝断其首，葬之常羊之山。乃以乳为目，以脐为口，操干戚以舞。"（《山海经·海外西经》）出处同②。

④ 庄子著，张耿光译注：《庄子》，贵阳：贵州人民出版社，1991，第9页。

如果这则创世神话描述的对永生的想象还近乎神秘，那么后来的神话已经把天界获得永生的途径昭告世人：

> 开明东有服常树，其上有三头人，递卧递起，司琅玕树。
>
> ——《山海经·海内西经》①

这个神话里，黄帝特地派了三脑六眼的天神，叫离朱的，去住在琅玕树旁边的服常树上，昼夜看守。这种情况与上帝在伊甸园安设基路伯和四面转动发火焰的剑，用来把守生命树的道类似（《创世记》3: 24）。这里昆仑山上的琅玕树和伊甸园里的生命树上的果实，吃了都能够让人永生。②而且这样的树不是一棵孤零零地立在那里，琅玕树旁边有服常树做伴。其实还有许多种类的树，比如碧树、瑶树、珠树、文玉树等等。③伊甸园里的生命树和分别善恶树一般都是相提并论的。只是我们不能确定是否服常树也和善恶树一样，具有让人聪明起来的特质。不过，有一点是确切的，在神人分界的时候，上帝的赐予变成了危险的诅咒。善恶树成为神人关系由无间发展到敌对的标志。

古人的观念里，饥饿、疾病、痛苦和死亡总是联系在一起的。因此，超越死亡，就是要超越饥饿等有限生命无法逃避的问题。中国古代创世神话里，有一种神奇的食品，叫作"视肉"："爰有视肉。"（《山海经·海外南经》）④

郭璞对"视肉"的注解是："聚肉形如牛肝，有两目也，食之（无）

---

① 袁珂译注：《山海经》，第335页。相关的中国古代创世神话还有："天又生离珠（朱），一人三头，递卧递起，以伺琅玕。"清·郝懿行撰：《山海经笺疏》，上海：上海古籍出版社，1995，第214 — 216页。

② 通过服食草木而获得永生的观念，在古代世界里非常普遍。埃及神话里，神祇就通过服食生命树上的果实，获得永生；印度神话里，雅玛（Yama）和其他神祇分享天国之树上的生命之水"索马"（soma）；古代苏美尔神话里，埃利都神庙里的基什金（gishkin）就是一株生命树。它的外形像一颗耀眼的巨石，深深扎入海底；在巴比伦－亚述文献里，虽然没有和生命树直接平行的树木，但是能够赐予永生的魔幻之树却时常出现。乌特纳辟什提牟给吉尔伽美什讲述了生长在大海里，能带给人永生的神树。Coenen, Beyreuther, and Bietenhard, eds., *New International Dictionary of New Testament*, p. 695.

③ 袁珂译注：《山海经》。

④ 同上注，第267页。

尽，寻复更新如故。"① 这个神话一方面强调食物的美好丰富，另一方面又看重它的轻易可得。也就是说，古代的人可以不必辛苦地工作，就可以享受美好的食物和幸福的生活。这种富足逍遥，当然是辛苦万端却难求一饱的古人对现实生活做出的思考和回应。②

　　借中国古代创世神话的亮光看《创世记》1 — 3章，上帝创造出人类，并且赐福给他们：

> 要生养众多，遍满地面，治理这地；也要管理海里的鱼，空中的鸟，和地上各样行动的活物……我将地上一切树上所结核的果子，全赐给你们做食物。
>
> ——《创世记》1: 28 — 1: 29

> 耶和华上帝吩咐他说："园中各样树上的果子，你可以随意吃……"
>
> ——《创世记》2: 16

　　领受上帝赐福的人类衣食无忧，过着逍遥自在的生活。不过，这种祝福是有条件的，需要遵守上帝制定的游戏规则，不能碰分别善恶树上的果子。一旦规则打破，人类的生命状态就发生了本质的改变，生活又呈现万般苦状。女人的生育要承受难以忍受的痛苦：

> 我必多多加增你怀胎的苦楚，你生产儿女必多受苦楚。
>
> ——《创世记》3: 16

男人必须承担起养活人类的艰巨任务：

> 你必终生劳苦，才能从地里得吃的。地必给你长出荆棘和蒺

---

① "视肉"是一种生灵，没有骨头，纯粹是一堆肉，当中长着一对小眼睛。这种小东西之所以奇妙，就在于它的肉总是吃不完，吃了一块又长出一块，吃到后来，总量还是不见少。同上注，第268页。

② 胡万川：《失乐园：中国乐园神话探讨之一》，第116 — 118页。

*藜来，你也要吃田间的菜蔬。你必汗流满面才得糊口，直到你归*

*了土……*

——《创世记》3: 18 — 3: 19

人类回到现实，无法超越自己的有限，这在神人交合（《创世记》6: 1 — 6: 4）以及巴别塔的故事里都反映出来。因此，从中国古代创世神话看《创世记》1 — 3 章，笔者认识到古代以色列人对人类本质的看法总是和上帝的本质放在一起进行理解。和上帝超越生死的本质相对，人类无法超越自己的有限。这样，人之为人在《创世记》1 — 3 章里，不仅表现出男女和生死，还体现在人类和上帝的关系里。

不劳而获，就能吃饱；不用劳作，就意味着远离疾病；没有病痛的折磨，人类的寿命才算得上圆满。通过对中国古代创世神话和《创世记》1 — 3 章对生命思考的跨文本诠释，笔者对《创世记》1 — 3 章里生命的神圣维度有了进一步认识。从《创世记》1 — 3 章看中国古代创世神话，关于长生的问题只局限在和人们现实生活息息相关的方面；从中国古代创世神话看《创世记》1 — 3 章，伊甸园的神话虽然对现实生活做推源性质的解释，但是这个故事被纳入以色列整个太古叙事的框架里，和祭司的创造故事、洪水故事以及巴别塔的故事都有联系，是申命学派的神学反思。因此，在《创世记》1 — 3 章里，神话就是神学。从《创世记》1 — 3 章再反观中国古代创世神话，当笔者希望继续探索中国古代创世神话里反映的神圣元素时，却对资料的零散和缺乏有了切身的体会。[1]

无论是在古代以色列人还是在中国古人的观念里，死亡总代表了有限的状态，它是一种负面的东西。在希伯来语里，"死去""死掉"（מוּת）也被翻译成"杀戮"（to kill），或者"杀害"（to slay）。[2] 因此，古代以色列人对死亡，尤其是非自然的死亡充满了恐惧，这种对死亡的恐惧也体现在《创世记》1 — 3 章。这些章节里，首次提到"死"的概念是耶和华将人

---

[1]  有关中国古代创世神话资料性质的讨论，可以参阅本书第二章第一节。

[2]  例如《撒母耳记上》14: 13，"约拿单杀倒非利士人，拿兵器的人也随着杀（מְמוֹתֵת）他们"。这个动词的形式是 Poʻlel, participle, absolute，阳性，单数，词根是 מות（to kill）。又如《创世记》18: 25，"将义人与恶人同杀（לְהָמִית），将义人与恶人一样看待，这断不是你所行的"。这个动词的形式是 Hiphil, infinitive construct，词根是 מות（to slay）。Francis Brown, S. R. Driver and Charles A. Briggs, eds., *The Brown-Driver- Briggs Hebrew and English Lexicon*, p. 559.

安置在伊甸园的时候：

> 只是分别善恶树上的果子，你不可吃，因为你吃的日子必定
> 死（מות תָּמוּת）①。
>
> ——《创世记》2：17

这时候，人还不知道死亡对他意味着什么，但是和禁止的命令相关的东西，应该是对人的限制。在男人和妻子吃了禁果以后，他们对违反命令的恐惧，可以被理解成对所谓"死亡"的恐惧：

> 那人和他妻子听见上帝的声音，就藏在园里的树木中，躲避
> 耶和华上帝的面……他说："我在园中听见你的声音，我就害怕
> （יָרֵא）②……"
>
> ——《创世记》3：8 — 3：10

严格来讲，这时候的男人和女人，还是不明白死亡为何物。直到耶和华宣判的时候，才对死亡做了一定程度的解释：

> 我又要叫你和女人彼此为仇；你的后裔和女人的后裔也彼此
> 为仇。女人的后裔要伤你的头，你要伤他的脚后跟。……我必增
> 加你怀胎的苦楚，你生产儿女必多受苦楚。……你本是尘土，仍
> 要归于尘土。
>
> ——《创世记》3：15 — 3：19

首先，人和凶猛动物之间彼此为仇，实际上是对人类管理空海陆各样生物权利的否定。没有这样的权利，动物不再温顺，人为了自卫，不得不和动物彼此伤害。人和动物之间和谐关系的破裂，使生命处处受到威胁。

---

① מות，形式是 Qal, infinitive absolute，词根 מות（to die）。תָּמוּת，形式是 Qal, imperfect，第二人称阳性单数，词根同 מות（to die）。Ibid.

② 原文是 וָאִירָא，这个动词的形式是 Qal, waw. consecutive imperfect，第一人称，单数，动词（to be afraid）。Ibid., p. 431.

其次，在古代社会，女人生产经常要冒生命危险。因为难产或者其他意外，都可能导致产妇和婴儿丧命。因此，生育对古代以色列人来说，既意味着新生命的开始，也可能意味着死亡的到来。这样，生育就变成夹杂着对死亡之恐惧的喜悦。最后的"归于尘土"是对死亡最直白的表达。人的生命是有血气的，也就是有限制的。如果前面那些对生命的威胁可以逃过，但是这个大限却是任何人都无法逃避的命运。

从《创世记》1—3章反映出古代以色列人对死亡的恐惧，笔者再看满载着中国古代创世神话的《庄子》一书对死亡抱持的态度。《庄子》主张依据自然生活也就是尊重规律，承认死亡是人的大限，是生命的归途。这是将生命和死亡等量齐观，而不是一味地延长人寿数的态度。这一点和《创世记》1—3章看待死亡不可回避的本质是相通的。不过，《庄子》考虑人的存在是从生命的本质和天地原理出发。他认为生和死是人类存在的一部分，必须抱以积极的态度：

　　　　生之来不能却，其去不能止。

　　　　　　　　　　　　　　　　　——《庄子·达生》①

　　　　死生，命也，其有夜旦之常，天也。

　　　　　　　　　　　　　　　　　——《庄子·大宗师》②

庄子用他的头脑和智慧观察宇宙。生与死是自然秩序，无人能够豁免。既然死亡不可避免，我们没有理由喜欢一个而憎恶另一个。死亡不应该被看成是令人悲伤的损失，生命也不应该只被看成恩赐的礼物。然而，这样的态度也不应该走向另一个极端，也就是厌弃生命而欢庆死亡。事实上，庄子呼吁人们要超越这相反的两极。③

从庄子的角度再来看《创世记》1—3章，祭司编者绝对地筹划一切价值的态度昭然若揭。在他们看来，死亡是生命的终结和反面。这样，生

---

① 庄子著，张耿光译注：《庄子》，第 315 页。
② 同上注，第 105 页。
③ Archie C. C. Lee, "Death and the Perception of the Divine in *Qohelet* and *Zhuang Zi*", *CF* 38/1 (1995): p. 74.

命充满了短暂和荒谬的诸多规限，享受生活却被许多突如其来的死亡打断。只有神才能不受死亡的威胁，享受永远不死的快乐。[①] 从庄子的眼光，我们看到《创世记》1—3章的编著者对死亡充满了恐惧，甚至从整个太古叙事的框架来看，还把死亡看成是对人类的惩罚。因此，他们无法游刃有余地应对死亡，而是深受其扰。从《创世记》1—3章的立场上来说，人在死亡面前变得无能为力。[②] 笔者认为，《创世记》1—3章的编著者从来不会拥抱死亡的态度要归因于其绝对的上帝观念，面对这个创造者和生命的赋予者，人类和他在死亡问题上是不可能有对话或者讨价还价的余地的。

综上所述，通过在《创世记》1—3章和汉文古籍人类起源神话之间的跨文本阅读，在彼此的亮光下，反思人类的起源、婚姻和爱情，以及生命和死亡等诸神话，笔者对《创世记》1—3章里上帝造人神话的神圣维度有了深入的理解。正应着这样的神圣性，《创世记》1—3章里男人和女人的结合也符合上帝对婚姻的规限。而在中国古代创世神话里，无论是反映人类的起源，还是婚姻好合的神话背后，都浸润了世俗统治的意识形态。有关爱情的神话，无论从中国古代创世神话的角度看《创世记》1—3章，还是反过来，它们都将男人和女人之间的吸引和冲突表现出来。在笔者看来，这是人类的本质，而非后天社会之养成。对于死亡，用庄子的眼光看《创世记》1—3章，显然后者无法泰然面对死亡的大限，对待死亡采取消极的态度；从《创世记》1—3章的角度看庄子，庄子对死亡的超脱非前者所能比。在彼此的亮光下，《创世记》1—3章和汉籍创世神话显现的差异和特性，在笔者看来都要归结为一个非常核心的问题，即神人关系（或

---

① 因此，像古代近东其他文化一样，古代以色列将现实分成天和地两个维度，将生命分成必死的和永生的两种。正如《诗篇》里歌咏的："天，是耶和华的天；地，他却给了世人。死人不能赞美耶和华，下到寂静中的也都不能。"（《诗篇》115: 16—17）Carol Zaleski, "In Defense of Immortality", *FT* 105 (2000): p. 37.

② James Crenshaw, "The Shadow of Death in Qohelet", in *Israelite Wisdom: Theological and Literary Essays in Honour of Samuel Terrien*, eds. John G. Gammie, Walter A. Brueggemann, W. Lee Humphreys and James Ward (Missoula: Scholars Press, 1978), pp. 205—216; Archie C. C. Lee, "Death and the Perception of the Divine in *Qohelet* and *Zhuang Zi*", 74. 由于死亡的不可避免，《传道书》的作者否定人生在世的意义："人的一切劳碌，就是他在日光下的劳碌，有什么益处呢？"（《传道书》: 1: 3）因着这样的态度，传道书的作者干脆奉劝年轻人趁着美好年华，尽早享受生活："人活多年，就当快乐多年……"（《传道书》11: 8）。这和吉尔伽美什所受的奉劝是相似的。《传道书》对生命和死亡的看法，对我们理解《创世记》1—3章的作者对生死的态度，有很多启发。

者天人关系）。下一节里，笔者即将讨论这个问题。

## 第四节　《创世记》1—3 章和中国古代创世神话的神人关系

　　古代以色列人的上帝既是宇宙和人类的创造主，又是不断干预古代以色列人的生活、在历史中施行拯救的救赎主。中国古代创世神话里的神祇，似乎在天地万物和人类兴起之后就隐退、死去，或者化身。究竟是一次创造完毕，还是继续在人类历史上发挥着创造和再造（救赎）的作用？这个问题其实是要考察《创世记》1—3 章和中国古代创世神话里的神人关系。在这一节里，笔者将《创世记》1—3 章里的神人关系看成文本 A，把中国古代创世神话体现的神人关系当作文本 B，在两个文本之间进行跨文本阅读，理解两种创世神话里的神人关系，以及它们之间可能出现的意义的丰富和转化。

### 一、神人分极与天人合一

　　古代以色列人的伊甸园故事，在笔者看来，就是要向人们展现他们理解的神人关系，探求神和人之间的同与不同。

　　首先，神人相似体现在何处？在《创世记》3: 4b—3: 5 里，蛇首先点明人和上帝之间的相似，"……你们便如上帝能知道善恶"。① 在蛇和女人的对话中，上帝被称作 אֱלֹהִים，而不像《创世记》2—3 章其他地方，称上帝为 יְהוָה אֱלֹהִים。也就是说，蛇说人们会像 אֱלֹהִים，而不是 יְהוָה אֱלֹהִים。希伯来语里，אֱלֹהִים 是 אֱלֹהַּ 的复数形式。② 这个复数形式既可以作为复数名词，又可以是单数名词。当作复数名词时，它的意思是"诸神"（gods，与以色列上帝相对的其他异教神），或者"天使"；当它作单数名词理解

---

　　① 另一处在 3: 22，"耶和华上帝说：'那人已经与我们相似，能知道善恶……'"。在圣经希伯来语里，כ 是介词，意思是 like, as。Francis Brown, S. R. Driver and Charles A. Briggs, eds., *The Brown-Driver-Briggs Hebrew and English Lexicon* (Peabody: Hendrickson, 2003), p. 453.
　　② 希伯来语里，阳性名词的复数形式，其结尾通常是在该名词后加 ים，加了结尾的名词，某些元音会发生改变。

时，其意义就是上帝（God）。[1] 显然 3: 4b — 3: 5 里提到的 אֱלֹהִים，其意义是后者而不是前者；虽然是复数形式，表达的却是单数意思。[2] 复数人称代词 הֵם（指男人和女人）和 אֱלֹהִים 中的 ים（复数结尾），使神人在语法上类似。另一方面，经文里使用的"你们"，既不是人类的统称 אָדָם（human being），也不是指男人或者女人中的某一个（尽管蛇只对女人说话），而是指男人和女人。蛇和女人的对话期间，三次使用了第二人称代词的复数形式（הֵם，you），或者物主代词（כֶם，your）。上帝名称的复数，和男人女人在人称上的复数形式，从用词角度体现了人和神的相似。

其次，人和神的关系（共同点）是通过动词 יָדַע（to know）联结起来的。本章第三节提到，"分别善恶树"里的动词是 יָדַע；"因为上帝 אֱלֹהִים 知道"，这里的"知道"也是这个词；"如上帝 אֱלֹהִים 能知道善恶"里的"知道"也是这个词。所以神和人的相同之处是通过 יָדַע（知道）维系的，人和神的相同之处就在于都有知识 דַעַת（knowledge）。[3] 笔者在本章第三节已经提到 יָדַע 不仅指"区分""辨别"，以及知晓经验生活里的一切，它同时也有性行为的意思。需要特别注意的是，生育不仅是男人和女人通过性行为拥有的能力，更是 אֱלֹהִים 具备的能力。[4]

在此基础上，《创世记》2 — 3 章向我们表达的神人最大的不同就在于人是会死的，而神能够"永生" עוֹלָם 这样一个观念。[5] 雅威（יהוה）这个神名，其实源自动词 הָיָה。[6] 它的意思既不表示静止，也不意味着一成不变，而是一个活跃的有机体。所以 יהוה 按照字面上的意思理解就是：存在着的，存在于永生当中的，活跃现身的（the one who is, the one who is in

---

① Francis Brown, S. R. Driver and Charles A. Briggs, eds., *The Brown-Driver-Briggs Hebrew and English Lexicon*, p. 43.

② 希伯来语中，这样的例子还有 חַיִּים（生活），复数结尾 ים，但译为单数。

③ 在《吉尔伽美什史诗》里，当恩奇都和神妓交合以后，神妓对他说："现在你是智慧的，恩奇都，你变得像神祇一样了。" James Bennett Pritchard, *Ancient Near Eastern Texts Relating to the Old Testament*, trans. W. F. Albright (Princeton, N. J.: Princeton University Press, 1969), p. 74.

④ 余莲秀认为上帝的 creation 和 procreation 的能力是一致的。Gale. A. Yee, "The Theology of Creation in Proverbs 8: 22–31", in *Creation in the Biblical Traditions*, eds. Richard Clifford and John J. Collins (Washington: Catholic Biblical Quarterly, 1992), pp. 87–89.

⑤ 笔者认为人类会死的特质，也正是泥土和血气的特点，它们是相通的。

⑥ יהוה 是 הָיָה 的第三人称阳性单数 Qal 或者 Hiphil 的形式。如果是 Qal，则表示普通的动词含义（be），如果是 Hiphil，则表示使动用法（cause to be）。Francis Brown, S. R. Driver and Charles A. Briggs, eds., *The Brown-Driver-Briggs Hebrew and English Lexicon*, p. 224.

perpetuity, the one who is always present and active）。[1] 所以，神名 יְהוָה 在自身中就表达了和生命树 הַחַיִּים 同样的含义。[2] 由于 אֱלֹהִים（上帝，God）和 יְהוָה（雅威，the LORD）分别与分别善恶树和生命树有内在关联，所以 יְהוָה אֱלֹהִים 这个合二为一的神名就蕴含了神的两个特点：智慧（知识）和永生。现在 יְהוָה אֱלֹהִים（YHWH God）和人之间的差别就非常明显了。男人和女人像 אֱלֹהִים（3: 5, 22），因为他们吃了智慧树上的果子，拥有分辨能力，并且拥有生殖能力。但是他们不像 יְהוָה，因为他们不可能吃到生命树的果子（3: 22），无法获得永生的机会。他们只有通过自己的生殖力，繁衍后代，使生命延续下去。[3]

人是会死的，而神能够"永生"，这样的差异，除了从希伯来语里揭示出来，笔者认为还应该寻之于《创世记》1 — 3 章为我们展现的神人之间——创造和被创造的关系。上帝按照自己的形象和样式创造了人类。因而，人类要服从上帝的命令，要实现上帝创造的目的：

> 上帝就赐福给他们，又对他们说："要生养众多，遍满地面，治理这地；也要管理海里的鱼，空中的鸟，和地上各样行动的活物。"
>
> ——《创世记》1: 26

上帝创造了生命，延续生命的任务就要由人类自己来完成。所以上帝命令他们"生养众多，遍满地面"。

因着这种创造和被造的关系，人类和上帝在本质上就有了差异。人类

---

[1]　参见 Ellen van Wolde, "A Semiotic Analysis of Genesis 2–3: A Semiotic Theory and Method of Analysis Applied to the Story of the Garden of Eden", *VT* 42 (1992): p. 287.

[2]　类似的解释还可见《创世记》21: 33，"亚伯拉罕在别是巴栽上一棵垂丝柳树，又在那里求告耶和华永生神的名（the name of the LORD, the everlasting God）。"需要注意，יְהוָה 的词根 הָיָה（to be），和 חַיִּים 的词根（to live）有差异。不过，生命的本质表达了存在，从这样的观念出发，两者之间的关系可以打通。

[3]　在《创世记》3: 1 — 7 里，经文强调了蛇在引诱女人吃果子事件中的作用。在伊甸园里，蛇和人比起来属于较低级的生物，因为它和其他生物一样不配做人的助手（2: 20）。可是蛇又是非常聪明的动物（3: 1），它很有智慧，了解耶和华神的心思。同时由于蛇蜕皮的生理现象，在古代近东的文化里，又是永生的象征。这个低等生物既拥有智慧，又是永生的象征。这和人——伊甸园的修理看守者（2: 15），具有较高地位却要在蛇的点拨下获得智慧，在拥有智慧的同时却永远丧失永生的机会——形成鲜明对照，达到一种反讽的艺术效果。Ellen van Wolde, "A Semiotic Analysis of Genesis 2–3", pp. 573–574.

的生命形成也有着特殊的方面，上帝用尘土（אֲדָמָה）造出人（אָדָם）来。这样，人和大地充满了密切的联系：

> 你必终生劳苦，才能从地里得吃的……你必汗流满面才得以糊口，直到你归了土；因为你是从土而出的。你本是尘土，仍要归于尘土。

> ——《创世记》3: 17 — 3: 19

上帝在造人的时候，吹生气在人的鼻孔里。所以人类又是属乎血气的：

> ……（耶和华上帝）将生气吹在他的鼻孔里，他就成了有灵的活人……

> ——《创世记》2: 7

这样，和创造主相比，泥土和血气就成了人类的标志。由于这样的差异，上帝和人类有着不可逾越的鸿沟。人只可能在属于自己的范围内寻找配偶，人神是不能通婚的。当神的儿子和人的女子们交合生子时，上帝就说："人既属乎血气，我的灵就不永远住在他里面。"（《创世记》6: 3）上帝和人类的存在样态，从一开始就不同。

因着创造和被造的关系，上帝本身和他的行为完全无法被人感知，超出人类理解能力之外。而承载了大量中国古代创世神话的《庄子》一书，却强调人生的神秘和生活的统一。尽管庄子没有在自己的作品里提到上帝这个超越者，但是他的作品里屡次提到"天"的概念，或者那个复杂的难以定义的"道"。从字面上理解，"道"是"道路""方法"之意，类似希伯来语的דֶּרֶךְ。它的深层哲学意义是Logos、上帝，或者宇宙的超越理性。[①]除了在通常意义上使用"道"以外，庄子还把"道"看成本体论的，存在于宇宙诞生之前。它给予万物形式，但是自身却是无形式的：

---

① Chuang Tzu, *The Complete Works of Chuang Tzu*, trans. Burton Watson (New York: Columbia University Press, 1968), pp. 154–160.

> 夫道有情有信，无为无形……
>
> ——《庄子·大宗师》[1]

从《创世记》1—3章神人分极的状态来看《庄子》，庄子质疑神人之间的严格划分。在天人之际，有未知的和不可限定的界限。他提出这样的问题：

> 庸讵知吾所谓天之非人忽？所谓人之非天乎？
>
> ——《庄子·大宗师》[2]

最终，庄子发现对天人各自的了解都是非常困难的事情：

> 知天之所为，知人之所为者，至矣。
>
> ——《庄子·大宗师》[3]

庄子实际上引入了"天人合一"的思想。他的任务不是要寻求宰制天的方法；人的智慧之有限也阻止人类掌握自己的生活。这一点是传统中国思想和《创世记》1—3章共同反映的主题。《创世记》2—3章否定了人类掌握自己命运的可能，庄子也试图消解这样做的必要。由于知识无法蠡测，生命不能被掌控，庄子就建议人们在遭逢否泰的时候，都应该放松心态，生死是无法改变的"事实"或者"命运"：

> 安时而处顺，哀乐不能入也……
>
> ——《庄子·养生主》[4]

根据庄子，要最终解决生命的问题，就需要人和天、地、万物达到统一。因此，人要和终极的"道"达成一致：

---

[1] 庄子著，张耿光译注：《庄子》，贵阳：贵州人民出版社，1991，第105页。
[2] 同上注。
[3] 同上注，第100页。
[4] 同上注，第52页。

天地与我并生，而万物与我为一。

——《庄子·齐物论》①

当个体自我与"他者"融合为一之后，自我和他者，生与死，以及对与错，这些两极对立的状况就都不存在了。人类自由了、解放了、化身了。"庄周梦蝶"的故事就反映了这样的状态。②

由于《庄子》和《创世记》1—3章在神性概念上存在这样的差别，于是形成它们各自对生死的看法，一种是超越的生死观，另一种却一再为死亡困扰；由此影响两种文化里的人，对生活产生截然不同的态度。前者要人们的生活符合大道，达到天人合一，物我两忘的境地，后者鼓励人们把握现世生活。③

除了《庄子》表达"天人合一"的思想，我们在中国古代其他创世神话里，也能发现神人界限并不清晰。有时候神祇兼有神和人的特征，或者人们可以通过自身的修炼，位列仙班。女娲飞升至高的天界，是凡人成仙的典型例子：

（女娲）乘雷车，服驾应龙，骖青口……前白螭，后奔蛇，浮游逍遥，道鬼神，登九天，朝帝于灵门，宓穆休于太祖之下。

——《淮南子·览冥训》④

在《淮南子》里，女娲是一个女性的统治者，辅佐伏羲治理世界。通

---

① 庄子著，张耿光译注：《庄子》，第 33 页。

② 原文如下："昔者庄周梦为蝴蝶，栩栩然蝴蝶也，自喻适志与！不知周也。俄然觉，则蘧蘧然周也。不知周之梦为蝴蝶与，蝴蝶之梦为周与？周与蝴蝶，则必有分矣。此之谓物化。"（《庄子·齐物论》）。庄子著，张耿光译注：《庄子》，第 45 页。

③ 有关两个文本对生死问题的讨论，可以参见本章第三节。

④ 何宁撰：《淮南子集释》，北京：中华书局，1998，第 483—485 页。

过自己卓越的成就，她重建了宇宙的和谐和社会秩序，化身为女神。[①] 女娲在中国传统里既被看作是人，同时又被称颂为女神，她统治着古代世界的神圣存在者。[②] 女娲是史前历史的一位帝王。她的性别自汉代以后转变成女性。这在历史英雄论观念看来，并不是个例外。因为在中国传统思想里，神与人之间并不是严格划分的。神与人之间的统一和相续的确存在，并且被流行宗教所接纳。[③]

从女娲飞升的例子来看《创世记》1—3章，笔者发现尽管《创世记》1—3章表明神人之间创造和被造的关系，人永远不可能和神相似，神人之间的鸿沟无法跨越，但是人类并没有就此认命。挪亚一代（《创世记》6:1—6:3），以及后来的巴别塔故事（《创世记》11:1—11:9），都表明人类并没有真正认识到神人之间的界限，人类没有放弃过成为神的努力。不过，这样的努力由于和以色列一神论抵触，因此无一例外地以失败告终。这样看来，神人交通联结的关系在圣经神学的架构里，总有一席之地。借着中国古代创世神话天人合一思想的亮光，笔者发现希伯来圣经里神人可能的交往。事实上，神人合一是一般宗教追求的境界。新约里的耶稣，神的儿子下到人间，为人类赎罪，死后复活升天。人和神在他身上得到统一。[④] 因此，在笔者看来，没有绝对的神人隔绝，即使在希伯来圣经崇拜一神的神学处境下，神人交往也是存在的。

--------

① 中国宗教传统鼓励有卓越成就的历史人物飞升上天，除了女娲，流行的宗教里往往有重要的智者或者英雄获得神性或者永生然后升天的故事。葛洪的《神仙传》和《抱朴子》就收录有这样的升天故事。《封神演义》也讲述了人被封为神祇，然后成为著名天将的故事。除了凡人飞升上天，还有许多描述神圣者从天庭派到人间来行使天界使命的例子。在道教传统里，老子被认为在人类诞生前就存在，他下到人间，或者向人们介绍道教义理，或者将《道德经》带到人间，抑或成为向帝王进言的政治改革家。Liu Ts'un Yan, *Buddhist and Taoist Influences on Chinese Novels* (Wiesbaden: Kommisionsverlag, 1962), chapter 7; Livia Kohn, *Taoist Mystical Philosophy* (Albany: State University of New York, 1991), pp. 57–80.

② 有关女娲兼具神人的特性，鲁迅有非常精辟的见解。详细讨论，请参阅本书第二章第二节。

③ Archie C. C. Lee, "The Chinese Creation Myth of Nu Kua and the Biblical Narrative in Genesis 1–11", *BI* 2, 3 (1994): 312–324; Charles Le Blanc, *Huai Nan Tzu: Philosophical Synthesis in Early Han Thought: The Idea of Resonance (Kan-ying ) with A Translation and Analysis of Chapter Six* (Hong Kong: Hong Kong University Press, 1985), p. 169.

④ Archie C. C. Lee, "Theological Reading of Chinese Creation Stories of Pan Ku and Nu Kua", in *Doing Theology with Asian Resources: Ten Years in the Formation of Living Theology in Asia*, eds. John C. England and Archie C. C. Lee (New Zealand: Pace Publishing, 1993), pp. 235–236.

如果本着这样的态度看待希伯来圣经里的神人关系，我们就不难理解《创世记》1—3章里，神对人的看顾。首先，上帝创造人类的时候，是按照他自己的形象和样式造的，这表明人类虽然在泥土和血气方面和上帝不同，但是上帝让人类分享自己的特征，这本身就体现了上帝对人特别的关爱。其次，上帝创造宇宙万物的时候，唯独将祝福给了人类：

> 上帝就赐福（בָּרַךְ）给他们，又对他们说："要生养众多，遍满地面，治理这地；[1] 也要管理海里的鱼、空中的鸟，和地上各样行动的活物。"
>
> ——《创世记》1: 28

人听命于上帝的指令，为上帝服务，做上帝的管家，管理上帝所造的世界。[2] 人的这个角色，是人不能成为上帝的事实限定的；人成为管家而不是和动物一样，是因为上帝对人的眷顾：

> 耶和华上帝为亚当和他妻子用皮子做衣服给他们穿。
>
> ——《创世记》3: 21

惩罚过后，上帝并没有离弃人类，而是一如既往的给予人类关爱。只有父母对子女才可能有这样的爱。上帝对人类的关爱已经超越了他们之间的差异，神人关系在这里得到升华。[3] 借着中国古代创世神话里神人无间

---

[1]　原文是וַיְבָרֶךְ，这个动词的形式是 Piel, wav. consecutive imperfect，第三人称阳性单数，词根是בָּרַךְ（to bless, kneel）。Francis Brown, S. R. Driver and Charles A. Briggs, eds., *The Brown-Driver-Briggs Hebrew and English Lexicon*, pp. 138–139.

[2]　李炽昌：《"人算什么！"希伯来〈圣经〉中神、人、世界之关系》，载卓新平、许志伟主编：《基督宗教研究》第5辑，北京：社会科学文献出版社，1999，第193页。

[3]　《诗篇》第8篇对人的理解，以及对以色列神人关系的思考，有了进一步的发展："人算什么，你竟顾念他？世人算什么，你竟眷顾他？"（《诗篇》8: 4）"你叫他比天使微小一点，并赐他荣耀尊贵为冠冕。"（《诗篇》8: 5）"你派他管理你手造的。"（《诗篇》8: 6）人好像很卑微，但得到上帝的纪念及关怀，人只是比上帝自己微小一些。这里的"天使"一词的希伯来语原文是אֱלֹהִים，应该译作"众神"。现代中文圣经译本译作"你造他仅仅低于你自己"；天主教思高圣经译作"竟使他稍微逊于天神"；吕振中译本："你却使他稍微小于诸天神"。李炽昌：《"人算什么！"希伯来圣经中神、人、世界之关系》，第192页。

的状态，笔者认识到《创世记》1—3章里的神人关系，不纯粹是创造和被造的严格分极，上帝从来没有放弃对人类的看护，人类和上帝之间的互动一直都存在着。

## 二、创造与再造

无论是中国古代创世神话里的神祇，还是《创世记》1—3章里的上帝/雅威，他们不仅创造了宇宙人类，他们和人类不仅是创造和被造的关系，他们同时担当着救赎者的角色，帮助他们所创造的人民摆脱混沌无序的状态。[①]

在希伯来圣经里，上帝不仅是创造主，同时还是救赎主，不断参与以色列的历史，一次又一次将以色列民从巨大的困境中解救出来。[②] 无论是从埃及为奴之地进入应许之地，还是从巴比伦被掳之地回归故土的旅程，无不体现了创造主上帝拯救的大能。从《创世记》1—3章的字面上看，它反映了宇宙初创的情景，这时候的上帝似乎只担当了创造主的角色，但是当我们把《创世记》第1章和同是被掳时期成书的第二以赛亚放在一起解读，会发现同期的第二以赛亚里有着"新创造"神学，创造和救赎的主题是同时出现的。[③]

《创世记》第1章里，上帝遵循严格的顺序，在六天创造出宇宙万物，

---

① 中国古代创世神话比较复杂，一方面有创造的内容，另一方面又有天人合一、自生的特性。

② 希伯来语"救赎"是יָשַׁע（to deliver, save）。先知以赛亚的名字叫יְשַׁעְיָהוּ，词根就是ישע，而第二以赛亚也正好表达了创造和救赎的神学主题。Francis Brown, S. R. Driver and Charles A. Briggs, eds., *The Brown-Driver-Briggs Hebrew and English Lexicon*, pp. 446–447.

③ 例如《以赛亚书》65: 17—65: 18，"看哪！我造新天新地。从前的事不再被记念，也不再追想。你们当因我所造的永远欢喜快乐！因我造耶路撒冷为人所喜；造其中的居民为人所乐。"关于第二以赛亚里，创造和救赎的神学主题，请参阅 Richard J. Clifford, "The Unity of the Book of Isaiah and Its Cosmogonic Language", *CBQ* 55 (1993): pp. 3–16; "The Hebrew Scriptures and the Theology of Creation", *TS* 46 (1985): p. 520, pp. 507–523.

包括与创造主对立的水中的大鱼（תַּנִּין）。[①] 祭司作者其实要安慰掳民，坚定他们对耶和华的信仰。[②] 其次，被掳子民在巴比伦，人丁单薄，为了民族发展的大计，祭司作者在经文里通过上帝之口表达了对生养的需求：

> 要生养众多，遍满地面，治理这地……
>
> ——《创世记》1：28

通过创世神话，救赎的主题隐含在《创世记》第 1 章里面。创造主同时也是以色列民族的救赎主，创造与再造在这里结合在一起。

在中国古代创世神话里，有关宇宙再造的主题，首推女娲补天的故事：

> 往古之时，四极废，九州裂，天不兼覆，地不周载，火爁焱而不灭，水浩洋而不息，猛兽食颛民，鸷鸟攫老弱。于是女娲炼五色石以补苍天，断鳌足以立四极，杀黑龙以济冀州，积芦灰以止淫水。
>
> ——《淮南子·览冥训》[③]

支撑天极的柱子毁坏了，社会划分也模糊不清，宇宙充斥着混沌：无法扑灭的火焰，不能驯服的洪水，威胁人类生命的猛兽，这些祸患横行大地。女娲起而拯救百姓。反观《创世记》第 1 章里的混沌 תֹהוּ וָבֹהוּ，它表示没有生命和缺乏秩序的状态，祭司作者对它抱持负面的态度。在《耶利米书》里，这种状态是作为创造的对立面被记载下来的：

---

① 见《创世记》1：21，原文作 הַתַּנִּינִם，הַ 是定冠词 the，תַּנִּינִם 是 תַּנִּין 的复数形式，阳性名词（serpent, dragon, sea-monster）。Francis Brown, S. R. Driver and Charles A. Briggs, eds., *The Brown-Driver-Briggs Hebrew and English Lexicon*, p. 1072。希伯来圣经的传统，把大鱼、海怪、龙和蛇，都看成创造的对立面。相关的研究，可以参阅 Archie C. C. Lee, "The Dragon, the Deluge, & Creation Theology", in *Doing Theology with People's Symbols & Images*, eds. Yeow Choo Lak and John C. England (Singapore: ATESEA, 1989), p. 112; Ong Hean-Tatt, *Chinese Animal Symbolisms* (Malaysia: Pelanduk Publications, 1993), pp. 56—84.

② 李炽昌提出被掳子民的两个危机：信仰危机和民族危机。笔者非常认同这个看法。见李炽昌：《古经解读：旧约经文的时代意义》，香港：香港基督徒学会，1997，第 22、64 页。

③ 何宁撰：《淮南子集释》，第 479—480 页。

我观看地，不料，地是空虚混沌（תהו ובהו）[1]；我观看天，天也无光。我观看大山，不料，尽都震动，小山也都摇来摇去。我观看，不料，无人，空中的飞鸟也都躲避。我观看，不料，肥田变为荒地，一切城邑在耶和华面前，因他的烈怒都被拆毁。

——《耶利米书》4:23 — 4:26

上帝创造宇宙，就是分开原始的混沌；上帝再造宇宙秩序，也是要克服混沌带来的危害。从《创世记》1 — 3 章的立场来看中国古代创世神话，笔者发现女娲补天克服的正是这种无序和混乱的状态。

女娲补天，重新为宇宙颁定秩序，人类重享大地的和平与和谐：

苍天补，四极正，淫水涸，冀州平，狡虫死，颛民生。和春，阳夏，杀秋，约冬。当此之时，卧倨倨，兴盱盱，一自以为马，一自以为牛。

——《淮南子·览冥训》[2]

这个故事突出描写了自然界的秩序、人类生活的和谐，以及动物界的和平共处。在这样的亮光下，笔者留意到《创世记》第 8 章里洪水过后的情景。[3]洪水过后，大地又回到先前的和谐与四季分明的秩序里来：

地还存留的时候，稼穑，寒暑，冬夏，昼夜，就永不停息了。

——《创世记》8:22

还有《以赛亚书》里末世论的观念，尤其是野生动物改变其性情的那段描写：

---

① 有关 תהו ובהו 的语法解释，请参阅本书第一章第三节。
② 何宁撰：《淮南子集释》，第 480 页。
③ 虽然洪水神话不是作者在这部专著里讨论的内容，但是洪水神话是创世神话的一部分，所以笔者不可避免要涉及一些中国古代洪水神话的内容，相应地也要涉及《创世记》第 6 — 9 章里的经文。

豺狼必与羊羔同食，狮子必吃草与牛一样；尘土必做蛇的食
物。

——《以赛亚书》65：25

因此，恢复创造的秩序，进行再造的工作，无论是女娲补天，还是
《创世记》里的上帝，救赎（再造）的顺序依照创造的顺序，首先对自然界
和动物界的秩序进行规范。

消灭危害创造的邪恶势力，重新肯定宇宙创造的秩序，让百姓安居乐
业，这样的主题在中国古代创世神话里，除了女娲补天的丰功伟绩，大
禹也扮演了救赎者的角色，带领百姓治理洪患，让世界恢复到创造时的
和谐：

……当尧之时，水逆行，泛滥于中国。蛇龙居之，民无所定。
下者为巢，上者为营窟。《书》曰："洚水警余。"洚水者，洪水也。
使禹治之。禹掘地而注之海，驱蛇龙而放之菹，水由地中行，江
淮河汉是也；险阻既远，鸟兽之害人者消，然后人得平土而居之。

——《孟子·滕文公下》

无论从中国古代创世神话的眼光看《创世记》里洪水过后的秩序，还
是从后者看中国古代创世神话，两者都对洪水威胁创造的秩序有深刻的体
会。从后者看前者，洪水期间，不仅大水为患，百姓没有旱地可以栖身，
像动物一样被迫住在岩洞或者树上，而且，野兽反而抢占了人们原来生息
的居所。中国人描述可怕的事情往往用"洪水猛兽"来形容。也就是说，
洪水和野兽为患往往是在一起的。我们回顾女娲补天时的情景，那时"猛
兽食颛民，鸷鸟攫老弱"，弱肉强食，无法无天。无论是女娲补天时的惨
状，还是大禹治水时的疮痍，人类和动物的关系完全是混乱颠倒的：野兽
占据了人类的地盘，威胁着人类的生命，而且植被的生长也出现反常：野
草疯长，谷物却颗粒无收。后来，洪水平息后，人类回到原来生活的地方，
动物也不再骚扰人类。人类和动物出现了和睦相处的局面。这样的结局和
《创世记》洪水后的效果是一样的。

不过从女娲补天和大禹治水后恢复的秩序，再来看《创世记》洪水过

后的秩序，笔者发现希伯来圣经里再造后的秩序不是对先前创造秩序的简单恢复，而是对生命做了新的解释。死亡是人类的局限，是威胁到人类生存的主要因素。为了克服死亡，人类就必须"生养众多，遍满地面"。这是《创世记》1 — 3 里人类对生命的理解。亚当和夏娃被逐出伊甸园，人类有了第二代，但是继之而起的却是该隐杀死亚伯这样兄弟相残的血案。到了该隐的后代，人类还是逃脱不了自相残杀的命运，拉麦曾经对他的两个妻子如是说：

> 壮年人伤我，我把他杀了；少年人损我，我把他害了。若杀该隐，遭报七倍；杀拉麦，必遭报七十七倍。
>
> ——《创世记》4: 23 — 4: 24

因此，如果一味强调"生养众多"，而不解决人类内部的仇杀，对生命的威胁还是无法解除。洪水之时，生灵涂炭，连上帝都怜悯人的处境了，于是上帝原谅了他所造的生命：

> 我不再因人的缘故诅咒地，也不再按着我才行的，灭各种的活物了。
>
> ——《创世记》8: 21

在此基础上，上帝还为有血气的生灵和睦相处定立了秩序，明确了生命的法则：

> 唯独肉带着血，那就是它的生命，你们不可吃。流你们血、害你们命的，无论是兽是人，我必讨他的罪，就是向各人的弟兄也是如此。凡流人血的，他的血也必被人所流，因为上帝造人，是照着自己的形象造的。你们要生养众多，在地上长生繁茂。
>
> ——《创世记》9: 3 — 7

不仅如此，上帝还和一切有血肉的活物立约：

> 我与你们和你们的后裔立约，并与你们这里的一切活物，就
> 是飞鸟、牲畜、走兽，凡从方舟里出来的活物立约。
>
> ——《创世记》9: 9 — 10

在这里，上帝可谓用心良苦，通过对生命法的提醒，他要提升"生"的价值。生命不只是《创世记》1 — 3 章里上帝的"形象"（צֶלֶם）或者"气息"（נְשָׁמָה），当威胁生命的暴力和灾难肆虐的时候，生命就什么都不是。只有解除危害生命的因素，达到生灵之间的和睦与和谐，生命的价值才能够得到体现，生养众多才变得有意义。上帝通过为生命立法，建立生命之间的秩序，就补充了创世的秩序，让创造达到真正的圆满。[①] 因此，从女娲补天看《创世记》洪水后生命秩序的定立，重建宇宙秩序，其实是为了强调生命秩序。生命之间的和睦相处，应该是一切再造（救赎）神话背后的共同愿望。因此，通过以上的跨文本阅读，笔者对《创世记》1 — 3 章里反映的生命观有了更进一步的认识。

如果追究孟子所处的年代，我们就不难发现，他对大禹治水故事里反映的秩序主题感兴趣的原因。孟子生活在公元前 4 世纪的战国时期。彼时，诸侯称雄，互相攻伐。周王朝已经成了一个空壳，没有实际权力。孔子时代的"礼崩乐坏"，到了孟子时代发展到无以复加的地步。孟子有感于此，借大禹治水的故事以古讽今。在大禹治水的故事里，人类和动物之间的无序和混乱，在周王朝时期表现为社会阶层之间的流动加剧。而井田制的瓦解，战争频仍，都是造成社会阶层混乱的罪魁祸首。[②] 梯瑟（S. F. Teiser）总结到，战国时期的社会政治局面表明，这是一个混乱无序的时期，是界限消失、异类轻易越界的时期。孟子描述的洪水时的状况，实际上反映了当时的社会面貌，并且孟子渴望社会能够最终像大禹治理完洪水那样，变

---

① 笔者要特别感谢谢品然，他在讲授《多元文化处境下的〈创世纪〉》一课时，介绍了大量新颖而且有价值的观点，包括他对《创世记》1 — 11 章里生命主题的理解，使笔者受益匪浅。

② 地位低下的人可以迅速走上高位，同时地位高的人有可能破产，沦为平民或者奴隶。这主要是由于新的土地政策的实施，一些小资产者和农民通过借贷的方式，自由买卖土地以及租借给他人使用。借贷的利息非常昂贵，许多人由于还不起贷款，被迫沦为盗匪。S. F. Teiser, "Engulfing the Bounds of Order: The Myth of the Great Flood in Mencius," *JCR* 13/14 (1985/1986): pp. 64–67.

得有序和睦。①

创世神话是当时人们生活处境的反映，是笔者头脑里意识形态的投射。从孟子所处的生活环境来看《创世记》1—3章，为了摆脱被掳处境带给人们的绝望，安慰受苦的百姓，创造主也成了救赎主。虽然《创世记》1—3章为了服务一神信仰，将上帝和海怪争战的主题消解了，但是我们从一些词语的使用上，仍然能够看到这种痕迹。《创世记》1: 2里的希伯来语 תְּהוֹם 和《埃努玛·埃利什》里的女神提阿玛特有着千丝万缕的联系。②《创世记》第1章: 21里的 תַּנִּין，表示威胁创造的海怪。而《创世记》第3章里的 נָחָשׁ 在希伯来圣经传统里，和前两者代表着类似的事物，都是创造的对立面。③

如果说《创世记》第1章里，上帝和海怪争斗的主题并不明显，创造和救赎的主题也比较含蓄，那么在其他经文里，描写了上帝和海怪争战的创造事件后，紧接着就非常鲜明地引出上帝在历史里的拯救行为。历史事件用神话语言表达出来，创造神话又被历史化。为了便于读者理解《创世记》1—3章里的创造和再造的神学主题，笔者认为有必要在此列举相关的经文予以说明。例如，在《诗篇》74里，描写完战争就要提及分开海水（13a节）和河水（15节）。跨越红海也在《诗篇》77: 19—77: 20里出现：

> 你的道在海（יָם）中，你的路在大水中……你曾借摩西和亚
> 伦的手，引导你的百姓，好像羊群一般。④

第二以赛亚就是在具体历史处境下使用争战神话主题的最好例子。⑤

---

① S. F. Teiser, "Engulfing the Bounds of Order: The Myth of the Great Flood in Mencius," *JCR* 13/14 (1985/1986): pp. 23–24.

② 具体的讨论，可以参阅本书第一章第三节。

③ נָחָשׁ，阳性单数名词（serpent）。Francis Brown, S. R. Driver and Charles A. Briggs, eds., *The Brown-Driver-Briggs Hebrew and English Lexicon*, p. 638. 有关文中提到的这些生物，代表了对创造的威胁，读者可以参阅 Archie C. C. Lee, "The Dragon, the Deluge, & Creation Theology", p. 112; Ong Hean-Tatt, *Chinese Animal Symbolisms*, pp. 56–84.

④ יָם，阳性名词（sea）。在迦南神话里，它代表了和爱勒神（EI）相对的力量，这样，它也就代表了创造的反面。Frank Moore Cross, *Canaanite Myth and Hebrew Epic: Essays in the History of the Religion of Israel* (Cambridge, Mass.: Harvard University Press, 1973); Lawrence Boadt, *Reading the Old Testament: An Introduction* (New York, N. Y. / Mahwah, N. Y.: Paulist Press, 1969), p. 218.

⑤ 通过上帝和海怪的争战，创造或者再造宇宙。海怪往往是威胁秩序的力量。

创世神话具体体现在历史的救赎事件里：

> 耶和华的臂膀啊！兴起！兴起！以能力为衣穿上，像古时的年日、上古的世代兴起一样。从前砍碎拉哈伯（רָהָב），刺透大鱼（תַּנִּין）的，不是你吗？使海（יָם）与深渊（תְּהוֹם）的水干涸，使海的深处变为赎民经过之路的，不是你吗？[1]
>
> ——《以赛亚书》51：9 — 51：10

　　从和《创世记》1 — 3 章相关的经文看中国古代创世神话，创造人类的女娲也担负起补天、拯救人类的使命；治理洪水的大禹平定水患，还人类一个和谐有序的世界，这种行为和上帝在历史里救赎再造的行为是一致的。而且大禹治理了洪水，也经历了铲除龙蛇的斗争。传说禹屠杀了共工的臣子相柳，他就是九头、人面，以及蛇尾的怪物：

> 共工之臣曰相柳，九首，以食于九山。……相柳者，九首人面，蛇身而青。
>
> ——《山海经·海外北经》[2]

　　这些神话碎片表明禹不得不和蛇样的水怪作战。在倒引洪水流向大海的过程里，禹也驱逐了野兽、毒蛇和龙等害人的动物。所以，禹的任务是双重的：治理洪水和赶逐野兽。结果，洪水平定，野兽被赶走，一个秩序井然的社会诞生了。

　　在《创世记》第 1 章里，上帝让人类管理空海陆，在希伯来语里，מָשַׁל 可以表示一般意义上的"管理"（have dominion over），又可以表示"统治、控制"（to rule, reign），后者在希伯来语里表示君王的统治。[3] 这里上帝让人管理空海陆，就可以理解为：上帝拣选和派遣的、作为创造物

---

① רָהָב，名词（sea mosnter）。它也是古代近东神话里，创造的对立面。Francis Brown, S. R. Driver and Charles A. Briggs, eds., *The Brown-Driver-Briggs Hebrew and English Lexicon*, p. 923.

② 袁珂译注：《山海经》，台北：台湾古籍出版有限公司，1998，第 289 页。

③ Francis Brown, S. R. Driver and Charles A. Briggs, eds., *The Brown-Driver-Briggs Hebrew and English Lexicon*, p. 605.

的统治者，有着王者的身份和权威。① 于是，上帝和混沌争战结束，要被欢呼为王：

> 万民哪，你们都要拍掌！要用夸胜的声音向上帝呼喊。因为耶和华至高者是可畏的，他是治理全地的大君王。他叫万民服在我们以下，又叫列邦服在我们脚下……你们要向上帝歌颂，歌颂！向我们王歌颂，歌颂！因为上帝是全地的王，你们要用悟性歌颂。上帝做王治理万国，上帝坐在他的圣宝座上。
>
> ——《诗篇》47: 1 — 47: 8

从《创世记》1 — 3 章及其相关经文的角度看大禹的神话，禹在治理好水患以后，也获得王权，统治着国家：

> 帝（舜）赐禹玄圭，以告成功于天下。
>
> ——《史记·夏本纪》②

"玄圭"是指黑色的上圆下方的玉石，象征王权的东西。一说是天帝赐给大禹的。③ 大禹成为夏朝和中国历史上第一个皇帝。④

从大禹治水后成为帝王的中国古代创世神话，再看《创世记》1 — 3 章及其相关经文，笔者发现后者不仅描述人们欢呼创造主雅威做了宇宙万民的君王，更强调他在公义和公平的基础上建立自己的王座：

> 公义和公平是你宝座的根基；慈爱和诚实行在你前面。
>
> ——《诗篇》89: 14

他与其子民立约，并且在地上拣选一位王作为他的头生子：

---

① 这样的思想其实受古代近东神话的影响，请参阅本书第一章第三节。
② 西汉·司马迁：《全注全译史记》，天津：天津古籍出版社，1995，第52页。
③ 《竹书纪年》里，沈约附注："禹治水既毕，天赐元圭，以告成功。"袁珂：《中国神话传说》上卷，北京：人民文学出版社，1998，第361页。
④ 大禹在位时间约为公元前2783 —前1751年。

他要称呼我说:"你是我的父,是我的上帝,是拯救我的磐石。"我也要立他为长子,为世上最高的君王。

——《诗篇》89: 26 — 89: 27

王权的作用是来维持社会秩序和公义的(《诗篇》72: 1 — 4);立约就是要支持和实践公义。在这一方面,创造神学其实是关于秩序的神学。[1] 从《创世记》1 — 3章及其相关经文再看中国古代创世神话,笔者认为前者对秩序的理解是宇宙秩序和人间秩序的统一,缺一不可;女娲补天和大禹治水的神话,虽然也强调秩序,但是这样的秩序倾向统治秩序的维护。从后者看前者,《创世记》1 — 3章及其相关经文对人间的不义、压迫和剥削持谴责的态度,因为以色列人曾经在埃及当过奴隶,现在他们又在巴比伦过着囚虏的生活(《创世记》第 1 章),他们同情受压迫者;从《创世记》1 — 3章及其相关经文再看中国古代创世神话,女娲造人,是在堂而皇之地维护阶级秩序。通过两个文本之间的跨越解读,笔者认为创造论和非创造论,以及欧赫美尔说化问题,是影响中国古代创世神话神圣维度缺乏的关键。中国古代创世神话里,宇宙的秩序其实就是世俗统治的秩序,超越的存在者不过是人间帝王在天上的投影;而《创世记》1 — 3章及其相关经文反映的秩序恰恰相反,人间的秩序要符合宇宙秩序,因此人间的秩序应该是合公义的,上帝和人类立约是实现人间公义的保障。[2]

从《创世记》1 — 3章及其相关经文的角度看中国古代创世神话,笔者也认识到中国古代创世神话里的神祇,从来都不像上帝那样,既是创造主又是救赎主,而是在完成创造工作后,就牺牲(化身)了。继之而起的又是另一些为民请命的神祇,他们拯救百姓于混沌危厄之中,这不仅有补天的女娲、治水的大禹,还有射日的后羿。这些充当救赎主角色的神祇,不遗余力地要恢复宇宙初创时的秩序,他们也要和象征混沌的力量作战,而且更为重要的是,他们后来都成了百姓的君王。从这个意义上来说,中

---

① Archie C. C. Lee, "The Dragon, the Deluge, & Creation Theology", pp. 69–81.

② 《创世记》1里的混沌תהו ובהו,也是从宇宙和人间两个方面对创造构成威胁的。因此,秩序的建立或者重建,就是要从宇宙和人间两个维度消除混沌造成的威胁。详细讨论,请参阅本章第二节。

国古代创世神话里的神祇也是参与历史的。从中国古代创世神话的角度看《创世记》1—3章及其相关经文，创造主和救赎主自始至终都由一位至高神充当着，中国古代创世神话却没有这样一位角色鲜明的神祇。中国古代创世神话这种多元格局，可以丰富文化的样态。兼容并包使这种文化的自我更新能力非常强大，这样的效果已经在五四时期得到验证。[①]但同时，在我们这个后现代的社会里，在这样的神话孕育和影响下的社会，由于没有一个形成民族性格的神话角色，我们的身份时常难于辨别。究竟是继承还是抛弃，有时候人们是在不自觉地做出选择。

综上所述，通过跨文本解读《创世记》1—3章里的神人关系和中国古代创世神话里的神人关系，笔者认为希中创世神话里的神人关系不能简单概括为天人合一与神人分极，或者为以神为中心的信仰和以人为中心的信仰。从中国古代创世神话的角度看《创世记》1—3章，在古代以色列人的观念里，上帝是高高在上的创造主，他创造人类，有权决定人类的命运。神人的界限非常明显，人只有听从上帝的命令，才能得到祝福，否则就会受到惩罚。但是在中国古代创世神话里，神下地和人上天的例子使笔者意识到伊甸园的故事、神的儿子和人的女儿通婚的故事以及巴别塔的故事，为人们提供的例子说明：人类从来没有停止过成为神的努力。神人不是绝对分立的，神从来没有放弃对人的看顾。

在两者彼此的亮光下解读对方，笔者发现不论是《创世记》1—3章及其相关经文里的上帝，还是中国古代创世神话里的女娲或者大禹，两种文化下的神祇都担当着拯救人类的重任，他们又都是救赎主。这样的救赎活动具体体现为再造，为宇宙生命重新定立秩序。但是从中国古代创世神话看《创世记》1—3章及其相关经文，后者非常强调人间的公义。中国古代创世神话里，女娲补天和大禹治水，巩固的与其说是宇宙的秩序，不如说是统治秩序。笔者的结论是中国的神祇不参与历史的观点只说对了一半，大禹就是在中国历史里活动的神。创造和救赎，无论从中国古代创世神话看《创世记》1—3章，还是从《创世记》1—3章的角度看中国古代创世神话，它们都达到了统一。

---

① 具体讨论请参阅本书第二章第二节。

# 第四章

## 《创世记》1—3章和中国创世神话跨文本诠释的意义

笔者在收集西文资料的时候，面对浩如烟海的书籍和文章，总体印象是有些东西太多，而有些东西又显不足。作为一名研究希伯来圣经的学者，笔者从开始研习希伯来圣经的第一天起，就在西方学者的专著上面花费了巨大心力。西方学者从西方人理解希伯来圣经的角度出发，诠释演绎出一整套方法完备、论证严密的研究成果。在对这些知名学者的研究叹为观止之余，笔者又时常感到和他们的研究如此隔膜。即使现在，笔者也经常处于这种张力之下。

的确，作为一名中国学者，我的阅读如果不能带进我的身份、经验和情感，那么这种被排除在外的感受是非常自然的。在这些研究材料里，笔者几乎看不到中国学者从华夏文明的角度对圣经所作的诠释，听不到他们发出的声音；可是，作为阅读者而言，笔者又会不自觉地将自己的中国文化传统的背景带进理解和诠释的活动里来。然而没有一个交流的平台，又有哪个西方学者能够听到来自华人学者的声音呢？面对这样双重失语的尴尬处境，笔者希望借助一个平台实现两种文化的跨越。西方学者在某些问题上面的研究已经趋于饱和，这也就是笔者所说的"有些东西太多"；可是有些东西又太少，比如运用跨文本阅读的方法，为希伯来圣经研究注入中国文化传统的元素。可以说，笔者在此运用跨文本诠释的方法，将《创世记》1—3章放在中国古代创世神话的亮光下进行阅读，对西方学者来说是个全新的视角。

当笔者收集中国古代创世神话研究资料的时候，总体印象已经不是有的东西太多，而是什么都缺。中国真正意义上的神话学研究从五四时期就已经开始了。那个时候的学者受到西方神话学理论和方法的影响，对中国古代创世神话的研究达到了一定的水平，涌现了顾颉刚、傅斯年、鲁迅和闻一多等大批卓有成就的学者。在中国古代创世神话研究沉寂了半个世纪以后，从学者再捡起这个领域的研究到现在，虽然经历二十多年光景，成果也很丰硕。但是总的来说，我们还需要向五四学人学习。也有的学者尝试将中国古代创世神话和西方的创世神话做比较研究，拓宽研究的路子。但是，这种尝试从一开始就出现了认识上的误区。许多学者一提起西方的创世神话，立刻就想到古希腊神话里有关宇宙和人类起源的故事。古希腊创世神话在学界的家喻户晓，这多拜西方哲学和文学在中国的普及所赐。可是鲜有学者了解还有比古希腊创世神话早数千年的古代美索不达米亚创世神话，更有几人从事这两种古老创世神话的比较研究？[①]另外，也有学者尝试着对《创世记》1—3章里的创世神话和中国古代创世神话做比较研究。可是，这些研究多是从文学角度着眼，分析《创世记》1—3章里创世故事的文学特征。然而，根据笔者多年的研究体会，西方现代释经学的一系列成果多建立在历史批评法诠释经文的基础上，不了解《创世记》1—3章成书的历史，不知道不同创世故事背后的来源和历史背景，这样的研究有误读之嫌。同时，《创世记》1—3章里表现的创世神话是否就是古代以色列人自己的发明？《创世记》1—3章和古代美索不达米亚创世神话之间的关系是怎样的？从国内学者的著述来看，这些问题并没有引起学者的足够重视。在这种状况下，笔者这部专著的问世，对于扩展国内学者的研究视野，纠正长期以来存在的认识误区，以及引进一些必要的研究方法，都有非常重要的学术意义。

也就是说，研究现状的不足，激励了笔者撰写这部专著。笔者一方面希望改善西方学者"主宰"希伯来圣经研究的局面，将自己作为中国学者的文化背景带进希伯来圣经的阅读活动里，为西方学者的希伯来圣经研究

---

[①]　魏庆征和叶舒宪是少有的几个了解古代近东创世神话的学者之一。他们的译著和文章见塞·诺·克雷默著，魏庆征译：《世界古代神话》，北京：华夏出版社，1989；叶舒宪：《苏美尔神话的原型意义》，《民间文学论坛》3 (1998): 15—21；叶舒宪：《苏美尔诗歌及其原型意义初探》《甘肃教育学院学报》1 (1999): 1—7。

注入新鲜的血液;另一方面,笔者认为国内学者在中国古代创世神话以及和西方创世神话的比较研究领域里,亟需一些方法论上的准备和基础知识的拓展。因此,无论对东西方学者来说,笔者的这部专著,都意味着填补了一项学术空白。

在这部专著里,笔者将《创世记》1—3章和汉文古籍创世神话放在一起,将中国文化的文本和希伯来圣经的文本在阅读的时候相遇、转化,最终达到对两种创世神话乃至两种文化各自的深入理解。这种研究方法称为跨文本诠释方法。在后现代多元文化处境下,在文明交流和互鉴的大气候里,这样一种方法无疑有助于两种古老的文明加深了解和认识。

> 我国著名史学家、文化学家周谷城曾说过,世界上有两种文化一以贯之、最具可比性,那就是中国文化和犹太文化。犹太民族两千多年来,一直在与异质文化的接触中进行着文化冲突和文化的保持,如何既能采借异质文化的优质要素,又不致被异质文化所同化;如何既能保持民族传统,又能适应现代世界,犹太文化都展示了深刻的经验教训。中国文化在发生方式、存在方式等方面与犹太文化不尽相同,但在与异质文化的接触、冲突、采借中,所面临的文化挑战具有类似之处,特别在全球化时代,在文化接触和文化冲突越来越不可避免的条件下,如何吸纳外来优质文化、保持和弘扬民族传统,以在全球化和世界文化的对话中立于不败之地,关于犹太文化的研究都对我们有着重要而现实的参照意义。[1]

所谓“他山之石,可以攻玉”,两种古老的文明都有她们璀璨夺目的地方,也有晦暗腐朽需要批判的方面,但是笔者相信在这样来回采借、转化、吸收的过程里,两种古老的文明都会焕发出新鲜的活力。同时,希伯来圣经作为西方文化的源头之一,这样的跨越对于中西(希)文化交流都有不可估量的影响。也就是说,笔者的这部专著对于宗教对话和文化比较都有一定的学术价值。具体来说,就是为圣经文化和中国传统文化的对照

---

[1] 刘洪一:《与智者对话》,转引自《深圳商报》,2005年12月4日。

阅读提供了一面镜子。

　　那么，运用跨文本诠释方法研究创世神话，除了上面谈到的理论意义以外，它有什么现实意义？这个问题其实早在上个世纪的五四时期就已经被提出过。五四新文化运动时期，中国处于半殖民地、半封建社会，大量有识之士热切探索中华民族救亡图存的出路。也正是 20 世纪上半叶，中国神话资料的发掘和整理工作令国人振奋不已。人们对神话产生了浓厚的兴趣，越来越多的学者参与到神话资料的整理和研究工作中来。[①] 无论是茅盾、闻一多等学者运用人类学方法研究神话，还是顾颉刚、杨宽等人的古史辨派的神话观，亦或是鲁迅运用文学创作再现神话，学者们从众多领域对创世神话的关注表明，创世神话在凝聚中华民族之魂和重建民族精神家园过程中具有重要作用。[②] 正是五四时期的有识之士及其研究创世神话的成果，使笔者深刻认识到现阶段研究创世神话的重要性。

　　20 世纪 50 年代，芝加哥大学人类学教授雷德菲尔德（Robert Redfield）提出大传统和小传统的理论。该理论认为所谓大传统是指上层士绅、知识分子所代表的精英文化。小传统与此相对，指乡民或俗民所代表的生活文化。[③] 在大传统与小传统的关系里，虽然大传统受统治阶级的维护，具有压倒性的优势和导向作用，但是小传统由于来源于民间，具有蓬勃的生命力。在文学史上，这种互补互动的关系比较明显，如六朝的变文，唐宋的传奇，宋元的话本、戏曲，明清的小说，以及历代的民歌、民谣等等都曾经对整个文化产生巨大的影响。特别是当一个社会处于转型和变革时期，小传统的力量显得尤为活跃，也更富创造力。将雷德菲尔德的小传统理论运用到解释中国传统文化，那么大传统指的是儒释道法等思想家产生的精英文化，而小传统则是指歌谣、谚语、评书、神话、小说、戏曲等。[④] 五四时期特殊的社会环境下，神话学研究热潮的出现，建构了民族身份，加强了民族认同感，恰恰是雷德菲尔德教授所说的小传统在社会转型时期所产生的巨大力量。

---

　　①　陈建宪：《精神还乡的引魂之幡——20 世纪中国神话学回眸》。

　　②　同上注。

　　③　Robert Redfield, *The Little Community: Viewpoints for the Study of a Human Whole* (Chicago; London: University of Chicago Press, 1955)；郑家建：《被照亮的世界——〈故事新编〉诗学研究》，北京：人民文学出版社，2015，第 151 页。

　　④　同上注。

当我们回眸五四新文化时期创世神话研究历程时，发现一个民族的创世神话遗产，就像是"储藏了民族自传的大厦"。<sup>①</sup>每当人们在前进道路上遇到艰难险阻，总会不自觉地返回到创世神话中寻找继续前进的动力。盘古大神从状如鸡蛋的混沌里醒过来，仿佛中华民族的启蒙和觉醒。夸父逐日神话里，夸父异想天开的奔跑类似中华民族自强不息、勇于探索的精神。女娲造人以牺牲生命为代价，她就是中国千千万万劳动妇女的写照，也是祖国母亲的形象。嫦娥奔月的神话展现着中国古人瑰丽的想象力。中华民族在前进的道路上，不断从神话家园汲取力量，又在我们这个民族的关键时期，不断塑造民族的精神和性格。<sup>②</sup>

然而，我们必须承认中华民族的创世神话传统，特别是汉文古籍创世神话，曾经在历史的长河岁月里被人遗忘和忽视。"子不语怪力乱神"的儒家文化被我们的先辈接受和继承下来，中华民族就像被剪掉了翅膀的民族，重实际而轻幻想。<sup>③</sup>进入 21 世纪以来，中国创世神话的研究成果令人刮目相看。《中华创世神话研究工程系列丛书》由《中华创世神话图像编》全九册（田兆元、李悦等，2022）、《中华创世神话选注》全十四册（王宪昭、王京，2020），以及《创世神话的文献摘编》等全七册（叶舒宪、王宪昭等，2020）构成，是研究中国创世神话最前沿的资料和工具书。《中国创世神话母题实例与索引》全三册是一部以世界与万物起源神话为专题的神话母题数据资料集成，同时兼有中华民族创世神话精华集萃的特点，是神话研究不可多得的工具书（王宪昭，2018）。这些成果的问世，表明中国创世神话研究和普及工作已经达到一个全新的高度。

一个民族，如果"失掉了神话，不论在哪里，即使在文明社会中，也总是一场道德灾难"<sup>④</sup>。笔者自认为自己这一代人，对自己民族的文化了解得不够全面，也无法做到深刻领悟。即便如此，本民族文化还是积淀在笔者的无意识深处，有待激发。因此，借着五四时期神话学研究热潮对重塑民族精神的启示，笔者认为现今时代研究创世神话，对于我们更好地认识

① 王铭铭：《中国古代神话·序》，载袁珂著《中国古代神话》，北京：华夏出版社，2003，第 6 页。
② 陈建宪：《精神还乡的引魂之幡——20 世纪中国神话学回眸》。
③ 同上注。
④ 荣格著，马士沂译：《集体无意识和原型》，《文艺理论译丛》1 (1983): 273 — 283。

与传承中华民族的文化，具有不可估量的价值和意义。

　　同时，我们也应该看到，以上对中国古代创世神话意义的理解，是在和希伯来圣经《创世记》1—3章的跨文本诠释中得出的。《创世记》1—3章表现的创世神话，一方面是古代以色列人自身的神学反思，另一方面又和古代美索不达米亚创世神话有深厚的关联。无论是古代以色列人的创世神话，还是中国古代古籍里的创世神话，它们都体现了各自文化传统。通过和《创世记》1—3章里的创世神话所做的跨文本阅读，间接地和古代美索不达米亚创世神话进行跨越解读，笔者希望中国古代创世神话能够在前两者的照亮下，克服自身传统文化里的消极方面。这对民族精神的塑造来说，大有助益。而且，在中国古代创世神话的照亮下，《创世记》1—3章里的创世神话也能够得到更多中国人的理解，这对于开放、包容、谦虚的民族性格之养成意义非凡。而这也正是笔者运用跨文本诠释方法研究两种文化下的创世神话的出发点。

　　最后，笔者谈谈这部专著有待发展和完善的地方。首先，令笔者感到遗憾的是，《创世记》1—3章的创造叙事仅仅是希伯来圣经里创世神话的一部分，如果要做全面的研究，就应该考虑将第二以赛亚、《箴言》第8章，以及《诗篇》里的创造内容整合进来。由于要突出《创世记》1—3章这个研究重点，笔者不得不将这些内容留待今后开辟专文再进行讨论。

　　笔者认为，这部专著还需要继续发展的地方是希中创世神话的跨文本诠释部分。这一部分的写作，需要一个人的想象力和创造力。如何在两者之间腾挪跌宕？如何达到两者有效的转化和整合？如果没有深厚的学养和敏锐的洞察力，是绝难做好、做成功的。笔者在模仿李炽昌跨文本技巧的同时，也融入了自己对这部分内容的理解和把握。尽管如此，还是感到理论上无法达到一定的高度。往往问题已经分析得较为深入了，可关键时候就是无法得出令人满意的结论。由于笔者自身的局限性，所以笔者在两个文本之间进行跨文本阅读的时候，就显出疲态。这些问题都不是一时能够解决的。它需要一定的生活阅历，也要积累足够的阅读经验。唯其如此，对这些问题的解决，才能做到游刃有余。

　　虽然，这本专著存在缺憾，但是问题不仅代表了不完善，同时也是刺激发展的诱因。笔者在此提出的问题，会在今后倾心留意。笔者会以此为起点深入研究，期待自己更加优秀的研究成果问世，与诸位读者分享。

# 附录一　缩写

| | |
|---|---|
| *AV* | *Anthropologische verkenningen* |
| *AUSS* | *Andrews University Seminary Studies* |
| *AS* | *Annals of Scholarship* |
| *BARev* | Biblical Archaeology Review |
| *BASOR* | *Bulletin of the American Schools of Oriental Research* |
| *BI* | *Biblical Interpretation* |
| *CBQ* | *Catholic Biblical Quarterly* |
| *CF* | *Ching Feng* |
| *CIR* | *Currents in Research* |
| *CJT* | *Canadian Journal of Theology* |
| *EAJT* | *East Asia Journal of Theology* |
| *EvQ* | Evangelical Quarterly |
| *FT* | *First Things* |
| *HJAS* | *Harvard Journal of Asiatic Studies* |
| *HR* | *History of Religions* |
| *HSM* | *Harvard Semitic Monographs* |
| *HTR* | *The Harvard Theological Review* |
| *JBL* | *Journal of Biblical Literature* |

| *JA* | *Journal asiatique* |
|---|---|
| *JAAR* | *Journal of the American Academy of Religion* |
| *JBQ* | *Jewish Bible Quarterly* |
| *JCP* | *Journal of Chinese Philosophy* |
| *JCR* | *Journal of Chinese Religions* |
| *JHI* | *Journal of the History of Ideas* |
| *JQR* | *Jewish Quarterly Review* |
| *JSOT* | *Journal for the Study of the Old Testament* |
| *JSSR* | *Journal for the Scientific Study of Religion* |
| *JTS* | *Journal of Theological Studies* |
| *JTSoA* | *Journal of Theology for Southern Africa* |
| *Or* | *Orientalia* |
| *PEW* | *Philosophy East and West* |
| *RS* | *Religious Studies* |
| *ScCB* | *Science & Christian Belief* |
| *SM* | *Studia Missionalia* |
| *SJT* | *Scottish Journal of Theology* |
| *Them* | *Themelios* |
| *TS* | *Theological Studies* |
| *Tynbul* | Tyndale Bulletin |
| *UF* | *Ugarit-Forschungen* |
| *VT* | *Vetus Testamentum* |

| | |
|---|---|
| *ZAW* | *Zeitschrift für die alttestamentliche Wissenschaft* |
| KJV | King James Version |
| NEB | New English Bible |
| NRSV | New Revised Standard Version |
| RSV | Revised Standard Version |

# 附录二　学者译名对照表

| | | | |
|---|---|---|---|
| 艾伯华 | W. Eberhard | 蔡尔兹 | Brevard S. Childs |
| 埃兰 | S. Allan | 陈金梁 | Alan k. L. Chan |
| 埃里格 | K. Elliger | 陈山木 | Robert Shanmu Chen |
| 爱利森 | Robert E. Allison | 翠柏 | Phyllis Trible |
| 兰姆伯特 | W. G. Lambert | 恩格奈尔 | I. Engnell |
| 奥而布赖特 | W. F. Albright | 恩斯菲尔德 | O. Eissfeldt |
| 奥而特 | R. Alt | 菲利普斯 | John Phillips |
| 奥里克 | Axel Olrik | 冯拉德 | G. von Rad |
| 奥斯滕 | Jarich Oosten | 佛罗 | G. Fohrer |
| 芭儿 | Mieke Bal | 弗雷德曼 | David Freedman |
| 巴斯科姆 | William Bascom | 佛伦查 | Elisabeth Schussler |
| 白安妮 | Annie Birrell | | Fiorenza |
| 贝克特尔 | Lyn M. Bechtel | 高本汉 | Bernhard Karlgren |
| 彼得森 | J. Pedersen | 格拉夫 | Karl Heinrich Graf |
| 柏德 | P. A. Bird | 格莱斯曼 | H. Gressmann |
| 博格利科 | J. Begrich | 葛兰言 | M. Granet |
| 博明闪 | Thomas E. | 葛瑞勒 | O. Grether |
| | Boomershine | 古恩克尔 | H. Gunkel |
| 布德 | K. Budde | 海瑟儿 | G. F. Hasel |
| 卜德 | Derk Bodde | 韩慈 | Carl Hentze |
| 布莱德斯坦 | Adrien Bledstein | 赫德尔 | A. Heidel |
| 布兰金索普 | Joseph Blenkinsopp | 赫尔辛格 | H. Holzinger |
| 布鲁格曼 | Walter Brueggemann | 何可思 | Eduard Erkes |
| 布鲁克 | George Brook | 吉布森 | John C. L. Gibson |
| 布鲁姆 | E. Blum | 吉嘉瓦达 | Issac M. Kikawada |

| | | | |
|---|---|---|---|
| 吉拉多特 | N. J. Girardot | 莫文寇 | Sigmund Mowinckel |
| 吉瑞德 | Norman Girardot | 摩耶 | David Moyer |
| 卡拉韦 | Mary Callaway | 纳勒斯 | D. Preman Niles |
| 津村俊夫 | David Toshio Tsumura | 纳普 | Bettina L. Knapp |
| | | 诺思 | Martin Noth |
| 卡所托 | U. Cassuto | 佩塔佐尼 | R. Pettazzoni |
| 康德谟 | Max Kaltenmark | 撒那 | Nahum Sarna |
| 考夫曼 | Y. Kaufmann | 斯宾塞 | E. A. Speiser |
| 克雷默 | Samuel Noah Kramer | 斯岱克 | Odil Hannes Steck |
| 科林斯 | David J. A. Clines | 施密德 | H. H. Schmid |
| 寇兹 | George W. Coats | 示阿 | W. H. Shea |
| 库恩 | T. Kuhn | 史密斯 | George Smith |
| 拉灵顿 | C. Larrinton | 舒林 | John J. Schullion |
| 兰迪 | Francis Landy | 松博格 | A. W. Sjöberg |
| 兰瑟 | Susan S. Lanser | 梯瑟 | S. F. Teiser |
| 利科 | Paul Ricoeur | 瓦格纳 | N. E. Wagner |
| 刘涛涛 | Tao Tao Liu | 万斯特斯 | John van Seters |
| 罗格森 | J. W. Rogerson | 沃尔德 | Ellen van Wolde |
| 罗斯 | Allen P. Ross | 韦斯德曼 | Claws Westermann |
| 伦德脱夫 | Rolf Rendtorff | 魏尔豪森 | Julius Wellhausen |
| 马林诺斯基 | Bronislaw Malinowski | 温慈 | Richard Wentz |
| | | 温耐特 | F. V. Winnett |
| 马伯乐 | H. Maspero | 沃里斯 | H. N. Wallace |
| 麦克森 | W. Marxsen | 倭讷 | E. T. C. Werner |
| 迈耶斯 | Carol Meyers | 沃施 | Jerome Walsh |
| 梅耶 | John S. Major | 秀瑞克斯 | Conrad E. L'Heureux |
| 米兰达 | José Porfirio Miranda | 雅各布 | B. Jacob |
| 穆勒 | Max Müller | 伊利亚德 | Mircea Eliade |
| 莫利斯 | Henry Morris | 伊兹雷埃尔 | Shlomo Izre'el |
| 莫兰 | William L. Moran | 余莲秀 | Gale A. Yee |

# 附录三 神名对照表

| | |
|---|---|
| 阿达巴 | Adapa |
| 阿普苏 | Apsu |
| 阿特拉哈希斯 | Atrahasis |
| 埃阿 | Era/Ea |
| 埃塔那 | Etana |
| 安 | An |
| 安努 | Anu |
| 大姆基娜 | Damkina |
| 都姆兹 | Dumuzi |
| 恩基 | Enki |
| 恩里尔 | Enlil |
| 恩奇都 | Enkidu |
| 吉尔伽美什 | Gilgamesh |
| 基什提娜娜 | Geshtinanna |
| 金古 | Kingu |
| 马杜克 | Marduk |
| 纳纳 | Nanna |
| 宁里尔 | Ninlil |
| 宁穆 | Ninmu |
| 宁提 | Ninti |
| 宁图 / 玛弥 | Nintu–Mami |
| 宁细其拉 | Ninsikilla |
| 沙玛什 | Shamash |
| 提阿玛特 | Tiamat |
| 乌特纳匹什提姆 | Utnapishtim |

| | |
|---|---|
| 乌图 | Utu |
| 辛 | Sîn |
| 伊什塔尔 | Ishtar |
| 伊南娜 | Inanna |

# 参考文献

**英文参考文献：**

Adar, Zvi. *The Book of Genesis*. Jerusalem: The Magnes Press, 1990.

Albertz, Rain. *A History of Israelite Religion in the Old Testament Period*. Translated by John Bowden. Louisville, Ky.: Westminster/John Knox Press, 1994.

Albright, W. F. "Contribution to Biblical Archaeology and Philology." *JBL* 43 (1924).

Alexander, Fran., ed. *Bloomsbury Thesaurus*. London: Bloomsbury, 1997.

Allan, S. *The Heir and the Sage: Dynastic Legend in Early China*. San Francisco: Chinese Materials Center, 1981.

——. *The Shape of the Turtle: Myth, Art and Cosmos in Early China*. Albany: State University of New York Press, 1991.

Allison, Robert E. *Chuang-Tzu for Spiritual Transformation*. Albany: State University of New York Press, 1989.

Alter, R. *The Art of Biblical Narrative*. New York: Basic Books, 1981.

——. *Genesis*. New York: W. W. Norton, 1996.

Anderson, Bernhard W. *The Beginning of History: Genesis*. London: Lutterworth Press; New York: Abingdon Press, 1963.

——. *Creation in the Old Testament*. Philadelphia: Fortress Press; London: SPCK, 1984.

——. *Creation Versus Chaos: The Reinterpretation of Mythical Symbolism in the Bible*. Philadelphia: Fortress Press, 1987.

——. *From Creation to New Creation*. Minneapolis: Fortress Press, 1994.

Archer, Gleason. *A Survey of Old Testament Introduction*. Chicago: Moody

Press, 1964.

Armstrong, Karen. *In The Beginning: A New Interpretation of Genesis*. New York: Alfred A. Knopf, 1996.

Arnold, Bill T., and Bryan Beyer. *Encountering the Old Testament: A Christian Survey*. Grand Rapids: Baker Book House, 1999.

Ashburn, Daniel G. "Creation and the Torah in Psalms19." *JBQ* 22 (1994).

Bailey, Lloyd R. *Genesis, Creation, and Creationism*. New York: Paulist Press, 1993.

Baird, Robert D. *Category Formation in the History of Religions*. Paris: Mouton, 1971.

Bal, Mieke. "Sexuality, Sin, and Sorrow: The Emergence of the Female Character." In *Lethal Love: Feminist Literary Readings of Biblical Love Stories,* edited by Mieke Bal, Bloomington, Ind.: Indiana University Press, 1987.

Balslev, Anindita Niyogi. *Cross-Cultural Conversation*. Atlanta: Scholars Press, 1996.

Barr, James. *Biblical Words for Time*. London: SCM Press, 1962.

——. *The Garden of Eden and The Hope of Immortality*. Minneapolis: Fortress Press, 1993.

Bascom, William. "The Forms of Folklore: Prose Narratives." In *Sacred Narrative: Readings in the Theory of Myth*, edited by Alan Dundes. Berkeley and Los Angeles: University of California Press, 1984.

Bauer, Wolfgang. *China and the Search for Happiness: Recurring Themes in Four Thousand Years of Chinese Cultural History*. Translated by Michael Shaw. New York: Seabury Press, 1976.

Bechtel, Lyn M. "Rethinking the Interpretation of Genesis 2: 4–3: 24." In *A Feminist Companion to Genesis*, edited by Athalya Brenner. Sheffield: Sheffield Academic Press, 1993.

Bellis, Alice Ogden. *Helpmates, Harlots, and Heroes: Women's Stories in the Hebrew Bible*. Louisville, Ky.: Westminster/John Knox Press, 1994.

Bird, Phyllis A. "Male and Female He Created Them: Gen 1: 27b in the Context of the P Account of Creation." *HTR* 74 (1981).

Birrell, Anne. *Chinese Mythology: An Introduction*. Baltimore and London: The Johns Hopkins University Press, 1993.

———. "Studies on Chinese Myth since 1970: An Appraisal." *HR* 33 (1994).

———. *Chinese Myths*. Austin: University of Texas Press, 2000.

Blanc, Charles Le. *Huai Nan Tzu: Philosophical Synthesis in Early Han Thought: The Idea of Resonance (Kan-ying ) with A Translation and Analysis of Chapter Six*. Hong Kong: Hong Kong University Press, 1985.

Bledstein, Adrien. "Genesis of Humans: The Garden of Eden Revisited." *Judaism* 26 (1977).

Blenkinsopp, Joseph. "Structure of P." *CBQ* 38 (1976).

———. *The Pentateuch: An Introduction to the First Five Books of the Bible*. New York: Doubleday, 1992.

Boadt, Lawrence. *Reading the Old Testament: An Introduction*. New York: Paulist Press, 1984.

Bodde, Derk. "Harmony and Conflict in Chinese Philosophy." In *Studies in Chinese Thought*, edited by A. F. Wright. Chicago: University of Chicago Press: 1953.

———. "Myths of Ancient China." In *Mythologies of the Ancient World*, edited by S. N. Kramer, Garden City: Doubleday & Co., 1961.

Boman, Thorlief. *Hebrew Thought Compared with the Greek*. London: SCM, 1960.

Bonhoeffer, Dietrich. *Creation and Temptation*. London: S. C. M. Press, 1966.

———. *Creation and Fall: A Theological Exposition of Genesis 1-3*. Translated by Martin Ruter and Ilse Todt. Minneapolis: Fortress Press, 1997.

Boomershine, Thomas E. "The Structure of Narrative Rhetoric in Genesis 2–3." In *Genesis 2 and 3 Kaleidoscopic Structural Readings*, edited by Daniel Patte. Chico, Calif.: Scholars Press, 1980.

Bottéro, Jean. *Religion in Ancient Mesopotamia*. Translated by Teresa Lavender Fagan. Chicago and London: The University of Chicago Press, 2001.

Botterweck, G. Johannes and Helmer Ringgren. *Theological Dictionary of the*

*Old Testament.* Translated by John T. Willis. Grand Rapids, Mich.: Eerdmans, 1974.

Bourdieu, Pierre. "The Attitude of the Algerian Peasant toward Time." In *Mediterranean Countrymen: Essays in the Social Anthropology of the Mediterranean*, edited by J. Pitt–Rivers. Paris: Mouton, 1964.

Brandon, S. G. F. "The Propaganda Factor in Some Ancient Near Eastern Cosmogonies." In *Promise and Fulfillment: Essays Presented to S. H. Hooke*, edited by Frederick F. Bruce. Edinburgh: T. & T. Clark, 1963.

Brenner, Athalya. *Genesis.* Sheffield: Sheffield Academic Press, 1998.

Brettler, Marc Zvi. *The Creation of History in Ancient Israel.* London; New York: Routledge, 1995.

Brichto, Herbert Chanan. *The Names of God: Poetic Readings in Biblical Beginnings.* New York: Oxford University Press, 1998.

Brodie, Thomas L. *Genesis as Dialogue: A Literary, Historical, & Theological Commentary.* Oxford; New York: Oxford University Press, 2001.

Bromiley, Geoffrey W., ed. *The International Standard Bible Encyclopedia.* Grand Rapids, Mich.: W. B. Eerdmans, 1979–1988.

Brown, Francis S., R. Driver, Charles A. Briggs., eds. *The Brown-Driver-Briggs Hebrew and English Lexicon.* Peabody: Hendrickson Publishers, 2003.

Bruce J. Malina, "Christ and Time: Swiss or Mediterranean?" *CBQ* 51 (1989).

Brueggemann, Walter. *Genesis: A Bible Commentary for Teaching and Preaching.* Atlanta: John Knox Press, 1982.

Bullock, C. Hassell. "The Book of Proverbs." In *Learning from Sages: Selected Studies on the Book of Proverbs*, edited by Roy B. Zuck. Michigan: Baker Books, 1995.

———. *Encountering the Book of Psalms: A Literary and Theological Introduction.* Michigan: Baker Academic, 2001.

Callaway, Mary. *Sing, O Barren One: A Study in Comparative Midrash*, 74. SBL Dissertation Series 91. Atlanta: Scholars Press, 1986.

Callender, Dexter E. *Adam in Myth and History: Ancient Israelite Perspectives on the Primal Human.* Winona Lake, Ind.: Eisenbrauns, 2000.

Camp, Claudia V. *Wisdom and the Feminine in the Book of Proverbs*. Sheffield: Almond, 1985.

Carmichael, Calum M. *The Story of Creation: Its Origin and Its Interpretation in Philo and the Fourth Gospel*. Ithaca: Cornell University Press, 1996.

Cassuto, U. *The Documentary Hypothesis and the Composition of the Pentateuch*. Translated by I. Abraham. Jerusalem: Magnes, 1941.

——. *A Commentary on the Book of Genesis*. Part I. Jerusalem: The Magnes Press, 1989.

Chang, Kwang–Chih. *The Archaeology of Ancient China*. 4th ed. New Haven, Conn.: Yale University Press, 1987.

Chen, Robert Shanmu. *A Comparative Study of Chinese and Western Cyclic Myths*. New York: Peter Lang Publishing, 1992.

Chia, Philip. "Postcolonization and Recolonization: A Response to Archie Lee's 'Biblical Interpretation in Postcolonial Hong Kong'." *BI* 7/2 (1999).

Childs, Brevard S. *Introduction to the Old Testament as Scripture*. London: SCM Press, 1979.

——. *Old Testament Theology in A Canonical Context*. London: SCM Press, 1985.

Clifford, Richard J. "Cosmogonies in the Ugaritic Texts and in the Bible." *Or* 53 (1984).

——. "The Hebrew Scriptures and the Theology of Creation." *TS* 46 (1985).

——. "The Unity of the Book of Isaiah and Its Cosmogonic Language." *CBQ* 55 (1993).

——. "Creation in the Psalms." In *Creation in the Biblical Traditions*. Washington, DC: Catholic Biblical Assoc of America, 1994.

Clines, David J. A. "The Image of God in Man." *Tynbul* 19 (1968).

——. "Theme in Genesis 1–11." In *"I Studied Inscriptions from before the Flood": Ancient Near Eastern, Literary, and Linguistic Approaches to Genesis 1-11*, edited by Richard S. Hess and David Toshio Tsumura. Winona Lake, Ind.: Eisenbrauns, 1994.

——. *The Theme of the Pentateuch*. 2nd ed. Sheffield: Sheffield Academic Press,

1997.

Coats, George W. and Burk O. Long, eds. *Canon and Authority: Essays in Old Testament Religion and Theology*. Philadelphia: Fortress Press, 1977.

——. *Genesis: With An Introduction to Narrative Literature*. Grand Rapids, Mich.: W. B. Eerdmans, 1983.

Coenen, Lothar, Erich Beyreuther, Hans Bietenhard, eds. *New International Dictionary of New Testament*. Translated by Colin Brown. Exeter: Paternoster Press, 1975–1978.

Coggan, Michael D. *Aspect: An Introduction to the Study of Verbal Aspect and Related Problems*. Cambridge: Cambridge University, 1976.

——. *Stories from Ancient Canaan*. Philadelphia: Westminster, 1978.

Cohen, Jeremy. *Be Fertile and Increase, Fill the Earth and Master It: The Ancient and Medieval Career of A Biblical Text*. Ithaca: Cornell University Press, 1989.

Conklin, Edward. *Getting back into the Garden of Eden*. Lanham, Md.: University Press of America, 1998.

Coote, Robert B., and Keith W. Whitelam. "Emergence of Israel: Social Transformation and State Formation following the Decline in Late Bronze Age Trade." *Semeia* 37 (1986).

——. and David R. Ord. *In the Beginning: Creation and the Priestly History*. Minneapolis: Fortress Press, 1991.

Cornford, F. M. "Pattern of Ionian Cosmology." In *Theories of the Universe: From Babylonian Myth to Modern Science*, edited by M. K. Munitz. New York: Free Press, 1957.

Crenshaw, James L. *Studies in Ancient Israelite Wisdom*. New York: Ktav, 1976.

——. "The Shadow of Death in Qohelet." In *Israelite Wisdom: Theological and Literary Essays in Honour of Samuel Terrien*, edited by John G. Gammie, Walter A. Brueggeman, W. Lee Humphreys, James Ward. New York: Scholars Press, 1978.

——. "Education in Ancient Israel." *JBL* 104 (1985).

Cross, Frank Moore. *Canaanite Myth and Hebrew Epic: Essays in the History of the Religion of Israel*. Cambridge, Mass.: Harvard University Press, 1973.

Dally, Stephanie. *Myths from Mesopotamia: Creation, the Flood, Gilgamesh, and Others*. Oxford: Oxford University Press, 1991.

Daniel, Patte. *Genesis 2 and 3: Kaleidoscopic Structural Readings*. Chico, Calif.: Scholars Press, 1980.

David, Rosenberg. *Genesis as It Is Written: Contemporary Writers on Our First Stories*. San Francisco, Calif.: Harper San Francisco, 1996.

Davidson, Robert. *Genesis 1-11*. Cambridge: Cambridge University Press, 1973.

Davies, Philip R. and David J. A. Clines., eds. *The World of Genesis: Persons, Places, Perspectives*. Sheffield: Sheffield Academic Press, 1998.

Ding, W. D. *100 Chinese Myths and Fantasies*. Hong Kong: The Commercial Press, 1985.

Dorsey, David A. *The Literary Structure of the Old Testament: A Commentary on Genesis-Malachi*. Grand Rapids, MI: Baker Books, 1999.

Doty, William G. *Mythography: The Study of Myths and Rituals*. Tuscaloosa: University of Alabama Press, 2000.

Douglas, Mary. *Purity and Danger: An Analysis of Concepts of Pollution and Taboo*. Harmondworth: Penguin, 1970.

Driver, Godfrey Rolles. *Canaanite Myths and Legends*. Edinburgh: Clark, 1978.

Dumbrell, William. "Creation, Covenant and Work." *Crux* 24/3 (1988).

Eagleton, Terry. *Ideology: An Introduction*. New York: Verso, 1991.

Eberhard, W. *Local Cultures and Typen chinesischen Volksmärchen*. Helsinki: Folklore Fellows Communications, 1941.

——. *The Local Cultures of South and East China*. Translated by Alide Eberhard. Leiden: E. J. Brill, 1968.

Edwards, Gene. *The Beginning*. Wheaton, Ill.: Tyndale House, 1992.

Eichrodt, Walther. *Theology of the Old Testament*. 2 vols. Philadelphia: Westminster Press, 1961–1967.

——. "In the Beginning: A Contribution to the Interpretation of the First Word of the Bible." In *Israel's Prophetic Heritage: Essays in Honor of James Muilenburge*, edited by B. W. Anderson and W. Harrelson. New York: Harper

& Row, 1962.

Eissfeldt, O. *Hexateuch-Synopse*. Leipzig: Hinrichs, 1921.

———. *The Old Testament: An Introduction*. New York: Harper, 1965.

Eliade, Mircea. *The Sacred and the Profane: The Nature of Religion*. Translated by W. R. Trask. New York: Harper & Row, 1959.

———. *Cosmos and History: The Myth of the Eternal Return*. Translated by Willard R. Trask. New York: Harper, 1959.

———. *Patterns in Comparative Religion*. Translated by Rosemary Sheed. *Lincoln: University of Nebraska Press,1996*.

———. *Myth and Reality*. New York: Harper & Row, 1963.

———. *The Encyclopedia of Religion*, vol 4. New York: Macmillan Publishing Company, 1987.

Fewell, Danna Nolan., ed. *Reading Between Texts: Intertextuality and the Hebrew Bible*. Louisville, Ky.: Westminster/John Knox press, 1992.

Fiorenza, Elisabeth Schussler. *Bread Not Stone: The Challenge of Feminist Biblical Interpretation*. Boston: Beacon Press, 1984.

Fishbane, Michael. *Biblical Interpretation in Ancient Israel*. Oxford: Clarendon, 1985.

Fokkelman, J. P. *Narrative Art in Genesis*. Amsterdam: Van Gorcum, Assen, 1975.

Forke, Alfred. *The World Conception of the Chinese*. London: Probsthain, 1925.

Fox, Michael V. "The Social Location of the Book of Proverbs." In *Texts, Temples, and Traditions: A Tribute to Menahem Haran*, edited by Michael V. Fox. Winona Lake, IN: Eisenbrauns, 1996.

———. "Ideas of Wisdom in Proverbs 1–9." *JBQ* 116 (1997).

Franz, Marie–Louise von. *Creation Myths*. Boston: Shambhala, 1995.

Freedman, David Noel, ed. *The Anchor Bible Dictionary*, 6 vols. New York: Doubleday, 1992.

Freedman, R. David. "Woman, A Power Equal to Man: Translation of Woman as A 'Fit Helpmate' for Man Is Questioned." *BARev* 1/9 (1983).

Fritsch, Charles T. *Genesis*. London: SCM Press, 1960, 1959.

Gadamer, Hans–Georg. *Truth and Method.* 2$^{nd}$ ed. New York: Crossroad, 1992.

Gemser, B. *Studies on the Book of Genesis.* Leiden: E. J. Brill, 1958.

Gibson, Arthur. *Text And Tablet: Near Eastern Archaeology, The Old Testament and New Possibilities.* Aldershot: Ashgate, 2000.

Gibson, John C. L. *Genesis,* vol. 3. Edinburgh: The Saint Andrew Press, 1981.

Giradot, Norman J. "Problem of Creation Mythology in the Chinese Religion." *HR* 15 (1976).

——. *Myth and Meaning in Early Taoism: The Theme of Chaos (hun-tun).* Berkeley and Los Angeles: University of California Press, 1983.

Glander, Shamai. *The Good Creator: Literature and Theology in Genesis 1-11.* Atlanta, Ga.: Scholars Press, 1997.

Gottlieb, Hans. "Myth in the Psalms." In *Myth in the Old Testament,* edited by B. Otzen, Hans Gottlieb and Knud Jeppersen. London: SCM Press, 1980.

Gove, P. B. and the Merriam–Webster., eds. *Webster's New International Dictionary of the English Language.* Springfield, Mass.: Merriam, 1961.

Graham, Angus C. *Chuang-tzū: The Seven Inner Chapters and Other Writings from the Book Chuang-tzū.* London: Allen & Unwin, 1981.

Granet, M. *Danses et légendes and La Pensée chinoise.* Paris: Albin Michel, 1968.

Green, Miranda. *Celtic Goddesses: Warriors, Virgins and Mothers.* London: British Museum Press, 1995.

Greenfield, J. C. "The Seven Pillars of Wisdom (Prov. 9: 1)–A Mistranslation." *JQR* 76 (1985).

Griffith, Elizabeth. *In Her Own Right: The Life of Elizabeth Cady Stanton.* New York: Oxford University Press, 1984.

Gunkel, Hermann. *Genesis übersetzt und erklärt.* Göttingen: Vandenhoeck & Ruprecht, 1910.

——. *Mose und seine Zeit: Ein Kommentar den Mosesagen.* Göttingen: Vandenhoeck Ruprecht, 1913.

——. *The Legend of Genesis: The Biblical Saga and History.* New York: Schocken Books, 1964.

———. "The Influence of Babylonian Mythology Upon the Biblical Creation Story." In *Creation in the Old Testament*, edited by Bernhard W. Anderson. Philadelphia: Fortress Press, 1984.

———., *Genesis*. Translated by Mark E. Biddle. Macon, Ga.: Mercer University Press, 1997.

———. *Introduction to the Psalms: The Genres of the Religious Lyric of Israel.* Translated by James D. Nogalski; Macon, Ga.: Mercer University Press, 1998.

Gunnlaugur, A. Jonsson. *The Image of God: Genesis 1:26-28 in A Century of Old Testament Research.* Stockholm: Almqvist & Wiksell International, 1988.

Hamlin, E. John. *A Guide to Isaiah 40-66.* London: SPCK, 1979.

Hanson, Anthony Tyrrell. *A Commentary on the Book of Genesis.* Madras: Published for the Senate of Serampore College by the Christian Literature Society, 1963.

Hanson, R. P. C. "Biblical Exegesis in the Early Church." In *The Cambridge History of the Bible*, edited by P. R. Ackroyd and P. R. Evans. Cambridge: Cambridge University Press, 1970.

Hargreaves, John Henry Monsarrat. *A Guide To The Book of Genesis.* London: S. P. C. K., 1969.

———. *A Guide to Genesis.* London: SPCK, 1998.

Hartley, John E. *Genesis.* Peabody, Mass: Hendrickson Publishers; Carlisle, Cumbria: Paternoster Press, 2000.

Harverson, E. Stuart. *Genesis: A Study.* Hong Kong: Logos Book House, 1985.

Hasel, G. F. "The Polemic Nature of the Genesis Cosmology." *EvQ* 46 (1974).

Hayes, J. H. and Maxwell Miller. *Israelite and Judean History.* London: SCM Press, 1977.

———. and F. Prussner. *Old Testament Theology: Its History and Development.* London: SCM Press, 1985.

Hean–Tatt, Ong. *Chinese Animal Symbolisms.* Malaysia: Pelanduk Publications, 1993.

Heidel, Alexander. *The Gilgamesh Epic and Old Testament Parallels.* 2$^{nd}$ ed. Chicago: Univ. of Chicago Press, 1949.

——. *The Gilgamesh Epic*. Chicago: University of Chicago Press, 1963.

Hendel, Ronald S. *The Text of Genesis 1-11: Textual Studies and Critical*. New York: Oxford University Press, 1998.

Hentze, K. *Mythes et symbols lunaires*. Anvers: Editions de Sikkel, 1932.

——. *Das Haus als Weltort der Seele*. Stuttgart: Klett, 1961.

Hermission, Hans–Jurgen. "Observations on the Creation Theology in Wisdom." In *Israelite Wisdom: Theological and Literary Essays in Honor of Samuel Terrien*, New York: Scholars Press, 1978.

Hess, Richard S. "Genesis 1–2 in Its Literary Context." *Tynbul* 41/1 (1990).

——. and David Toshio Tsumura., eds. *"I Studied Inscriptions from before the Flood"*: Ancient Near Eastern, Literary, and Linguistic Approaches to Genesis 1-11. Winona Lake, Ind.: Eisenbrauns: 1994.

——. "Genesis 1–2 and Recent Studies of Ancient Texts." *ScCB* 7 (1995).

Hetherington, Norriss S. *Cosmology: Historical, Literary, Philosophical, Religious, and Scientific Perspectives*. New York/London: Garland Publishing, 1993.

Hinton, Linda B. *Genesis*. Nashville: Abingdon Press, 1994.

Ho, Craig Y. S. "The Cross–Textual Method and the J Stories in Genesis in the Light of A Chinese Philosophical Text." In *Congress Volume Leiden 2004*, edited by Andre Lemaire. Leiden, Boston: Brill, 2006.

Hurtado, Larry W. *Goddesses in Religions and Modern Debate*. University of Manitoba, 1990.

Hvidberg, F. F. "The Cannaite Background of Gen I–III." *VT* 10 (1960).

Hyers, M. Conrad. *The Meaning of Creation: Genesis and Modern Science*. Atlanta: John Knox Press, 1984.

Irvin, Dorothy. *Mytharion: The Comparison of Tales from the Old Testament and the Ancient Near East*. Neukirchen: Neukirchner Verlag, 1978.

Izre'el, Shlomo. *Adapa and the South Wind: Language Has the Power of Life and Death*. Winona Lake: Jewish Publication Society, 1993.

Jacob, B., *The First Book of the Bible: Genesis*. Translated by Ernest I. Jacob and Walter Jacob. New York: Ktav Pub. House, 1974.

Jacobsen, Thorkild. *The Sumerian King List*. Chicago: University of Chicago Press, 1939.

——. *The Treasures of Darkness: A History of Mesopotamian Religion*. New Haven: Yale University Press, 1976.

——. *The Harps that Once...: Sumerian Poetry in Translation*. New Haven: Yale University Press, 1987.

James, W. *The Varieties of Religious Experience: A Study in Human Nature*. New York: Collier Books, 1961.

Jenni, Ernst and Claus Westermann. *Theological Lexicon of the Old Testament*. Translated by Mark E. Biddle. Peabody, Mass.: Hendrickson Publishers, 1997.

Jukes, Andrew John. *Types in Genesis*. Grand Rapids, Mich.: Kregel, 1993.

Karlgren, Bernhard. *Legends and Cults in Ancient China*. Stockholm, Sweden: Museum of Far Eastern Antiquities, 1946.

Kaufmann, Yehezkel. *The Religion of Israel: From Its Beginnings to the Babylonian Exile*. Translated by. M. Greenberg. Chicago: University of Chicago Press, 1960.

Kidner, Derek. *Genesis: An Introduction and Commentary*. London: Tyndale P., 1967.

Kikawada, Isaac M. "The Double Creation of Mankind in Enki and Ninmah, Atrahasis I 1–351, and Genesis 1–2." *Iraq* 45 (1983).

——. and Arthur Quinn. *Before Abraham Was: The Unity of Genesis 1-11*. Nashville: Abingdon Press, 1985.

Klotz, John W. *Genes, Genesis, and Evolution*. Saint Louis: Concordia Pub. House, 1970.

Knapp, Bettina L. *Woman in Myth*. Albany: State University of New York Press, 1997.

Knight, Douglas A. and Gene M. Tucker., eds. *The Hebrew Bible and Its Modern Interpreters*. Philadelphia, Pa.: Fortress Press Chico, Calif.: Scholars Press, 1985.

Kohn, Livia. *Taoist Mystical Philosophy*. Albany: State University of New York, 1991.

Köster, H. *Symbolik des chinesischen Universismus*. Stuttgart: Hierseman, 1958.

Kramer, Samuel N. *Sumerian Mythology: A Study of Spiritual and Literary Achievement in the Third Millennium B. C.*. Philadelphia: University of Pennsylvania Press, 1972.

Kraus, Hans–Joachim. *Psalms 1-59*. Translated by H. C. Oswald. Minneapolis: Augsburg Publishing House, 1988.

Krieger, David J. *The New Universalism: Foundations for A Global Theology*. Maryknoll, New York: Orbis Books, 1991.

Kristeva, Julia. *Language-the Unknown: An Initiation into Linguistics*. Translated by Anne M. Menke. New York: Columbia University Press, 1989.

Kvam, Kristen E., ed. *Eve & Adam: Jewish, Christian, and Muslim Readings on Genesis and Gender*. Bloomington: Indiana University Press, 1999.

Lambert, W. G. "A New Look at the Babylonian Background of Genesis." *JTS* 16 (1965).

——. "Myth and Mythmaking in Sumer and Akkad." In *Civilizations of the Ancient Near East*, edited by Jack. M. Sasson, 1825–1835. New York: Charles Scribner's Sons, 1995.

Landy, Francis. *Paradoxes of Paradise: Identity and Difference in the Song of Songs*. Sheffield: Almond, 1983.

Lane, William R. "The Initiation of Creation." *VT* 13 (1963).

Lang, Andrew. *Custom and Myth*. Wakefield: EP Pub., 1974.

Lanser, Susan S. "(Feminist) Criticism in the Garden: Inferring Genesis 2–3." *Semeia* 41 (1988).

Larrington, Carolyne. *The Feminist Companion to Mythology*. London: Pandora, 1992.

Leach, Edmund Ronald. *Genesis as Myth, and Other Essays*. London: Cape, 1969.

Lee, Archie C. C. "Doing Theology in the Chinese Context: The David–Bathsheba Story and the Parable of Nanthan." *EAJT* 3 (1985).

——. "The Dragon, the Deluge & Creation Theology." In *Doing Theology with People's Symbols & Images*, edited by Yeow Choo Lak and John C. England, 101–123. Singapore: ATESEA, 1989.

——. "Genesis 1 from the Perspective of A Chinese Creation Myth." In *Understanding Poets and Prophets: Essays in Honour of George Wishart Anderson*, edited by A. Graeme Auld, 186–198. Sheffield: JSOT, 1993.

——. "Theological Reading of Chinese Creation Stories of Pan Ku and Nu Kua." In *Doing Theology with Asian Resources: Ten Years in the Formation of Living Theology in Asia*, edited by John C. England and Archie C. C. Lee. New Zealand: Pace Publishing, 1993.

——. "The Chinese Creation Myth of Nu Kua and the Biblical Narrative in Genesis 1–11." *BI* 2, 3 (1994).

——. "Death and the Perception of the Divine in *Qohelet* and *Zhuang Zi*." *CF* 38/1 (1995).

——. "Identity, Reading Strategy and Doing Theology." *BI* 7/2 (1999).

Lee, Peter Ching–Yung. "Understanding Death, Dying, and Religion: A Chinese Perspective." In *Understanding Death: A Chinese Perspective*.

Levenson, Jon D. *Creation and the Persistence of Evil: The Jewish Drama of Divine Omnipotence*. San Francisco: Harper & Row, 1988.

Linnemann, Eta. *Historical Criticism of the Bible: Methodology Or Ideology?*. Translated by Robert W. Yarbrough. Grand Rapids: Baker Book House, 1990.

Loewe, Michael. *Ways to Paradise: The Chinese Quest for Immortality*. London: George Allen & Unwin, 1979.

——. *Chinese Ideas of Life and Death: Faith, Myth and Reason in the Han Period*. London: Allen & Unwin, 1982.

Long, C. H. *Alpha: The Myths of Creation*. Chico, CA: Scholars Press, 1963.

Long, Charles H. "Cosmogony." In *The Encyclopedia of Religion*, vol. 4., edited by Mircea Eliade, 94. New York/London: Macmilian Publishing Company, 1987.

Louth, Andrew., ed. *Genesis 1-11*. Downers Grove, Ill.: InterVarsity Press, 2001.

Lui, Wai–ling. *A Re-Interpretation of Genesis 1-3: The Creation of Man and Woman*. Hong Kong: Chinese University of Hong Kong, 1990.

Luyster, Robert. "Wind and Water: Cosmogonic Symbolism in the Old Testament." *ZAW* 93 (1981).

Luzzatto, Samuel David. *The Book of Genesis: A Commentary*. Translated by Daniel A. Klein. Northvale, N. J.: Jason Aronson, 1998.

Major, J. S. "Myth Cosmology and the Origins of Chinese Science." *JCP* 5 (1978).

Martin, James D., ed. *Davidson's Introductory Hebrew Grammar*. Edinburgh: T&T Clark, 1993.

Marxsen, Willi., *Mark the Evangelist: Studies on the Redaction History of the Gospel*. Translated by James Boyce. Nashville: Abingdon Press, 1969.

Maspero, H. "légendes mythologiques dans le Chou king." *JA* 205 (1924).

Matthews, Victor Harold. *Old Testament Parallels: Laws and Stories from the Ancient Near East*. New York: Paulist Press, 1997.

May, Gerhard. *Creatio ex nihilo: The Doctrine of 'Creation out of Nothing' in Early Christain Thought*. Translated by A. S. Worrall. Edinburgh: T & T Clark, 1994.

McCarter, P. K. "The Religious Reforms of Hezekiah and Josiah." In *Aspects of Monotheism: How God Is One*, edited by Hershel Shanks and Jack Meinhardt. Washington, D.C.: Biblical Archaeology Society, 1997.

Mckane, William. *Proverbs: A New Approach*. London: SCM Press Ltd, 1970.

Mckenzie, Steven L. and Stephen R. Haynes., eds. *To Each Its Own Meaning: An Introduction to Biblical Criticism and Their Application*. London: Westminster John Knox Press, 1999.

Meyers, Carol L. *Discovering Eve: Ancient Israelite Women in Context*. New York; Oxford: Oxford University Press, 1988.

Miles, Johnny E. *Wise King-Royal Fool: Semiotics, Satire and Proverbs 1-9*. London/New York: T&T Clark International, 2004.

Miranda, José Porfirio., *Marx and the Bible: A Critique of the Philosophy of Oppression*. Translated by John Eagleson. London: SCM Press, 1977.

——. *Communism in the Bible*. London: SCM Press, 1982.

Miscall, Peter D. *The Workings of Old Testament Narrative*. Philadelphia: Fortress Press, 1983.

Mitchell, Stephen, *The Creation*. New York: Dial Books, 1990.

Moor, Johannes C De. "El, the Creator." In *The Bible World: Essays in Honor of Cyrus H. Gordon*, edited by G. Rendsburg. New York: KTAV, 1980.

——. *An Anthology of Religious Texts from Ugarit*. Leiden: Brill, 1987.

——. "East of Eden." *ZAW* 100 (1988): 105–111.

Moran, William L. "The Creation of Man in Atrahasis I 192–248." *BASOR* 200 (1970).

Morris, Henry M. *The Genesis Record: A Scientific and Devotional Commentary on the Book of Beginnings*. Grand Rapids: Baker Book House, 1976.

Morris, Paul and Deborah Sawyer. *A Walk in the Garden: Biblical, Iconographical and Literary, Images of Eden*. Sheffield: JSOT Press, 1992.

Mowinckel, Sigmund. *The Psalms in Israel's Worship*. Translated by D. R. Ap-Thomas Blackwell. Great Britain: JSOT Press, 1992.

Mullen Jr., E. T. *The Divine Council in Canaanite and Early Hebrew Literature*. Chico, Cal.: Scholars Press, 1980.

Müller, Friedrich Max. *Introduction to the Science of Religion*. New York: Arno Press, 1978.

Murphy, R. E. "Israel's Wisdom: A Biblical Model of Salvation." *SM* 30 (1981).

——. *The Tree of Life: An Exploration of Biblical Wisdom Literature*. 2nd ed. Michigan/Cambridge: William B. Eerdmans Publishing Company, 1990.

——. "The Personification of Wisdom." In *Wisdom in Ancient Israel*, edited by John Day, Robert P. Gordon, H. G. M. Williamson. Cambridge; New York: Cambridge University Press, 1995.

——. "The Use of Proverbial sayings in Sirach." In *Treasures of Wisdom: Studies in Ben Sira and the Book of Wisdom*, edited by N. Calduch-Benages, 31–40. Louvain: Leuren University Press, 1999.

Neville, Robert C. *The Tao and the Daimon, Segments of A Religious Inquiry*. Albany: State University of New York Press, 1982.

Newman, Paul. *The Hill of the Dragon: An Enquiry into the Nature of Dragon Legends*. Bath: Kingsmead Press, 1979.

Newsom Carol A. and Sharon H. Ringe., eds. *The Women's Bible Conmmentary*. London: SPCK; Louisville, Ky.: Westminster/John Knox Press, 1992.

Niles, D. Preman. "The Word of God and the People of Asia." In *Understanding the Word: Essays in Honour of Bernhard W. Anderson*, edited by James T. Butler, Edgar W. Conrad, Ben C. Ollenburger. Sheffield: JSOT, 1985.

Niles, Daniel Thambyrajah. *Studies in Genesis*. Philadelphia: Westminster Press, 1958.

North, Christopher R. *Second Isaiah*. Oxford: Clarendon Press, 1964.

Noth, Martin., *A History of Pentateuchal Traditions.* Translated by Bernhard W. Anderson. Englewood Cliffs, N. J.: Prentice Hall, 1972.

——. *The Deuteronomistic History*. Sheffield: Journal for the Study of the Old Testament, 1981.

Oden, Robert A. "Divine Aspirations in Atrahasis and in Genesis 1–11." *ZAW* 93 (1981).

——. "Transformations in Near Eastern Myths: Genesis 1–11 and the Old Babylonian Epic of Atrahasis." *Religion* 11 (1981).

Olrik, Axel. *Principles for Oral Narrative Research*. Translated by Kirsten Wolf and Jody Jensen. Bloomington: Indiana University, 1992.

Otzen, Benedikt. "The Concept of Myth." In *Myth in the Old Testament*, edited by Alastair G. Hunter. London: SCM Press, 1980.

Pedersen, J. *Israel: Its Life and Culture I-II*. London: Oxford University Press, 1926.

Perdue, Leo G. *Wisdom and Creation: The Theology of Wisdom Literature*. Nashville: Abingdon Press, 1994.

Petersen, David L. and Mark Woodward. "Northwest Semitic Religion: A Study in Relational Structures." *UF* 9 (1977).

Pettazzoni, Raffaele. "Myths of Beginning and Creation–Myths." Translated by H. J. Rose. In *Essays on the History of Religions*, edited by Raffaele Pettazzoni. Leiden: E. J. Brill, 1967.

Phillips, Anthony. *Lower Than the Angels: Questions Raised by Genesis 1-11*. London: Bible Reading Fellowship, 1983.

Phillips, John. *Exploring Genesis*. Neptune, N. J.: Loizeaux Brothers, 1980.

Pinnock, Frances. "Erotic Art in the Ancient Near East." In *Civilizations of the*

*Ancient Near East*, edited by Jack. M. Sasson. New York: Charles Scribner's Sons, 1995.

Plaks, Andrew Henry. *Archetype and Allegory in the Hung-Lou Meng*. Ann Arbor, Mich.: University Microfilms International, 1985.

Pritchard, James Bennet and W. F. Albright. *Ancient Near Eastern Texts Relating to the Old Testament*. Princeton, N. J.: Princeton University Press, 1969.

Pui-lan, Kwok. "Jesus/The Native: Biblical Studies from A Postcolonial Perspective." In *Teaching the Bible: Discourse and Politics of Biblical Pedagogy*, edited by Fernando F. Segovia and Mary Ann Tolbert. Maryknoll: Orbis Books, 1998.

——. "Response to Archie Lee's Paper on 'Biblical Interpretation in Postcolonial Hong Kong'." *BI* 7/2 (1999).

Ratzinger, Joseph., *In the Beginning: A Catholic Understanding of the Story of Creation and the Fall*. Translated by Boniface Ramsey. Grand Rapids, Mich.: W. B. Eerdmans Pub. Co., 1995.

Redfield, Robert. *The Little Community: Viewpoints for the Study of a Human Whole*. Chicago; London: University of Chicago Press, 1955.

Rendtorff, Rolf. "Pentateuchal Studies on the Move." *JSOT* 3 (1977).

——. "Directions in Pentateuchal Studies." *CIR* 5 (1997).

Reventlow, H. G., ed. *Creation in Jewish and Christian Tradition*. London; New York: Sheffield Academic Press, 2002.

Richardson, Alan. *Genesis I-XI: Introduction and Commentary*. London: SCM Press, 1959.

Ricoeur, Paul. *Hermeneutics and the Human Science*. Cambridge: Cambridge University Press, 1981.

Robinson, Gnana. *The Origin and Development of the Old Testament Sabbath: A Comprehensive Exegetical Approach*. Bangalore: UTC, 1998.

Rochberg, F. "Mesopotamian Cosmology." In *Cosmology: Historical, Literary, Philosophical, Religious, and Scientific Perspectives*, edited by Norriss S. Hetherington. New York/London: Garland Publishing, 1993.

Rogerson, John William. *Myth in the Old Testament Interpretation*. Berlin: W. de

Gruyter, 1974.

———. *Genesis 1-11*. Sheffield: JSOT Press, 1991.

Rosemont, Jr. Henry. *Explorations in Early Chinese Cosmology: Papers Presented at the Workshop on Classical Chinese Thought Held at Harvard University*. Chico, Calif.: Scholars Press, 1984.

Rosenblatt, Naomi H. *Wrestling with Angels: What the First Family of Genesis Teaches Us about Our Spiritual Identity, Sexuality, and Personal Relationships*. New York: Delacorte Press, 1995.

Ross, Allen P. *Creation and Blessing: A Guide to the Study and Exposition of Genesis*. Grand Rapids: Backer Book House, 1996.

Sacks, Robert D. *A Commentary on the Book of Genesis*. Lewiston: E. Mellen Press, 1990.

Samuelson, Norbert Max. *The First Seven Days: A Philosophical Commentary on the Creation of Genesis*. Ga.: Scholars Press, 1992.

Schafer, Edward H. *Ancient China*. Netherland: Time–Life International, 1974.

Schmid, Hans Heinrich. *Der sogenannte Jahwist: Beobachtungen und Fragen zur Pentateuchforschung*. Zürich: Theologischer Verlag, 1976.

———. "Creation, Righteousness and Salvation: Creation Theology as the Broad Horizon of Biblical Theology." In *Creation in the Old Testament*, edited by B. W. Anderson. Philadelphia: Fortress Press, 1984.

Schullion, John J. *Genesis: A Commentary for Students, Teachers, and Preachers*. Collegeville, Minnesota: The Liturgical Press, 1992.

Scurlock, Jo Ann. "Death and Afterlife in Ancient Mesopotamian Thought." In *Civilizations of the Ancient Near East*, edited by Jack. M. Sasson. New York: Charles Scribner's Sons, 1995.

Segal, Alan F. *Life after Death: A History of the Afterlife in the Religion of the West*. New York: Doubleday, 1989.

Segal, Robert A. "In Defense of Mythology: The History of Modern Theories of Myth." *AS* 1 (1980).

———. "The Myth–Ritualist Theory of Religion." *JSSR* 19 (1980).

Shea, W. H. "Adam in Ancient Mesopotamian Traditions." *AUSS* 15 (1977).

Shen, Philip. "Theological Pluralism: An Asian Response to David Tracy." *JAAR* 53 (1995).

Simkins, Ronald A. *Creator & Creation: Nature in the Worldview of Ancient Israel*. Massachusetts: Hendrickson Publishers, 1994.

Sjöberg, A. W. "Eve and the Chemeleon." In *In the Shelter of Elyon: Essays on Ancient Palestinian Life and Literature in Honour of G. W. Ahlström*, edited by W. Boyd Barrick and John R. Spencer. Sheffield: JSOT Press, 1984.

Sjöö, Monica and Barbara Mor. *The Great Cosmic Mother: Rediscovering the Religion of the Earth*. San Francisco: Harper, 1987.

Smend, R. *Die Entstehung des Alten Testaments*. Stuttgart: Kohlhammer, 1978.

Smith, H. "Transcendence in Traditional China." *RS* 2 (1969).

Smith, Jonathan Z., ed. *The Harpercollins Dictionary of Religion*. Harper San Francisco: An Imprint of Harper Collins Publishers, 1995.

Soggin, J. A. *Old Testament and Oriental Studies*. Rome: Pontifical Biblical Institute, 1975.

———. *Introduction to the Old Testament*. Translated by J. Bowden. London: SCM, 1989.

Song, Choan-Seng. *The Tears of Lady Meng: A Parable of People's Political Theology*. Geneva: World Council of Churches, 1981.

———. *Tell Us Our Names: Story Theology from An Asian Perspective*. New York: Orbis Books, 1984.

Speiser, Ephraim. A. *Genesis*. New York: Doubleday, 1964.

———. "Genesis." In *The Anchor Bible Dictionary*, vol.1., edited by David Noel Freedman. New York: Doubleday, 1982.

Steck, Odil Hannes. *Old Testament Exegesis: A Guide to the Methodology*. Translated by James D. Nogalski. Georgia: Scholars Press, 1998.

Stookey, Lorena. *Thematic Guide to World Mythology*. London: Greenwood Press, 2004.

Stratton, Beverly J. *Out of Eden: Reading, Rhetoric, and Ideology in Genesis 2-3*. Sheffield: Sheffield Academic Press, 1995.

Stuhlmacher, Peter. *Historical Criticism and Theological Interpretation of Scripture: Toward A Hermeneutics of Consent.* Translated by Roy A. Harrisville. Philadelphia: Fortress Press, 1977.

Stuhlmueller, Carroll. *Creative Redemption in Deutero-Isaiah.* Rome: Biblical Institute, 1970.

Tambiah, S. J. "The Magical Power of Words." In *Culture, Thought, and Social Action: An Anthropological Perspective*, edited by Stanley Jeyaraja Tambiah, 17–59. Cambridge, Mass.: Harvard University Press, 1985.

Teiser, S. F. "Engulfing the Bounds of Order: The Myth of the Great Flood in Mencius." *JCR* 13/14 (1985/1986).

Toorm, Karel van der. *Dictionary of Deities and Demons in the Bible.* New York: E. J. Brill, 1995.

Townsend, J. B. "The Goddess: Fact, Fallacy and Revitalization Movement." In *Goddesses in Religions and Modern Debate*, edited by Larry W. Hurtado. Atlanta, Ga.: Scholars Press, 1990.

Trible, Phyllis. *God and the Rhetoric of Sexuality.* Philadelphia: Fortress Press, 1978.

Tsumura, David Toshio. *The Earth and the Waters in Genesis 1 and 2: A Linguistic Investigation.* Sheffield: JSOT Press, 1989.

——. "Genesis and Ancient Near Eastern Stories of Creation and Flood: An Introduction." In *"I Studied Inscriptions from before the Flood": Ancient Near Eastern, Literary, and Linguistic Approaches to Genesis 1-11,* edited by Richard S. Hess and David Toshio Tsumura. Winona Lake, Ind.: Eisenbrauns, 1994.

Van Seters, John. *Abraham in History and Tradition.* New Haven: Yale University Press, 1975.

——. *Der Jahwist als Historiker.* Zürich: Theologischer Verlag, 1987.

——. *Prologue to History: The Yahwist as Historian in Genesis.* Louisville, Ky.: Westminster/John Knox Press, 1992.

Van Wolde, Ellen. "A Semiotic Analysis of Genesis 2–3: A Semiotic Theory and Method of Analysis Applied to the Story of the Garden of Eden," *VT* 42 (1992).

——. *Words Become Worlds: Semantic Studies of Genesis 1-11.* Leiden; New

York: E. J. Brill, 1994.

Vawter, Bruce. *On Genesis: A New Reading*. Garden City, New York: Doubleday, 1977.

Von Franz, Marie–Louise. *Creation Myths*. Boston: Shambhala, 1995.

Von Rad, Gerhard. *Genesis: A Commentary*. Translated by J. H. Marks. London: SCM Press, 1963.

———. *The Problem of the Hexateuch, and Other Essays*.Translated by E. W. Trueman Dicken. New York: McGraw–Hill, 1965.

———. *Wisdom in Israel*. London: SCM Press, 1972.

Wagner, N. E. "Pentateuchal Criticism: No Clear Future." *CJT* 13 (1967).

Wallace, H. N. "The Eden Narrative." *HSM* 32 (1985).

Walsh, Jerome. "Genesis 2: 4b–3: 24: A Synchronic Approach." *JBL* 96 (1977).

Waltke, Bruce K. "The Literary Genre of Genesis, Chapter One." *Crux* 27 (1991).

Wansbrough, Henry. *Genesis*. New York: Doubleday, 1998.

Washington, Harold C., ed. *Escaping Eden: New Feminist Perspectives on the Bible*. New York: New York University Press, 1999.

Watson, Burton. *Mo Tzu, Basic Writings*. Translated by Burton Watson. New York: Columbia University Press, 1963.

Wellhausen, J. *Prolegomena to the History of Ancient Israel*. New York: Meridian Books, 1957.

Wenham, Gordon J. *Genesis 1-15*. Waco, Texas: Word Books, 1987.

———. "Pentateuchal Studies Today." *Them* 22 (1996).

Wentz, Richard. *The Contemplation of Otherness: The Critical Vision of Religion*. Atlanta: Mercer University Press, 1984.

Werner, E. T. C. *A Dictionary of Chinese Mythology*. New York: Julian, 1961.

———. *Myths and Legends of China*. Singapore: Graham Brash, 1984.

Westermann, Claus. *The Genesis Accounts of Creation*. Philadelphia: Fortress Press, 1964.

———. *Praise and Lament in the Psalms*. Translated by Keith R. Crim and Richard N. Soulen. Edinburgh: T. & T. Clark, 1965.

———. *Isaiah 40-66*. Philadephia: Westminister, 1969.

——. *Elements of Old Testament Theology*. Atlanta: Knox, 1982.

——. *Genesis 1-11: A Commentary*. Translated by John J. Scullion. Minneapolis: Augsburg Pub. House, 1984.

——. *Roots of Wisdom: The Oldest Proverbs of Israel and Other Peoples*. Translated by J. Daryl Charles. Louisville, Ky.: Westminster John Knox Press, 1995.

Wevers, John William. *Notes on the Greek Text of Genesis*. Atlanta, Ga.: Scholars Press, 1993.

White, Hugh C. *Narration and Discourse in the Book of Genesis.* Cambridge; New York: Cambridge University Press, 1991.

Williams, Patricia A. *Doing without Adam and Eve: Sociobiology and Original Sin*. Minneapolis: Fortress Press, 2001.

Willis, John T. *Genesis*. Abilene, Tex.: Abilene Christian University, 1984.

Winnett, F. V. "Re–Examining the Foundations." *JBL* 84 (1965).

Witherington, Ben. *Women and the Genesis of Christianity.* Cambridge; New York: Cambridge University Press, 1990.

Wittenberg, Günther. "King Solomon and the Theologians." *JTSoA* 63 (1988).

Wolf, Arthur P. *Religion and Ritual in Chinese Society*. Stanford, Calif.: Stanford University Press, 1974.

Wolkstein, Diane and Samuel Noah Kramer. *Inanna, Queen of Heaven and Earth: Her Stories and Hymns from Sumer*. New York: Harper & Row, 1983.

Wright, A. "The Study of Chinese Civilization." *JHI* 21 (1960).

Wright, G. Ernest. "The 'Olden Gods' in Ancient Near Eastern Creation Myths." In *The Mighty Acts of God: Essays on the Bible and Archaeology in Memory of G. Ernest Wright*, edited by F. M. Cross. Garden City: Doubleday, 1976.

Wyatt, N. "Killing and Cosmogony in Canaanite and Biblical Thought." *UF* 17 (1985).

Yan, Liu Ts'un. *Buddhist and Taoist Influences on Chinese Novels*. Wiesbaden: Kommisionsverlag, 1962.

Yang, C. K. *Religion in Chinese Society*. Berkeley: University of California Press, 1967.

Yee, Gale A. "The Theology of Creation in Proverbs 8: 22–31." In *Creation in the Biblical Traditions*, edited by Richard Clifford and John J. Collins. Washington: Catholic Biblical Quarterly, 1992.

——., ed. *Judges and Methods: New Approaches in Biblical Studies.* Minneapolis: Fortress Press, 1995.

——. *Poor Banished Children of Eve: Women as Evil in the Hebrew Bible.* Minneapolis: Fortress Press, 2003.

Ying–shih, Yu. "Life and Immortality in the Mind of Han China." *HJAS* 25 (1964/1965).

Young, Robert. *Analytical Concordance to the Holy Bible.* Peabody, MA: Hendrickson Publishers, 1992.

Yu, David. "The Creation Myth and its Symbolism in Classical Taoism." *PEW* 31 (1980).

Zaleski, Carol. "In Defense of Immortality." *FT* 105 (2000).

Zimmerli, Walter. "The Place and the Limit of the Wisdom in the Framework of the Old Testament Theology." *SJT* 17 (1964).

Zimmerman, Anthony. *The Primeval Revelation in Myths and in Genesis: A Dynamic Subject Much Neglected by Theologians.* Lanham: University Press of America, 1999.

## 中文文献:

### 古籍:

钱宗武、江灏译注:《尚书·尧典》,台北:台湾古籍出版有限公司,1998年。

袁珂译注,《山海经全译》,台北:台湾古籍出版有限公司,1998年。

周渭卿点校:《世本》,济南:齐鲁书社,2000年。

[春秋] 老子著,丁惟鲁撰:《道德经》,台北:艺文印书馆,1970年。

[春秋] 老子著,沙少海、徐子宏:《老子全译》,贵阳:贵州人民出版社,1989年。

[春秋] 孔子著,钱玄等译注:《礼记》,长沙:岳麓书社,2001年。

[春秋] 左丘明:《国语》,上海:上海古籍出版社,1978年。

［春秋］左丘明著，王伯祥选注:《春秋左传读本》，香港：中华书局，1965年。

［战国］尸佼著，孙星衍辑，朱记荣校刊:《尸子集本》2 卷，吴县：朱氏槐庐家塾，1885。

［战国］尸佼著，谢希深注:《尸子》卷上，台北：台湾中华书局，1966 年。

［战国］孟子著，杨勇编译:《孟子译解》，香港：香港大家书局，1970 年。

［战国］庄子著，艺文堂点校:《庄子》，北京：中国文史出版社，1999 年。

［战国］庄子著，张耿光译注:《庄子》，贵阳：贵州人民出版社，1991 年。

［战国］列御寇:《列子·汤问》，香港：中华书局，1987 年。

［战国］吕不韦著，高诱注:《吕氏春秋》，上海：上海古籍出版社，1989年。

［战国］屈原著，黄寿祺、梅桐生译注:《楚辞·天问》，台北：台湾古籍出版有限公司，1998 年。

［西汉］刘安著，高诱注:《淮南子》，上海：上海古籍出版社，1989 年。

［西汉］刘安著，何宁撰:《淮南子》，北京：中华书局，1998 年。

［西汉］刘安著，陈一平编著:《淮南子》，广州：广州人民出版社，1994年。

［西汉］司马迁:《史记》，北京：中华书局，1969 年。

［西汉］司马迁:《全注全译史记》，天津：天津古籍出版社，1995 年。

［西汉］刘向著，还初道人自诚氏辑，邱尚国校点:《列仙传》，北京：中国文联出版社，1998 年。

［东汉］应劭:《风俗通义》，台北：世界书局，1963 年。

［东汉］张衡著，张在义、张玉春、韩格平译注:《张衡文选译》，成都：巴蜀书社，1990 年。

［东汉］许慎著，段玉裁注:《说文解字注》，上海：文盛书局，1914 年。

［东汉］许慎著，崔枢华、何宗慧校点:《标点注音说文解字》，北京：北京师范大学出版社，2000 年。

［西晋］杨泉:《物理论》，北京：北京图书馆出版社，1998 年。

［前秦］王嘉，萧绮录，齐治平校注:《拾遗记》，北京：中华书局，1981年。

［梁］任昉:《述异记》，上海：上海古籍出版社，1987 年。

［梁］任昉:《述异记》，成都：四川人民出版社，1997 年。

［唐］房玄龄著，何超撰:《晋书》，上海：上海古籍出版社，1987 年。

［唐］欧阳询著，汪绍楹校:《艺文类聚》，上海：中华书局，1965 年。

［唐］李延寿:《北史》，上海：上海古籍出版社，1987 年。

［唐］李冗:《独异志》，上海：上海古籍出版社，1995 年。

［五代］卢仝，《卢仝集》，台北：台湾商务印书馆，1966 年。

［宋］周敦颐著，徐洪兴导读:《周子通书》，上海：上海古籍出版社，2000
　年。

［宋］李昉:《太平御览》，北京：华夏出版社，1999 年。

［宋］李昉:《太平御览》，上海：上海古籍出版社，1987 年。

［宋］罗泌:《路史》，台北：台湾商务印书馆，1979 年。

［明］周游:《开辟衍绎通俗志传》，成都：巴蜀书社，1999 年。

［清］马骕著，刘晓东等点校:《绎史》，济南：齐鲁书社，2000 年。

［清］纪昀撰修:《文渊阁四库全书》第七册，台北：台湾商务印书馆，
　1986 年。

［清］郝懿行:《山海经笺疏》，上海：上海古籍出版社，1995 年。

**专著:**

阿兰·邓笛斯:《西方神话学论文选》，朝戈金等译，上海：上海文艺出版
　社，1994 年。

保罗·里克尔:《恶的象征》，公车译，上海：上海人民出版社，2003 年。

德蒙·范·奥费著，毛天祜译:《太阳之歌：世界各地创世神话》，北京：
　中国人民大学出版社，1989 年。

董楚平:《中国上古创世神话钩沉：楚帛甲篇解读简谈中国神话的若干问
　题》，《中国社会科学》2002 年 05 期，第 151 — 206 页。

斐洛著，王晓朝、戴伟清译:《论〈创世纪〉:寓意的诠释》，香港：汉语
　基督教文化研究所，1998 年。

冯天瑜:《上古神话纵横谈》，上海：上海文艺出版社，1983 年。

高木敏雄:《比较神话学》，东京：博文馆，1905 年。

顾颉刚等编著:《古史辨》1 — 6 卷，上海：上海古籍出版社，1982 年。

何新:《诸神的起源：中国远古神话与历史》，北京：生活·读书·新知三

联书店，1986 年。

胡适:《一百二十回的水浒》，上海:商务印书馆，1932 年。

胡适:《白话文学史》，长沙:岳麓书社，1986 年。

姬耘:《巴比伦神话故事》，北京:中国民族摄影艺术出版社，1998 年。

加百尔，威勒著，梁工译:《圣经中的犹太行迹:圣经文学概论》，上海:
生活·读书·新知三联书店上海分店，1991 年。

井上圆了著，蔡元培译:《妖怪学讲义》，台北:东方文化书局，1974 年。

克利福德·吉尔兹著，纳日碧力戈译:《文化的解释》，上海:上海人民出
版社，1999 年。

黎志添:《宗教研究与诠释学:宗教学建立的思考》，香港:中文大学出版
社，2003 年。

李炽昌:《亚洲处境与圣经诠释》，香港:基督教文艺出版社，1996 年。

李炽昌:《古经解读:旧约经文的时代意义》，香港:香港基督徒学会，
1997 年。

李炽昌、游斌著:《生命言说和社群认同:希伯来圣经五小卷研究》，北京:
中国社会科学出版社，2003 年。

李济:《李济考古学论文集》，台北:联经出版事业公司，1977 年。

列维—布留尔著，丁由译:《原始思维》，北京:商务印书馆，1985 年。

刘大均、林忠军译注:《易传全译》，成都:巴蜀书社，2001 年。

罗振玉:《殷墟书契考释》，北京:北京图书馆出版社，1999 年。

鲁迅:《故事新编》，北京:人民文学出版社，1979 年。

鲁迅:《中国小说史略》，上海:上海书店，1990 年。

罗竹风:《汉语大词典简编》上卷，上海:汉语大词典出版社，1998 年。

马伯乐（H. Maspero）著，冯沅君译:《书经中的神话》，北平:国立北平
研究院史学研究会，商务印书馆，1939 年。

马昌仪编:《中国神话学文论选粹》上册，北京:中国广播电视出版社，
1994 年。

麦克尔·罗维著，郭净、孙澄译:《宇宙、神喻与人伦:中国古典信念》，
沈阳:辽宁教育出版社，1991 年。

麦克斯·缪勒著，金泽译:《比较神话学》，上海:上海文艺出版社，1989
年。

茅盾:《神话研究》,天津:百花文艺出版社,1981 年。

摩奴一世著,叠朗善译,马香雪转译:《摩奴法典》,台北:台湾商务印书馆股份有限公司,1998 年。

潘光、金应忠主编:《以色列,犹太学研究》,上海:上海社会科学院出版社,1991 年。

乔纳森·卡勒著,陆杨译,《论解构》,北京:中国社会科学出版社,1998 年。

屈万里:《诗经释意》,台北:中国文化大学出版社,1988 年。

饶宗颐:《饶宗颐二十世纪学术文集》,台北:新文艺出版股份有限公司,2003 年。

塞·诺·克雷默著,魏庆征译:《世界古代神话》,北京:华夏出版社,1989 年。

侍桁译:《卡勒瓦拉:芬兰民族史诗》,上海:上海译文出版社,1985 年。

宋泉盛著,庄雅堂译:《故事神学》,台南:人光出版社,1991 年。

唐君毅:《中国文化之精神价值》,台北:正中书局,1959 年。

陶阳、牟钟秀:《中国创世神话》,上海:上海人民出版社,1989 年。

童书业、吕思勉编著,《古史辨》2 — 7 卷,香港:太平书局,1963 年。

王国维:《古史新证:王国维最后的讲义》,北京:清华大学出版社,1994 年。

王孝廉:《中国的神话与传说》,台北:联经出版事业公司,1977 年。

王孝廉:《神话与小说》,台北:时代文化出版事业有限公司,1977 年。

王孝廉:《中国的神话世界:各民族的创世神话及信仰》,台北:时报出版公司,1987 年。

维科著,朱光潜译:《新科学》,北京:商务印书馆,1989 年。

闻一多:《闻一多全集》,上海:开明书店,1948 年。

夏曾佑:《中国古代史》,上海:上海书店,1990 年。

肖兵:《楚辞与神话》,南京:江苏古籍出版社,1987 年。

谢选骏著:《神话与民族精神:几个文化圈的比较》,济南:山东文艺出版社,1986 年。

论文:

博得著，魏庆征译：《中国古代神话》，收入魏庆征编，《世界古代神话》，
　　北京：华夏出版社，1989年。

陈建宪：《女人与土地：女娲泥土造人神话新解》，《华中师范大学学报（哲
　　社版）》，1994年02期，第77—80页。

陈建宪：《垂死化身与人祭巫术：盘古神话再探》，《华中师范大学学报》，
　　1996年01期，第92—98页。

陈建宪：《精神还乡的引魂之幡——20世纪中国神话学回眸》，《河北师范
　　大学学报》1998年03期，第132—138页。

成复旺：《"盈天地间只是一个大生"：重谈中国古代的宇宙观》，《东南学
　　术》2001年03期，第74—79页。

郭佩兰：《从华人妇女的角度谈释经学》，收入李炽昌编著，《亚洲处境与圣
　　经诠释》，香港：基督教文艺出版社，1996年。

傅光宇：《"人日创世神话"献疑》，《楚雄师专学报》，1999年04期，第
　　84—89页。

傅斯年：《评"春秋时的孔子和汉代的孔子"》，收入顾颉刚编著，《古史辨》
　　第二卷，上海：上海古籍出版社，1982年。

郭佩兰著，游德珊译：《从非圣经世界发掘圣经的意义》，收入李炽昌编著，
　　《亚洲处境与圣经诠释》，香港：基督教文艺出版社，1996年。

韩湖初：《盘古之根在中华：驳盘古神话"外来说"》，《广西师院学报（社
　　会科学版）》1998年02期，第21—29页。

胡万川：《失乐园：中国乐园神话探讨之一》，收入李亦园、王秋桂编著，
　　《中国神话与传说学术研讨会论文集》，台北：汉学研究中心，1996年，
　　第103—124页。

杰克·波德著，程蔷译：《中国的古代神话》，收入《民间文艺集刊》第二
　　辑，上海：上海文艺出版社，1982年。

李炽昌：《"人算什么！"希伯来圣经中神、人、世界之关系》，收入卓新平、
　　许志伟主编，《基督宗教研究》第5辑，北京：社会科学文献出版社，
　　1999年，第191页。

李炽昌：《跨文本阅读与华人圣经诠释》，收入卢龙光主编，《读经·研
　　经·释经》，香港：中文大学崇基神学组，2000年，第115—134页。

李炽昌：《跨越边界：希伯来"诗篇"与中国"诗经"对人性的想象》，收

入赖品超、李景雄编,《儒耶对话新里程》,香港:香港中文大学崇基学院宗教与中国社会研究中心,2001年,第197—221页。

李艺:《宙斯与盘古:中西创世神话之比较》,《广西民族学院学报》,2001年06期,第85—89页。

林声:《伏羲考:兼论对古代传说时代的研究》,《江苏社会科学》1994年01月,第79—84页。

刘宗迪:《中国现代神话:在思想与学术之间》,《民间文化论坛》,2005年2月,第1—14页。

吕思勉:《盘古考》,收入吕思勉、童书业编著,《古史辨》第七卷,香港:太平书局,1963年。

潜明兹:《百年神话研究略论》,《铁道师范学院学报》,1997年06期,第53—58页。

荣格著,马士沂译:《集体无意识和原型》,收入《文艺理论译丛》,北京:中国文艺联合出版公司,1983年,第273—283页。

舒芜:《母亲的颂歌:鲁迅妇女观略说》,《鲁迅研究月刊》,1990年9月。

苏基尔著,庄雅堂译:《经文与诸经文:亚洲圣经诠释的例子》,收入李炽昌编著,《亚洲处境与圣经诠释》,香港:基督教文艺出版社,1996年。

孙立梅:《论圣经中的创世神话及其他》,《内蒙古工业大学学报》,2002年11月,第84—87页。

孙万福:《原始神话:中国哲学的起源》,《北京教育学院学报》,1999年01月,第42—47页。

闻一多:《伏羲考》,收入《闻一多全集》第一卷,北京:生活·读书·新知三联书店,1947年,第3—69页。

杨宽:《中国上古史导论》,载《古史辨》第七卷,香港:太平书局,1963年,第65—76页。

杨宽:《楚帛书的四季神像及其创世神话》,收入《杨宽古史论文选集》,上海:上海人民出版社,2003年,第354—372页。

伊利亚德著,杨儒宾译:《宇宙与历史:永恒回归的神话》,台北:联经出版事业公司,2000年。

伊利亚德著,杨素娥译:《圣与俗:宗教的本质》,台北:桂冠图书股份有限公司,2001年。

叶舒宪:《中国神话哲学》,北京:中国社会科学出版社,1992 年。

叶舒宪:《神话与民间文学的理论建构》,《海南师范学院学报》,1998 年 01 期,第 16 — 44。

叶舒宪:《苏美尔神话的原型意义》,《民间文学论坛》,1998 年 03 期,第 15 — 21 页。

叶舒宪:《苏美尔诗歌及其原型意义初探》,《甘肃教育学院学报》,1999 年 01 期,第 1 — 7 页。

叶舒宪:《中国神话学百年回眸》,《学术交流》,2005 年 01 期,第 154 — 164 页。

赵吉惠、毛曦:《顾颉刚 "层累地造成中国古史" 观的现代意义》,《史学理论研究》,1999 年 02 期,第 50 — 58 页。

赵永富:《我们需要什么样的时代精神》,《中国青年研究》,1996 年 03 期,第 37-38 页。

郑家建:《"油滑" 新解》,《鲁迅研究月刊》,1997 年 01 期,第 29-35 页。

钟年:《女娲抟土造人神话的复原》,《寻根》1995 年 03 期,第 11 — 13 页。

周葱秀:《女娲形象: 人的价值观念的确立》,《鲁迅研究月刊》,1991 年 11 期,第 35-38 页。

周芳兰:《创造, 堕落与妇女——〈创世记〉一至三章》,收入李炽昌编著,《亚洲处境与圣经诠释》,香港:基督教文艺出版社,1996 年。

朱天顺:《中国古代宗教初探》,上海:上海人民出版社,1982 年。

朱心怡:《盘古神话探源》,《华东人文学报》,2004 年 06 期,第 1 — 24 页。

# 后　记

　　本书能够出版，得益于深圳大学饶宗颐文化研究院的大力扶持。2018年9月，深圳大学饶宗颐文化研究院刚成立不久，院长刘洪一教授就计划组织出版一套青年学者丛书，目的是让饶院中青年老师的学术成果被更多人所熟知；同时也鼓励青年学子深耕在学术的百花园。

　　本书是该丛书里涉及文明比较与对话的专著，具有一定的理论意义和现实意义。创世神话是古代人对人类愿景的一种表达方式：人类从何处来？向何处去？面临怎么样的艰难困苦？抱有怎么样的美好希望？如何从全世界和全人类的角度加以理解、追求和实现这样的愿景？这些可以通过创世神话解析出来。正因为如此，希伯来创世神话与中国创世神话具有经久不息的魅力，对它们的比较研究是我们开发人类命运共同体的重要话题。同时，希伯来创世神话写于以色列被掳巴比伦的处境下，民族危亡感和对救赎的盼望反映在创世文本中。五四时期的中国内忧外患，中华民族产生了前所未有的危机感和对救亡图存的盼望。在这样的时代背景下，中国学界出现了一股研究创世神话的热潮。这两种类似的时代需要是本书进行比较研究的基础。

　　笔者也要感谢深圳市委宣传部、深圳市社科联、深圳市社会科学院的大力支持，本书是深圳市人文社会科学重点研究基地"深圳大学生态文明与绿色发展研究中心"的研究成果。

　　笔者还要感谢导师李炽昌教授。博士论文撰写的整个过程凝结了他的心血。从进校的那一刻起，他就开始关注本人博士论文的写作。每学期他都要求本人写出论文的一部分，并提出详细的修改意见。真正开始撰写博士论文期间，基本上笔者写完一章，就要给他看一章。最终完稿，他还要通读，让我继续修改。答辩通过后，博士论文又修改了整整半年。可以说，没有李炽昌教授的指导，就不会有我今天取得的成绩。在此，笔者向恩师李炽昌教授表达由衷的谢意和深深的敬意！

　　最后，我要感谢我的家人，是你们一如既往地支持我，才有我持之以恒地钻研学问的热情和耐力，使得本书得以问世。希望这本书可以作为对你们辛苦操劳的答谢。

**图书在版编目（CIP）数据**

中国语境下的希伯来创世神话研究 ／ 林艳著 ． — 北
京 ： 商务印书馆，2023
ISBN 978-7-100-22473-4

Ⅰ．①中… Ⅱ．①林… Ⅲ．①神话－对比研究－中国
、西方国家 Ⅳ．① B932

中国国家版本馆 CIP 数据核字（2023）第 091990 号

中国语境下的希伯来创世神话研究
林艳 著

———————————————————

商 务 印 书 馆 出 版
（北京王府井大街 36 号 邮政编码 100710）
商 务 印 书 馆 发 行
艺堂印刷（天津）有限公司印刷
ISBN 978-7-100-22473-4

———————————————————

2023 年 8 月第 1 版　　　　开本 710×1000　1/16
2023 年 8 月第 1 次印刷　　印张 15¼
定价：78.00 元